日本人と〈戦後〉

書評論集・戦後思想をとらえ直す

木村倫幸

新泉社

はじめに

司馬遼太郎と鶴見俊輔の対談で、司馬が次のような発言をしている（『鶴見俊輔座談　日本人とは何だろうか』一九九六年、晶文社〔初出「歴史の中の狂と死」、『朝日ジャーナル』一九七一年一月一・八日号〕）。

わたしは兵隊にとられて戦車隊におりました。終戦の直前、栃木県の佐野のへんにいたんですけれども、東京湾か相模湾に米軍が上陸してきた場合に、高崎を経由している街道を南下して迎え撃てというのです。わたしはそのとき、東京から大八車引いて戦争を避難すべく北上してくる人が街道にあふれます、その連中と南下しようとしている、こっち側の交通整理はちゃんとあるんですか、と連隊にやってきた大本営参謀に質問したんです。そうしたら、その人は初めて聞いたというようなぎょっとした顔で考え込んで、すぐ言いました。これがわたしの思想というもの、狂気というものを尊敬しなくなった原点ですけれども、「ひき殺していけ」と言った。

これに続けて、司馬はこう語る。

われわれは日本人のために戦っているんじゃないのか。それなのに日本人をひき殺してなんになるだろうと思いますでしょう。わたしは二十二歳か二十三歳ぐらいでしたから、もうやめたと思いました。なんともいえん強烈な印象でした。つまり、わたしたちは、日本民族は参謀肩章をつっている軍部の人間に占領されていたわけですね。それはやはり思想的な背景が強烈にあるんで、集団狂気のなかからいえば、高崎街道を北上してくる避難民はひき殺していけという結論が出るわけです。ぼくは猛烈に幻滅した。これはマルクス思想に対しても、カトリック思想に対しても、思想の悪魔性という点で同じです。

この対談は「日本人の狂と死」というテーマであり、幕末・明治以来の世の中の正気に謀反する狂気を積極的なものとして理解していくという流れになっているが、その狂気が行きすぎ、ついには一面的な天皇制の思想として支配的となって、まさに狂気的に原理原則を押しつけ、国体護持・一億総玉砕などとして国民に悲劇をもたらした構造を分析し批判する。ここでは左右を問わず、例外を許さないベタ塗りの思想というものの害悪が俎上にのせられている。

本書は、このような視点を含みつつ、アジア・太平洋戦争後の日本という国に流れている戦争に対する思想、また日本社会そのものの構造についての思想を、それぞれに関わる書籍の書評を通じて解明しようとするものである。本書を読んでいただくと、戦前と切り離された〈戦後〉とはいうものの、その底流にはナショナリズム一辺倒の排外主義の思想、国民に対する強制の思想が根強く流れていることが理解されるであろう。

しかしこれに対抗する力もまた、民衆の中の至るところに存在していることも事実である。いわば個々人の身の丈にあわせた人権・民主主義の運動であり、戦争を語る場合で言えば、見落とされてしまう個人としての兵士の存在であり、戦時下にも続いていた庶民の日常生活の確かな実感である。本書は、これらにも焦点を合わせる。したがって大所高所から大上段に構えて社会を切っていくのではなく、いわばジグソーパズルのピースを切り出し、それらをつなぎ合わせていくことで、日本社会の図柄を浮かび上がらせようとする。もとよりすべてのピースを出せるわけではないが、身近な個人の生活に現れた大きな歴史の動きや、通史には出てこない庶民の視点などを見出すことで、かえって日本人の戦争観、社会観がより鮮明に浮かび上がってくることが期待できる。

第一章「〈戦後〉とは何かを考える」は、およそ二〇年にわたって執筆してきた二六本の書評論文で構成している。この二〇年間はちょうど、「戦争論」「戦後論」についての論争が盛んになり、戦争責任等の歴史認識をめぐる史観の対立が先鋭化し、社会全体の戦争の捉え方に大きな変化が生じた時期と重なる。また、これと軌を一にして、周辺事態法など日米新ガイドライン関連法の成立(一九九九年)、国旗国歌法施行(同)、有事法制の成立(二〇〇三年)、自衛隊のイラク派遣(同)、防衛庁の省への格上げ(二〇〇七年)、集団的自衛権行使容認の閣議決定(二〇一四年)、安保法制の成立(二〇一五年)、さらには憲法改定を目指す動きに象徴されるように、いわゆる「戦後レジームの解体」に向けた政府の施策が推し進められた期間でもある。そのような時間軸の中で、本章の各論では、先の戦争をめぐるさまざまな言説を見つめ直し、過酷な戦争体験ののちに現れた「戦後社会」とは何であったのかを改めて問う。そして戦後史と戦後思想を根底的に捉え返す作業を通じて、現代においてわれわれが真摯に向き合うべき諸課題、とりわけ日本が再び戦争へと向かう途に歯止めをかけるための素材を提供する。先の戦争をめぐっては、勇壮としてのみ見られがちな戦艦大和や特攻隊のその後、戦史に出てこない民間輸送船団の壊滅、戦争指導部の無責任体制の実態などを見つめるとともに、戦時下の庶民生活とその意識を文学作品から掘り起こす。また、現在の日本を束縛している基地問題の根幹である日米地位協定等の「戦後安保体制」の正体、「経済的徴兵制」、兵士（自衛隊員）を守るオンブズマン制度の取り組み等についても取り上げる。

第二章「日本とは何かを考える」は、第一章と同時期に執筆した一六本の書評論文から構成している。戦後社会の評価をめぐり、戦後民主主義への根本的な疑問が呈されるなか、戦後思想そのものを丁寧に見つめ直し、近代日本社会とそのイデオロギーが形成された過程にさまざまな視点から光を当てる。そして、この中から、戦争へ向かう思想や言説の根底に横たわり、これを規定している日本社会そのものの諸側面をあぶり出す。それらは、戦前の転向問題から天皇制、道徳教育、唱歌といったイデオロギーに関わる側面、被差別部落やジェンダーの問題と宗教の関係など差別に関わる歴史的文化的な側面、庶民の生活の実際や社会秩序に関わる諸側面など、多岐にわたる。本章では、日本、日本人、そして日本社会そのものの自明性を一つひとつ問い直す作業を通して、日本的社会思考の狭い枠組みからいかにして抜け出していけるのかを考えていく。

第三章「思想とは何かを考える」は八本の論考で構成し、思想の観点からみた戦後の日本社会を多方面から論じる。ここでは、「日本のアイデンティティー」をどう捉えるかという問題を、これまで筆者が探求してきた哲学者、鶴見俊輔（プラグマティズムと民主主義の視点から戦後社会に対して積極的に発言を続け、「ベ平連〔ベトナムに平和を！市民連合〕」や「九条の会」等の運動の中心人物であった）の思想を主たる手がかりにしてその構造の解明を試みる。また、鶴見とともに、司馬遼太郎、内山節、中村桂子、大森荘蔵らの言説を手がかりに日本文化と日本社会の構造をめぐる議論を再検討する視点を探る。これとの関連で、日本古代文化等の幅広い研究で知られる哲学者、上山春平による先の戦争の評価に関する論考とそこから導き出される日本文化論を考察し、さらには、現代日本の右派論客である櫻井よし子のニッポン・イデオロギーの言説の背景にあるものを検証していく。そして、社会思想家、石堂清倫の言葉を引き、われわれの視点がいかに狭いナショナルな枠に縛られているかを論じ、アジア学者、鶴見良行の言葉に、「国家中毒」からの「有効な解毒剤」を求める。

このように本書は、近代日本国家がその強大な権力構造によって国民を鋳型に嵌め込み、戦争へと導いた経緯を検討するとともに、今またそれを強めつつある状況に注意を促し、しかもその強まりがわれわれの日常生活の身近な諸側面に結びつけられていることに警鐘を鳴らすものである。本書を通じて、日常生活から見える戦争への途とその押しつけや一面性を拒否し、さまざまな見方や広範な行動によってそれに抵抗する方途が見出されることを期待する。

なお本書には、異なる文章中に同一・類似書籍からの引用が重なっている部分がある。これらはすべて筆者の責任であり視点の限界を感じている次第であるが、筆者の問題意識がそれらの文章をめぐって行きつ戻りつしていたという事情を汲み取っていただければ幸いである。

日本人と〈戦後〉❖目次

第三章　思想とは何かを考える　231

◉装幀……………北田雄一郎

第一章

〈戦後〉とは何かを考える

1998

戦争（＝国家の「経済行為」）と個人の関係を問う

『赤紙――男たちはこうして戦場へ送られた』小澤眞人＋ＮＨＫ取材班（一九九七年、創元社）
『島の墓標――私の「戦艦大和」』鬼内仙次（一九九七年、創元社）

半世紀以上を経て「戦後」という言葉が何か遠いものとなり、五十余年目の夏がめぐってくる。この時期に過去の日本における国家と戦争と国民の関係について考えさせる書は貴重である。特に現今の「歴史論争」への冷静な眼を養うためには。

『赤紙――男たちはこうして戦場へ送られた』は、あの戦争を行った国家の巨大な戦争遂行システムを、「動員」の基礎となった「赤紙（召集令状）」に焦点を合わせることで解き明かそうとする。本書は、富山県下のある村でほぼ完全に残されていた兵事資料に基づいて、庶民にとって最も身近な運命の切符となった「赤紙」が、国家にとって持っていた意味を問う。

われわれは本書を読むことで、「多くの場合、赤紙はすでに年度初めには作られており、各地域の警察署に保管」されていたこと、その場合に「特業」「分業」（自動車の運転、軍馬の治療、土木技術、無電など、部隊編成上必要な特殊な技能）についての身上調査書が各役場の兵事係によって日常的に作成・提出されていて、「赤紙はあらかじめ軍隊に入ってからの役割が決められて、発行されていた」

ことを知る。すなわち「ただ最前線に送る兵士を集めていたわけではなかった」のである。

このことの根底には、本書の冒頭に載せられている陸軍中佐（陸軍省軍事課職員）の発言——「戦争というのは一つの経済行為です。人、もの、金があれば戦争はできる」——にあらわされた軍の認識がある。すなわち近代の総力戦は国家的大事業であり、すべての国民に必要な役割を与え、有限の資源で最大の効率を発揮させる必要がある。赤紙による軍動員は、このための不可欠の制度であった。

そしてよりいっそう重要な問題は、赤紙に負けず劣らず重視された、これと正反対の「召集延期制度」であった。「戦争は一つの経済行為だ」とする立場からは、軍需工場に携わる工場労働者に関して「いわゆる熟練工を確保し、軍需生産レベルを下げないこと」が必要不可欠であり、「召集延期制度は、国家総動員体制と軍の動員の調整のために生み出された」。しかし「平等を建前とした兵役の義務が、国家の事情のために歪められた例外措置」として、この制度の存在は当時の国民に説明されず、「軍と関係者の機密事項」とされた。ところがこの制度の対象となったのは、戦時中の在郷軍人五〇〇万人のうち、その五分の一以上の一一五万人以上であり、実に在郷軍人の五人に一人が召集延期となっていたのは驚くべき事実である。

著者は、「召集延期制度は、国民感情からすれば兵役の不公平を招くものであるが、総動員の立場から見ると、避けては通れない重要な問題だった。赤紙と召集延期制度は、戦時経済を運営するために、高度なオペレーションを必要とした近代の総力戦の両輪でもあったのだ」と指摘し、同時に「国民が国家の前に命をさし出すことが当然とされ、赤紙は逃れることのできない国民の務めと信じさせられた大多数の人々。この人たちにとって、平等とされた兵役の義務が建前でしかなかったということを、どのように感じるのであろうか」と鋭く批判する。

『島の墓標――私の「戦艦大和」』は、前記の戦争遂行システムが崩壊する最後の断末魔を象徴する「戦艦大和」の沈没から始まる。その舞台は、トカラ列島諏訪之瀬島。この島に「戦艦大和」の戦死体が何日も漂着し、戸数一二軒六〇人に満たない島の人たちが毎日流木を積んでその屍体を焼いたという話から、「大和」から「泳いだ人」(生還者)の聞き取りに及び、「大和」の特攻作戦がいかに悲惨な経過を辿ったかが跡づけられる。その主人公は、最下級、最前線の兵士たちであり、彼らの話から、どこにでもいるような普通の生活人が否応なしに戦争と死に巻き込まれていく状況が淡々と描かれる。この種の本では、吉田満の『戦艦大和ノ最期』が知られているが、本書は視点を下に据えたところにこれまでとは異なる「戦艦大和」像を提出したと言えよう。

本書で、実際に戦った兵士たちの姿にも増して心を打たれるのは、漂着した屍体を焼いて弔った島の人たちの姿であろう。そこには次のような光景さえ見られる。

　そのようにして三十体も焼いただろうか、しまいには総代から、「あまり浜に回って探してくれるな」と小言が出た。
「仕事がさばけんもんで、もう仕様はないで、そう言うたんです」
　煙草が切れ、焼酎が底をつき、米も途絶えがちだった。島は島だけの考えで戦争遂行のため少しでも多くの作物を作らねばならぬ。総代の言うのも無理はなかった。そのくせ総代は気持

がおさまらぬのか、見つけると、

「ぐらしか（かわいそうに）、ぐらしか」と言いながら懸命になって焼いた。

そしてその焼かれた後の遺骨は、流木のラワン材で作られた箱に入れられて、桑の木で建てられた小さな「オテラさん」に納められ、供養された。しかしそれらの遺骨は家族の許に帰ることはなかった。というのも、この島は戦後、占領軍軍政下に繰り入れられ、本土に復帰したのが一九五二（昭和二七）年二月、そしてその年の七月にはじめて遺骨収集団が来たからであった。

その日、遺骨収集に立ち会うため縣庁や村役場から大勢の人がやってきて、（略）それらの人は上陸すると、翌日オテラさんへの径をたどった。島の者は女子供もすべて出た。オテラさんに着くと、一人の男が遺骨を指差してしきりに何か言い、他の者はそれにいちいち頷いていた。（略）

「収集団の衆が入ってみようやって入ってみち、長い間オテラさんの中に額ずくようにして、一体一体風呂敷包みを運び出したが、オテラさんの骨箱はみな白蟻に食われて、ばらばらになってたっち。柱は桑の木で造ってあったが、箱は駄目だったち。そいこさあ粉々になりおったち」

それを見て声にならない声が上がったという。島の女の人の中には目頭を押さえて泣き出す者もいた。収集団の人達も無念そうにしていたが、皮肉ではなく、それが戦士を七年間も放っておいたむくいであった。

　遺骨が島を離れる時、一人が泣き出すとつられるようにして他のみんなも泣いた。

　この情景にわれわれは、「戦争は経済行為だ」とする無機的な国家権力の構造と、素朴過ぎるぐらい素朴な島の人たちの人情との強烈な対比を見ることができるであろう。

「赤紙」と「戦艦大和」との取り合わせは、庶民と、戦争＝国家権力の事業との関係をわれわれに突きつけてくる。われわれはこの二冊の書物で、あのような時代が再び来る可能性の有無を今一度凝視する必要があるのではないかと考える。


（『アサート』二四八号、一九九八年七月）

1998

特攻隊員から平和運動へ

『最後の特攻隊員——二度目の「遺書」』信太正道(一九九八年、高文研)

「災害救援」の名目で自衛隊の海外派兵が既成事実として積み重ねられようとしている時期に、本書はタイムリーな書であろう。

著者は、戦前は海軍兵学校〜神風特攻隊員として死の崖っ淵に立たされ、戦後は海上保安庁で朝鮮戦争の掃海作戦に参加、その後、海上・航空自衛隊のパイロットを経て、日航機長として空を飛ぶという波乱多き人生を送ってきた人物である。それゆえ著者の歩んできた道は、戦前戦後を通じてのわが国の軍隊組織の性格を問う素材に満ちている。

例えば、敗戦によって特攻隊が解散帰郷する際に行われた司令の訓示を聞いて、「戦争中にも、戦争に疑問を持ちながら戦い続けてきた大先輩のいたことに、複雑な気持ちになりました」と感想を述べたすぐ後に、「もっとも、この司令は数名の兵隊を使い、民生に使える軍需物資を大量に自宅に運んだと伝えられています。これが職業軍人の本当の姿であったのでしょう。たてまえと本音の使い分け、これが軍人精神であるとわかったのは、私が本当の大人になってからでした」と指摘することで、帝国軍人の姿を見る。

あるいは、戦後のある時（一九五〇年）、富岡少将（太平洋戦争開戦時の軍令部作戦課長）との会見で、海軍の本音に触れて愕然とする。それは次のような場面である。


富岡少将はまた、私に聞きました。

「日本の仮想敵はどこかね？」／「ソ連です」

「海軍の仮想敵は？」／「……？」

「海軍はアメリカを仮想敵にして、アメリカと戦ったのだろう」／「はい」

「では、なぜ海軍はアメリカを仮想敵にしたのだ？」

そんなこと、二四歳の青年に答えられるわけがありません。もじもじしていると、彼は言いました。

「もし、海軍がソ連を仮想敵にすると、海軍は陸さんの運送屋にされてしまう。それでは海軍は陸の三割も予算が取れない」

やっとわかりました。海軍の敵はアメリカではなく、陸軍だったのです。


国を守るのではなく、ましてや国民を守るものではない、自分たちの「組織」のみを守ることしか念頭にない軍隊の本質は、現在の自衛隊において根強く残っているし、また「仮想敵」を次々とつくり出していくことでその「組織」を維持していく努力は営々として続けられている、と著者は指摘する。その代表的なものは、こうである。

一九五三年春のスターリンの死は、全自衛隊員（当時はまだ保安隊と警備隊）にとって大ショックでした。これは一般市民には理解しにくいかも知れません。「ソ連の脅威」が消滅し、自衛隊の存在理由が消滅する恐れがあるからです。（略）私たちには〝仮想敵〟の存在が飯の種なのです。九一年にソ連が崩壊したときも、自衛隊員にはやはりショックだったと思います。ところが、イラクのフセイン大統領が救世主になってくれました。しかも、棚からぼた餅に「国際貢献」のおまけまで付いてしまいました。

このような軍隊を体験することで著者は、現在の自衛隊の本質が、アメリカの「フェンス（防波堤）」であり、「米衛隊」であることを確信し、次第に批判的姿勢を強めて、日航退職（一九八六年）後は平和運動に邁進することになる。その内容は、池子米軍基地住宅建設問題、硫黄島での米軍機発着問題、大韓航空機撃墜事件訴訟の証人、スミソニアン博物館での「原爆展」中止問題、ゴラン高原ＰＫＦ違憲訴訟の原告等々と多岐にわたり、いずれも元航空自衛隊および日航パイロットとしての経験から、説得的な現実的視点を提起している。

それらは、海外邦人の救出を民間機で行うことの適切さ（自衛隊機で行うことの不適切さ、危険さ）の検証であり、「国際貢献」という美辞麗句の下に隠された自衛隊の海外派兵の危険性の暴露であり、軍事理論的に決定的重要性をもつ、「米海軍の父」マハンの戦略――海軍戦略は、戦争によって獲得し難いような、ある国の重要地点を、平時に購入または条約締結のいずれかによって占有することにより、最も決定的な勝利を収めることができるとする（沖縄のような、領土所有ではなくて領土占有がその例）、また海外貿易の大中心地の至近にある同盟国の港の中に基地を見つけ出し通商破壊の準備とする（横須賀の例）等々――の的確な指摘である。

以上のような立場から著者は、近年の自衛隊の動向に危険を察知して警鐘を鳴らし続ける。そしてそれは、太平洋戦争末期に特攻出撃の前に書いた（書かされた）「遺書」に対して、人生をふりかえって書いた二度目の「遺書」としての本書に結実する。この意味で本書は、具体的経験からの反戦書として価値があると言えよう。

ただ本書の場合、著者が平和運動に力を注げば注ぐほど、日本の平和運動の現状との間にギャップを感じさせるということも指摘しておかねばならない。著者の平和に対する「善意」について疑いをさしはさむことはできないが、その「善意」を運動として拡げていく過程でのさまざまな障害のあらわれを本書のあちこちに見ることができる。これは、著者の責任であるというよりもむしろ、運動を進める側の責任であると言わねばならないであろう。すなわち、せっかくの著者の鋭い現実的な視点も結局は散発的・党派的なものに終わってしまうという事態そのものが、現在の平和運動の狭い枠の限界を示している。著者のような「善意」が幅広く受け入れられるような社会運動・平和運動の厚みと深みの時代の到来を期待したい。

（『アサート』二五二号、一九九八年一一月）

1999

〈戦後社会〉の自明性への問いかけ

『戦争はどのように語られてきたか』川村湊・成田龍一他（一九九九年、朝日新聞社）
〔改題『戦争文学を読む』二〇〇八年、朝日文庫〕

「戦争論」「戦後論」についての論争が盛んになり、いわゆる「自由主義史観」なるものが唱えられて、歴史の「書き換え」を要求している状況がある。他方で戦争に関して、「現在の私たちは、カラーのテレビ画面に中継される曳光弾の光や、燃え上がり、崩れ落ちるビルや瓦礫の山を見て、遠い所で起こっている悲劇が、生のまま日本の家の茶の間や会社のオフィスに入り込んでいることを不思議なこととも思わないで、見ている」（川村）状況がある。

本書は、このような時代に『戦争』の語り方、語られ方だけではなく、『戦争』の『見方』『見せ方』『見せられ方』についても、私たちはもっと語らなければならなかっただろう」（同）という問題意識を持つ、文学者・川村湊と歴史学者・成田龍一が、ゲストを迎えて行った鼎談集である。個々のゲストとの話の内容は、本書を繙いていただくとして、その骨格は、成田によれば次の所にある。

すなわち「総力戦」（日本の場合には一九三一年の「満州事変」にはじまる「十五年戦争」を意味する）に

ついての「語り」は、一九四五年から現在まで、三つの時期を経てきているとされる。

(1)「一九四五年から六〇年代後半くらいにかけては、否応なしに戦争に巻き込まれたという被害の意識が強く、語りは、かかる惨状に『われわれ国民』を追い込んだのは誰か、（略）『われわれ国民』はなぜ戦争を阻止できなかったのか、という観点からなされました」。

(2)「こうした戦争観は、一九六〇年代後半に変容を見せます。さまざまな立場で戦争に関わった当事者が、それぞれ異なった視点から戦争を語りはじめたのです。『加害者』である『われわれ』という意識は、この時期の語りから影響力を持ちはじめます」。

(3)「そして九〇年代に入ると、第三の語りというべきものが現れはじめます。（略）これまでの二つの語りはともに、被害者であるか加害者であるかはともかく、『国民』という主体を想定していました。しかし、ここで語りの前提だった『われわれ』『国民』の自明性が疑われるようになったのです」。

このように、第一の時期の「『被害者』われわれが、被害者『われわれ』自身に向ける語り」、第二の時期の「空襲の体験記録、沖縄戦の証言など、『私』の体験に基づく語りによって、『される側』からの戦争像」および加害者としての意識の形成を経て、「第三の語り」が出現したのである。このことは、「さまざまに『われわれ』がありうるなかで、何を『われわれ』と考えるのか」を問うことであり、「『語りの位置』が問題にされること。誰が誰に向かって、どの立場から戦争を語るのか」が問われていることを意味する。

本書は、この問いかけを各々のゲストに投げかけることを通して、現在における「戦争の語り方」を解明しようとする。

例えば、社会学者・上野千鶴子との鼎談（「戦争はどのように語られてきたか」）では、第三期になってからの最大の出来事として、「元『慰安婦』の金学順《キムハクスン》さんのような、文字どおり被害者であった人びとが、過去の語りなおしをはじめたこと」が指摘され、「これは決して事実の発掘でも隠蔽された過去の暴露でもなく、語りなおし、過去の再定義」として評価される。

また小説家・奥泉光との鼎談（「大岡昇平『レイテ戦記』を読む」）では、戦争体験と歴史的事実の語り方の問題として、「敵—味方の双方から複眼的に見ることは必要なことだが、さらにその対立項からこぼれ落ちる第三項を無視するわけにはゆかない」ことが言われる。戦記というジャンル自身が持っている「フィリピンの目、ジェンダーの目、死者の目」を覆い隠す問題についての鋭い言及であろう。

さらにこれと関連して、言語社会学者のイ・ヨンスクとの鼎談（「従軍記から植民地文学まで」）では、「国民国家」を形成する日本のナショナリズムがつくり出した日本的文章や感性が指摘される。そして「戦争責任と植民地責任の重なる『植民地』と『占領地』での文学活動」の明確な位置づけが要求される。

このように本書は、従来の戦争像と、この戦争像によって根拠づけられていた「戦後」社会の自明性への問いかけを提起する。しかしこの問いかけは、左からに限られず右からも出されているが、本書では、その代表格である小林よしのりの『戦争論』について、こう語られている。

『戦争論』が多くの部数を発行しているというとき、読者がそこに読み取っているのは、歴史修正主義を接ぎ木したような「歴史像」ではなく、原理主義にもとづく歴史の裁断の語り方――「ごーまん」な歴史の語り方にひかれているように思います。（略）したがって『戦争論』を論ずるときには、歴史像もですが、それ以上に歴史の語り方を俎上にあげねばならないでしょう。（成田）

まさしくこの意味で、「戦争の体験を持たぬ人びとが、どのように戦争を記憶し、解釈し、戦争像をつくってゆくかということ」（戦争の歴史化）、「新たな戦争の語りを希求していくことが開始されている」のである。この状況を考えれば、本書の提出した問題は大きいと言わねばならない。

（『アサート』二六五号、一九九九年一二月）

2003

〈戦後世代〉の「責任」を問う

『半難民の位置から——戦後責任論争と在日朝鮮人』徐京植（二〇〇二年、影書房）

植民地支配、世界戦争、大量殺戮に特徴づけられた二十世紀は、まもなく終ろうとしている。その最後の十年間、日本における「証言の時代」は、日本と日本人が過去の国家犯罪への謝罪と償いを通じて新しく生まれ変わるための好機であった。日本国が国民大多数のコンセンサスを得て、アジアの被害民族に深く謝罪し、個々の被害者にその損害を賠償することは、過去の犯罪の償いという意味からだけでなく、未来の東アジアにおける相互信頼の醸成と平和の確保のためにも避けて通ることのできないプロセスである。元「慰安婦」などの被害者証人は、その意味で、いわば未来の平和のための証人であった。／しかし、日本において、この証人たちは尊ばれなかった。むしろ、しばしば辱めさえ受けた。「証言の時代」は、無残な現実を私たちの眼前にさらけ出している。

本書の著者、徐京植がこう書いたのは、二〇〇〇年のことであった（本書所収「『日本人としての責任』再考」)。あれから二一世紀となった現在、事態はむしろより悪化して、かたくななナショナリズムとまったくの無関心とが手を携えて進んでいるように思われる。本書は、「在日朝鮮人」の立場から、日本社会のあり方を厳しく問い続けてきた著者の姿勢を鮮明に示す書である。

著者によれば、「在日朝鮮人」とは、「日帝の植民地支配の歴史的な結果として旧宗主国である日本に住むことになった朝鮮人とその子孫」と規定される。すなわち、在日朝鮮人が①「『少数民族』一般とは異なり、『本国』をもつ『定住外国人』であること」、②「『移民およびその子孫』一般とは異なり、その定住地がほかならぬ旧宗主国であること」という特質に加えて、③「その本国（とくに『北』）と日本とが分断されているという、ヨコにもタテにも分断された存在」である。そしてこの複雑な状況が、個々人の内部にまで抱え込まされている。またこの状況は、「祖国」（祖先の出身地〔ルーツ〕）、「母国」（自分が現に国民として所属している国家）、「故国」（生まれたところ〔故郷〕）が分裂した存在とも定義できる。ちなみに著者の場合には、「祖国」は「朝鮮」、「母国」は大韓民国、「故国」は日本ということになる。そして在日朝鮮人の置かれている状況は、これら三者が分裂しているというのみではない。

その「故国」と「祖国」とが価値において対立しているということが、いっそうの問題なのである。「故国」である日本社会の多数派は天皇制をはじめとする植民地支配の時代以来の価値観を改めようとしない。それどころか近年では、日露戦争は正義の戦争であった、日本の朝鮮植民地統治は善政だった、劣った朝鮮人を日本人なみに引き上げてやった、などという醜悪な自己中心主義の言説が台頭している。そうした価値観は「祖国」朝鮮のそれと真っ向から衝突するほかない。

このように著者は、在日朝鮮人の複雑な位置を踏まえて、近年日本社会の危険な動向とそれに伴う「断絶」を指摘する。著者はこの「断絶」を、アウシュヴィッツの生き証人の作家、プリーモ・レーヴィの例を引いて語る。

すなわち、人間の理解・表現能力を超えたアウシュヴィッツの悲惨な出来事について証言するという必死の努力を続けたプリーモ・レーヴィは、その凄絶な体験を全身全霊で語るなかで、かえって自分の周囲に冷たい無関心や無責任な批評――「そんなこと想像できない、実感がもてない、信じられない、重い、暗い、はては『ルサンチマンはもうたくさん』など」――を見出すことになった。「こうして、プリーモ・レーヴィはアウシュヴィッツの証人となっただけでなく、その証言が一般社会に伝わらない、理解されない、真摯に受け止められないという『断絶』の存在を証言する証人にもなったのだ」。

これと同様のことが、元「慰安婦」の証人たちにも生じている。

証人の数は多くないが、いないわけではない。証言がないのではない。しかし、ほとんどの人々は、無知と無関心、愚かさや浅薄さ、利己主義、根拠のない楽観主義、想像力の貧困や共感力の欠如……その他どんな理由からにせよ、証人の姿を見ず、証言に耳を傾けないのである。

ここに、二十世紀を特徴づける深い「断絶」が口を開けている。

著者は、この日本社会の責任を明確に問うための手がかりとして、ハンナ・アーレントの「罪」と「責任」の区別を提示する。それによれば、「罪」は個人に帰属するべきで、集団に帰属されるべきではないが、「集団の責任」には二つの条件がある。すなわち、①「自分が行なっていないことに対する責任があるとみなされること」であり、②「自分の自発的行動によっては解消できないしかたである集団（集合体）に成員として属していること」である。それゆえこの責任は、常に政治的であるとされる。

この視点から言えば、「なるほどこのように『罪』と『責任』は画然と異なるものではあるが、当事者でない戦後世代に『罪がない』という側面のみが強調されて、『責任がある』という側面が捨象されてはならない。そもそも、明確に『罪』がある当事者たちが平然と跋扈し社会の中枢に位置を占め続けているのが日本社会である」。そして現在の日本社会で圧倒的な部分を占める中心部多数派日本国民にとっては、この視点を欠落させていく傾向がある。しかしこの傾向を黙認していくことは、むしろ現在の「罪」につながると著者は強調する。

「証言の時代」の十年間を経たいま、「知らなかった」「気づかなかった」というような言い訳はもはや通用しない。考え抜かれたものであるのか、それとも、あまりにも考え足りないためなのかはともかくとして、「意図的怠慢」という告発は大多数の日本人たちにも向けられなければならないであろう。

著者のこの言葉は、まさしくわれわれ自身に向けられており、われわれの姿勢が問われていると言えよう。

著者の他の著作──『プリーモ・レーヴィへの旅』（一九九九年、朝日新聞社）、『断絶の世紀　証言の時代──戦争の記憶をめぐる対話』（高橋哲哉との共著、二〇〇〇年、岩波書店）等──ともども、現代日本社会への批判と警告に満ちた書である。

（『アサート』三一〇号、二〇〇三年九月）

2004

〈戦後世代〉と戦争

『戦争が遺したもの――鶴見俊輔に戦後世代が聞く』鶴見俊輔・上野千鶴子・小熊英二（二〇〇四年、新曜社）

戦後六〇年近くを経た時点で、紆余曲折はありつつも、この時代を見つめ発言し続けてきた思想家・鶴見俊輔（一九二二年生）に、「戦後世代」の二人――上野千鶴子（一九四八年生）と小熊英二（一九六二年生）――が聞くというかたちをとっているのが本書である。聞き手である上野は女性学、ジェンダー研究で周知の東大教授（現名誉教授）、小熊は『〈民主〉と〈愛国〉――戦後日本のナショナリズムと公共性』（二〇〇二年、新曜社）で戦後日本ナショナリズム研究に気を吐いている慶大助教授（現教授）である。年齢的に約二〇年ずつ離れている三人の会話の話題は、多岐にわたる。

さて本書は、小熊の「戦後」という言葉についての問題提起から始まる。

現代を指す言葉として「戦後」はいまだに使われている。それはおそらく、現代を言い表わすのに適切な言葉がほかにないという理由だけではない。対米関係や対アジア関係をはじめとした国際秩序や、さまざまな国内秩序が、戦争の余波のなかで「戦後」につくられた枠組みの範疇にとどまっているからでもあるだろう。

考えてみれば、かれこれ六〇年も「戦後」が続くというのは、奇妙なことだ。しかし「戦後」を相対化するためには、「戦争が遺したもの」と向きあい、「戦後」を理解するべく努めることしかないであろう。いまだに「戦後世代」でしかありえない私たちは、いまだに「戦後」でしかありえない時代を生きてゆくなかで、そうした努力を迫られざるをえない。

三人それぞれの「戦後」についてのこだわりを持っての座談は、鶴見のジャワでの軍隊経験から、八・一五、『思想の科学』創刊の事情、六〇年安保、べ平連と進んでいくが、主たる語り手としての鶴見の視点は、一貫して日本の近代化を進めてきた指導的エリート知識人(「一番病」)への批判と向かう。

これは、これから話す歴史の見方でも、重要なんだ。一番病の人は、歴史の評価でも、はっきりした基準があると思っている。歴史の進歩があるとか、民本主義より社会主義が偉いとか、そういったものがね。そういう基準で、「これこれの点がこの人物の限界であった」とかいって、歴史上のできごとや人物を、今の立場から採点しちゃうんだよ。／そういうふうにならないためには、日付のある判断というのが、かえって重要だと思うんです。明治五年なら明治五年で、このときはこういうふうに、ここまで自力で考えた、とみなすんです。(略)／そういう日付のある判断が、かえって未来を開くという逆説的な関係があるんだ。日付のある判断というのは、これが当時の限界だったと評価するんじゃなくて、ここでこれだけ考えられたのか、と考える。そうしたら今度は、その後に進んだのとは別の可能性や方向があったんじゃないか、と考えられるわけでしょう。その後に実現した一つのものが、進歩とは限らないわけで、もっと別の可能性があったということがわかる。そうでなきゃ、思想史と言えないんだよね。

つまり鶴見は、歴史を「進歩と退行」として同時に考えることで、その時点にまで戻って、多元的な可能性を探ることの重要性を語る。そしてこの見方のできない近代日本の知識人たちをこう批判する。

私が戦争体験から得たことというのは、一つはこういう考え方なんだ。大学を出ている人が簡単に転向して、学歴のない奴のほうに自分で考える人がいる。渡辺清〔『戦艦武蔵の最期』の著者、戦後は「わだつみ会」で活動――引用者〕とか、加太こうじ〔紙芝居作家、評論家、代表作は『黄金バット』――同〕とか、小学校しか出ていないような人のほうに、自分で思想をつくっていった人がいる。

このような視点から戦後の運動が語られる。この視点は、例えば皇国史観や「正統的」マルクス主義史観一辺倒の断罪評価を反省し、自分で「つくる人」を目指すという意味で、鶴見が繰り返し言ってきたことである。しかしこれに対しては、その柔軟性がまた、アイマイ性につながるという点で絶えず批判を浴びせかけられることになる。本書ではその代表例として、「従軍慰安婦」問題の中で、鶴見も関わった「女性のためのアジア平和国民基金」(一九九五年)についての上野とのやりとりがある。

鶴見は、被害者に対する賠償は日本の国家が関与を認めて実施すべきで、その国家賠償ができるところまで、基金の設立からずっと押して行くべきだった、しかし金を集めることはできたが、渡す段階で受け取り拒否が出てしまったのは、「誤算だった」、「あそこまで拒否が広がって、問題がこじれるとは予測していなかった」と発言する。

これに対して上野は、「政治的な行為が誤算だとわかったときには、『結果は思わしくなかったが誠意はあった』という心情倫理ではなくて、結果に対する責任倫理が問われます」として、基金の人たちが、その場合の二つの選択肢——個人的に責任をとって呼びかけ人を辞任する(三木睦子など)か、もしくは国民基金の方針を政治的に変えるよう努力する——のいずれも取らなかったことを批判する。そしてこれについてどう責任をとるのか、またこの基金が残したものは何だったのか、と総括を迫る。

鶴見　私は少なくとも、それまで日本政府が公式には認めてこなかった慰安施設が存在したということを公開して、記録に残し、世の中にも広く知らせる火をつけたということ、それはできたと思います。国民基金が最低限できたことは、それ一点だと思いますね。

上野　でも最初に火をつけたのは、日本政府じゃなくて、告発した女性たちのほうですよ。日本政府は火をつけられた方です。

鶴見　それはそうですが、国民基金もその効果を担ったでしょう。

上野　いまおっしゃった「火をつけたという意味で、国民基金はなかったよりはあった方がよかった」というのは、誰にとってよかったということでしょうか。私には、日本にとってよかった、日本人にとってよかったというふうに聞こえます。（略）被害者の方にとってよかったかどうかは、どなたがどう判定なさるんでしょう。

鶴見　「日本人にとって」なのかな。ああいう事実があったということを明らかにし、戦争というものを把握することは、アジアの人びと全体にとって必要だったんじゃないですか。被害者個々人にとっても、インタビューや記録などをきちんととられる機会になったと思いますよ。／もちろんそうした記録の作業などが積み重ねられて、それがもとになって私が関わったことへの批判が起きることは、甘受します。

ここには、上野の鋭い批判——鶴見が「自分は叩かれつづけるサンドバッグになる」という覚悟を述べたとしても、「そのサンドバッグを、叩きつづけなければならない立場に立たされる方にとってはどうでしょうか」——に対するアイマイさと幅広さを持った鶴見の姿勢の特徴が確認される。

この問題については、ここで小熊が割って入って、これに絡む日本の保守政治の現実に対する認識が問題とされるのであるが、先記の点は今後、国民基金の総括で重要な課題として残されている。

本書ではそのほか、鶴見の関わってきた運動での出来事――六〇年安保の「声なき声の会」のデモ、一九六〇・六・一五（樺美智子が死んだ日）国会通用門前での吉本隆明とのエピソード、また一九六七・一〇・八の羽田闘争で山崎博昭が死んだ現場を反対側の土手から見ていたという話（ついでに言えば、上野は京大で山崎と同期で、そのすぐ後の一一・八第二次羽田闘争に行ったという話も出ている）――など、今から見て興味深い話も多い。

さらには話が前後するが、六〇年安保の後、「さしあたってこれだけは」という共同声明――谷川雁が起草し、鶴見、吉本隆明、関根弘、藤田省三、武井照夫などが参加した――について、当時まだ党員であった藤田が、共産党からの査問を受けたという話も注目に値する。藤田があまりに動揺するので鶴見が党本部まで付き添って行って、部屋の後ろの方に椅子を与えられて査問に同席した、また査問をする本部の二人の口調も丁寧で穏やかだった、というものである。およそわれわれが抱いている査問のイメージからは程遠いが、藤田（二〇〇三年五月に死去）に代わってこの話はしておかなければならないと、鶴見が語っている。後日談として、それから半年くらいしか経たないうちに、この査問に当たった二人――内野壮児と内藤知周――も、改革について共産党に進言したが除名されたという話も付いている。

以上のように本書は、戦後社会運動史の一側面を、鶴見の関わった時点と人間関係から照らし出すものであり、公的な歴史とは一味違った運動史となっている。もちろん鶴見の視点の妥当性、有効性については今後、検証評価されていかねばならないであろうが、社会運動が人と人とのつながりである以上、こうした側面の解明は重要である。

本書全体を通じて、運動に対する鶴見の大きな肯定と否定——それは鶴見の自己自身への退行計画と日常生活レベルでのアナーキズム（非権力）という姿勢の結果として出てきたものと筆者は見るが——と、諸問題に対する小熊の真面目な姿勢が印象深い。これと比べれば上野の質問には、女性問題に関しては鋭いところがあるとはいえ、批判枠の狭さ、頑なさを感じさせる。

なお、鶴見には自叙伝風の対話本（『期待と回想』上・下、一九九七年、晶文社〔二〇〇八年、朝日文庫〕）もあるので、参考にされたい。

（『アサート』三二一号、二〇〇四年八月）

2005

知られざる戦時下の「商船の悲劇」

『海なお深く――太平洋戦争　船員の体験手記』全日本海員組合編（二〇〇四年、中央公論事業出版）
〔増補のうえ再復刊『海なお深く――徴用された船員の悲劇』上・下、二〇一七年、成山堂書店〕

広大な西太平洋海域に戦線の拡がった太平洋戦争の本質は海上補給戦であった。／大量の軍隊を送り込んで東南アジア地域を占領し、その資源をもって国力を補充しながら戦争を遂行しようという戦略を支える根幹はすべて海上輸送態勢に依存していた。／（略）／しかし、実際に輸送を遂行する中で、軍部のとった海上輸送に関する対応は、この時期における世界の海洋国家の近代的な輸送戦への戦略常識とは著しくかけ離れたものであり、それが結果して本書に記録されたような「輸送船の悲劇」を生む母体となったのである。（本書解説）

このように本書は、「第二次大戦への参加を余儀なくされた〔いま風にいえば『業務従事命令に従った』――引用者〕船員の体験手記である」（「復刻版あとがき」）。

もともと本書は、産別労組、全日本海員組合の創立四〇周年事業のひとつとして一九八六年に編まれた（新人物往来社発売）。そして二〇年近くを経て、再び海員組合と日本海員福祉センターの記念事業として本書が復刊されることになった。これが海の平和を願い、船員受難の姿を伝える本書の背景となっている。

太平洋戦争において日本の商船隊（百総トン以上）は、二五六八隻、八四三万総トン余、保有船腹の八八％を海底に沈められ、船員は総数六万人余が戦死したとされる。しかしこの事実は、「戦後社会で華やかに語られる戦闘艦艇による海戦の記録や、誇らしげな軍人たちの戦記の陰」に隠れてしまい、あまり知られていないのが実情である。

それにしても就航船の八八％が撃沈させられるという事態がどうして生じたのか。本書解説は次の三点を指摘する。①「全般的な戦時輸送態勢への見通しを決定的に誤っていたこと」、②「近代戦では常識とされた海上交通破壊戦略への認識を著しく欠いていたこと」――すなわち極端な戦闘主体・補給従属思想が軍部の戦時輸送に対する考え方であった――、③「軍部の傲慢な特権意識による商船軽視の思想が支配的であったこと」である。

このような状況からもたらされた結果を受け止めて、本書は、「戦時中に船員が、軍事主義下での非人間的、消耗品なみの扱いを受けた屈辱は忘れることができない。こんな暗黒時代は二度とあってはならない」（序）と主張する。

本書の構成は、一九四一（昭和一六）年の開戦時より戦後の遺族の手記まで経年的にまとめられている。第一章「緒戦の海」、第二章「制海権なき帝国シーレーン」、第三章「戦火の海の標的となって」、第四章「特攻船団の潰滅」、第五章「受難の傷あと」、第六章「残された者の戦記」と続くが、戦争が長期化するにつれ、制空権も制海権も失われて、護衛艦すら満足にない状態で、丸腰同様の輸送船団が次々と沈没していく姿が痛々しい。その実態を本書で読んでいただきたい。
このような中で追い詰められた船員たちのさまざまな声が聞こえてくる。

船員は軍属とされていたが、実態は船員たち自身が「軍犬、軍馬、軍鳩、その下に船員」と自嘲したほど、まるで軍人の召使いか戦争の道具のように扱かわれた話は枚挙にいとまがないほどである。（解説）

皆お互いに黙して語らなかったが、身に寸鉄もおびずに敵中を往来する、やられっ放しの船員と、及ばずといえども一矢むくいる弓矢を持った軍人との差は、まさに雲泥のそれであった。（第五章）

正直いって輸送船船員としては死にたくはなかった。／「どうせ死ぬのなら、俺も海軍艦艇に乗って鉄砲の一発も撃った上で〝名誉の戦死〟とやらにしてもらいたいものだ」と何度思ったことだろう。（第二章）

第二次大戦では、海上輸送に従事した商船の、いわゆる武器なき戦いの中で多くの船員が死亡したが、これらの人々が靖国に祀られたとも、勲章を授けられたとも聞かない。観音崎に建てられた顕彰碑が、その唯一のものではなかろうか。（第一章）

これらの思いについては、軍人とは異なる視点からさまざまな評価が可能であろう。最後の文は、国立追悼施設建設をめぐる議論の渦中にある靖国神社の性格の一面を言い当てている。

また一九四二（昭和一七）年後半より、大型商船の撃沈が増加するにつれて、その不足を補うために多数の漁船・機帆船が徴用された。船足が遅く、何の武器も持たないこれらの船が多大の被害を受けたことは言を待たない（第五章）。しかし本書ではそのごく一端が見えたに過ぎず、三三万九千総トン程度とされている戦時喪失機帆船（平均百総トンとして約三四〇〇隻が沈没したことになる）の実態は依然として不明のままである。

このように戦時下の船員の状況は、危険極まりない上に悲惨なものであったにもかかわらず、その活動の全貌は、戦後六〇年の今日まだ見えていない。そして本書に寄せられた手記の幾百倍もの人々が、声をあげることのできぬままに死んでいったという事実を忘れることはできない。シーレーン問題が論議され、あるいは有事立法によって民間施設等の軍事的使用が探られている現在、過去に直接戦争に関わらざるを得なかった船員たちの経験を伝えていくことは、ひときわ大きな意味を持つようになってきている。本書がこのことを考えていく大きな手がかりとなると確信している。

本書の解説は、最後にこう語る。

敗戦の後に多くの戦史や戦記の類が著され後世に残されてゆく中で、輸送船の記録はきわめて少なく、稀にあっても、それは「戦力」としての側面からの歴史であり、数字であることが多かった。／（略）／私たちの海の先輩たちが生きた戦時下の海がそうであったと同じように、歴史までもが強者の論理に覆いつくされてしまっていいはずがない。商船船腹量の八八％を潰滅的に失い、商船船員の推定死亡率が陸海軍軍人のそれの一・四倍もの高率であったという史実は、明確に歴史に中にとどめて後世に伝えるべきことであるはずだ。

（『大阪哲学学校通信』三三号、二〇〇五年八月）

2006

日本の軍隊の本質に関わる問題点を示唆

『不時着』日高恒太朗（二〇〇四年、新人物往来社〔二〇〇六年、文春文庫〕）

「生きたい」という衝動を否定されたとき、人は何を思うのか。敗戦の色濃い一九四五年夏、南海の島々に本土から沖縄を目ざして飛び立った特攻機の不時着が相次いだ……。（本書帯書き）

太平洋戦争末期の特攻機による攻撃については、これまで幾多の戦記、手記が書かれてきた。そして現在、われわれが特攻機ということで思い起こすのは、悲壮、純真または無謀等の言葉によって代表される受け取り方である。しかしそれらのいずれもが十分な説得力を持つとは言い難く、少なからぬ違和感が残るというのが率直な印象である。すなわち悲壮、純真とのみ特徴づければ、無謀な作戦ということが引っかかり、逆に無謀とのみ呼べばそれだけでは片付かぬものが残るのである。

本書は、この分裂した間隙にひとつの別の視点を与える。そしてこの視点は、これら両者の狭間に置き忘れられた特攻隊員たちに焦点を合わせたところから生まれる。すなわちその特攻隊員たちとは、出撃したものの、何らかの理由により不時着、帰還した人びとである。

本書に掲載されている不時着・帰還兵からの聞き書きによれば、太平洋戦争末期の特攻隊員の「死の階段」は次のように分類される。

①昭和二〇年二月十六日の連合艦隊司令長官の命を受け編成された特攻隊で、特攻隊員(指名・志願)となり、所属航空隊で特攻訓練に入った者。
②編成訓練は受けたが、何らかの事由により所属航空隊に残留した者。
③所属航空隊を離れ、前線の特攻基地に進出、出撃待機にあった者。
④出撃したが、何らかの事由で帰投(出撃帰投)、または不時着で生き延びた者。
⑤出撃し、遂に帰ることのなかった未帰還特攻隊員。

そしていわゆる戦記の著作で、特攻体験を核とした自伝本のほとんどが①〜③であり、⑤は論外としても、④は皆無に等しいと指摘される。すなわち、特攻隊を描き総括してきた主流の流れがここに示されており、この背景には、当時の軍隊教育による「生きて虜囚の辱め」を受けてはならないとする方針と「忠君愛国」を柱とする学校教育が、我が身を捨て国難にあたる犠牲的精神を高揚させてきたことがある。

このような状況の中で、出撃しながらも引き返してきた搭乗員たちがどのように見られてきたかは想像に難くない。「死は栄光であり、生還は恥辱」という一事のみを押しつけられている以上、基地へ帰投することは「素質の悪い臆病者」の烙印を押されることであった。そしてこの流れが、戦後も依然として続いている。

戦争の記憶が遠ざかるにつれ、特攻隊員は異界の美化された物語として語られるようになった。語り部の多くは、出撃経験はもとより搭乗員としての訓練を受けたこともない、特攻隊員を悲劇の英雄として仰ぎ見た人たちだ――（略）さらにたちが悪かったのは、彼らに「特攻」を命じながら戦後を生き延び「英霊たちの真情」を講演会で語ったりする元エリート士官たちの存在だった。彼らの話のなかでは生き残りの人たちを、赤穂義士の討ち入りに脱落した侍のような、「生き恥をさらしている」という負の美学で語ることが多かった。

この語り継がれてきたトーンに対して本書は、不時着、帰還した特攻隊員たちへの検証から、特攻隊についてはモノクロ的な語りでは言い表すことのできない諸側面を照らし出す。

例えば、多くの特攻隊員たちを要請した予科練の実態――これは土浦航空隊をはじめ全国一九か所に設置され、終戦時の採用人員が実に総数五万九〇〇〇名にまで膨れ上がっていたこと――、また日本海軍での士官と特務士官――いわゆる「キャリア組」と「ノンキャリア組」――という二極的身分制度が予科練習生の意識にまで浸透していたと同時に、その予科練習生たちの中にも、「甲種（旧制中学三年修了以上、略称・甲飛）」、「乙種（高等小学校修了以上、乙飛）」、「丙種（海軍内の一般下士官から選抜された者、丙飛）」、「特乙種（乙種の中から一定の資格ある者を採用、特乙飛）」という学歴差が存在したこと、そしてこの身分差、学歴差が、戦後の同窓会組織や記念碑建立にまで尾を引いていることが指摘される。

この意味で何よりも象徴的なのは、右記とは別に当時日本の植民地であった台湾と朝鮮の志願兵からなる「特別丙種飛行予科練習生（特丙飛）」が存在したことである。そしてこの特攻隊が存在していたことを、予科練の親睦団体が戦後も一九九〇年代に至るまで認めなかったという経過は、戦争責任の問題を考える上で大きな課題を突きつけている。

さらに特攻機に関して、戦争末期には十分な航空機さえ残存していない惨憺たる状況下で、単座機のみならず、複座機では三人乗組み（九七式艦攻機）や六人乗組み、中には九人乗組みの特攻機もあったこと、また布張りの木金混合の九三式中間練習機（いわゆる赤トンボ）までもが特攻機に動員され、これが五〇〇キロの爆弾を抱いて、時速二〇〇キロの速度で、時速六〇〇キロを超える米戦闘機の間を突っ込んでいくという哀れとしか言いようがない姿が語られる。

本書にはこのほか、「別府湾三億円保険金殺人事件」の犯人とされた荒木虎美――大分地裁で死刑判決後、上告中に死亡――が特攻隊員であった過去との絡みで送った人生や、沖縄出身の歌手・波平暁男――『海ゆかば』を初めて歌い、『若鷲の歌』（「若い血潮の予科練の　七つボタンは桜に錨……」の歌詞）を霧島昇と競演した実力派――にまつわるエピソードなど、興味深い話も掲載されている。

特攻隊員に関して多面的な評価がなされなければならないことを指摘した本書は、ノンフィクションとしては異色の作である。そして同時にその背後に横たわる日本の軍隊の本質に関わる問題点を示唆したことは、戦争責任についての議論にこれまで以上の視点を付け加えたと言えよう。

付記

なお、本書は二〇〇五年度の第五八回日本推理作家協会賞を受賞している。

(『大阪哲学学校通信』三五号、二〇〇六年一月)

2008

自衛隊員と憲法九条

『我、自衛隊を愛す　故に、憲法九条を守る――防衛省元幹部三人の志』
小池清彦・竹岡勝美・箕輪登（二〇〇七年、かもがわ出版）

憲法九条改定に向けた動きは、九条のみならず、これを取り巻く社会的経済的及び日常的な体制に関わる権力の動向として認識されなければならない。しかしこれに対して、抵抗する側の九条擁護の運動も根強く、各地の「九条の会」をはじめとしてさまざまな形態で進められていることは周知の事柄であろう。さらにこれらの運動や主張の中には、今まで伝統的にイメージされてきた運動とはニュアンスの異なる、新たな視点を持ったものも少なくない。九条擁護の運動は、さまざまなバリエーションを持った運動となる要素を含んでいるのである。これらをどう取り入れていくかが、これからの九条擁護運動の幅と深さを方向づけると言えよう。

本書は、「防衛省元幹部三人の志」という副題を持って、元防衛政務次官の箕輪登、元人事教育局長・官房長の竹岡勝美、元防衛研究所長・教育訓練局長の小池清彦の連名で出されている。このようないわゆる「タカ派」と思われている人々が、イラクへの自衛隊派兵を憲法違反と断じ、九条改定論を批判するという一見したところ戸惑いを覚える本である。しかしその主張は、耳を傾けるに値する。

例えば、小池清彦はこう述べる（第一部「小池清彦の証言――国民の血を流さない保障が九条だ」）。

> 制定当時あまり意識されなかった憲法第九条、平和憲法の持つ大きな意義についてであります。それは、もし平和憲法がなかったら、日本は朝鮮戦争（一九五〇〜五三年）にも、ベトナム戦争（一九六五〜七五年）にも、湾岸戦争（九一年）にも、世界のほとんどの戦争に参戦させられていたということであります。（略）／このたびの憲法違反のイラク出兵は、まことに言語道断であります。安保条約は、平和憲法と両立する形の日米の同盟条約であり、アメリカもこれに同意しているのであります。安保条約からは、日本のみならず、アメリカも絶大な恩恵を受けているのであります。日本が毅然としてアメリカに対してこそ、真の友好同盟条約が生まれるのであります。／日本は極力、独力で国を守ることができる防衛力を整備すべきであります。しかし、海外派兵は厳に慎むべきであります。日本は世界の警察官になる道をたどってはなりません。それは国民が血を流し、国が没落する道なのであります。

竹岡勝美は、「日本の国恥とも言うべき敗戦以来存続している広大な米軍基地の撤廃どころか縮小すら言挙げできない」現状と、「独立国・日本が米国の属国のごとくあまりにも米国に依存している独立気概への疑問」を呈する（第二部「竹岡勝美の決意――憲法九条改定論を排す」）。

確かに日米安保条約で日本を守ってやっていると言われれば、日本は米国に頭が上がりません。しかし、そもそも自衛隊を堅持する日本には、米軍に駐留をお願いして守ってもらうべき恐ろしい脅威が周辺諸国に存在するのか。／世界は侵略戦争を禁止しました。戦後の日本は、海外における植民地や国家権益を失い、この狭い島国に軍事的に閉じ込もり、平和憲法を護持して、もはや周辺隣国との間には戦うべき一片の軍事争点もありません。冷戦期にあっても極東ソ連軍が日本のみに一方的に侵攻してくる有事シナリオは米軍ですら否定していました。／かつて私が防衛庁に在勤していた当時、陸上自衛隊は、自分たちの唯一の出番と心得ていた極東ソ連軍の北海道侵攻を要撃する演習に際し、在日米軍が参加してこないのが不満でした。「一体何のための日米安保か」と陸上自衛隊は怒りましたが、米軍は「冷戦下のソ連軍は西に二〇〇万のNATO軍、南に中国の四〇〇万、東に二〇〇万の米国軍と一触即発の対峙の中で、どうしてノコノコと日本のみに一方的に侵攻して来る馬鹿があるか」と陸自案を一蹴したといいます。／(略)／現在はどうか。脅威とは、日本に届き得る距離にある周辺隣国、即ち中国、ロシア、南北朝鮮の四国のいずれかの国が、少なくとも数十万の大軍を率いて、一方的に日本本土に上陸侵攻して来る時でしかありません。さきに有事法制として立法された「武力攻撃事態」がそれです。／もちろん、私はそのような有事は起こり得ないと確信しています。

そして、「日本の有事とは、まさに在日米軍を含む米軍と日本周辺国家との戦争に巻き込まれる波及有事のみです。万一にも、米軍が一方的に北朝鮮を崩壊させようとした時、北朝鮮の二一〇〇基のノドン・ミサイルが、日本海沿岸に濫立する十数基の原発を爆砕するかも知れません」と警告する。

箕輪登は、自衛隊イラク派兵差止北海道訴訟での口頭弁論における証言において、国会議員になった当時からの思いを熱っぽく語る（第三部「箕輪登の遺言――命をかけて自衛隊のイラク派兵阻止を訴える」、証言は二〇〇六年二月二七日、同年五月一四日に死去）。

佐藤総理、岸、そのときは元の総理ですが、何回か会ったもんですからお話をして、そうじゃないと、自衛隊は専守防衛なんだと、どこからか攻められたときに、武力攻撃を受けたときに、日本の国の独立を助けるんだと、そういう考えの自衛隊であって、自衛隊法をもっと勉強せいと言われました。自衛隊法のどこに、外国に行ってもいい、戦争してもいいなんて、どこにも書いてないよ。それは、自衛隊法七六条、外国から攻撃がなければ武力行為は取れないんだと、武力行為を取るにしても、国会の承認がなければ取れないんだということを聞かされました。佐藤さんからも岸さんからも聞きました。で、だんだん調べているうちに、そうかなと思って、これがあるんだと思ったんです。で、今ごろ思い出すのが遅かったんですが、そのときに佐藤さんが、自衛隊ができても自衛隊の海外出動は禁ずるという参議院の国会決議があるよということを思い出しまして、調べてみたところが、いまだにやっぱりあるんです。

僕はイラク特措法を勉強したことはありませんけれども、イラクという外国に自衛隊が出動したことは、何と理屈付けても……、自衛隊の任務の中に、自衛隊法の第三条ですよ、外国の治安を守れとか、人道支援をせえとか、復興支援をしろとは、美辞麗句を並べるけれども、使命の中には入ってないんじゃないですか。自衛隊法を補足、直すならば、第三条を変えなかったら、第三条は日本の国の独立を武力攻撃があったときに守るだけですよ、自衛隊法に書いてあるのは。外国まで行って外国の治安を維持するなんて、一つも書いてない。アメリカの言うとおりやってるだけじゃないですか。そのアメリカは、国際法違反のイラク戦争だと、国連事務総長のアナンが言い切ってるんです。

この訴訟の背景については、本書の最後に「〈解説〉自衛隊イラク派兵差止訴訟と箕輪さん」で、北海道訴訟弁護団事務局長の佐藤博文弁護士が、要領よくまとめている。その中で、箕輪の未来への現実的な展望を端的に示している証言がある。

アジアでは、今、どの国も皆日本としっくりいっていません。しっくりいかせるのが外交であり、防衛対策です、先般、西ドイツのシュレーダー首相が、かつてテロ組織の存在したルーマニアで言いました。「ECは今や二五カ国。今までドイツはこんなに友人が増えたことを経験していません」と。これこそが安全保障だと私は思います。

先にも触れたように、本書に登場するのは日本の防衛政策を直接担ってきた人々である。しかしこのような視点を持った人々が存在し、イラク派兵反対、憲法九条擁護を主張していることはまた、この運動が広がりと深さを持っていることの証拠でもある。自衛隊の存在とシビリアン・コントロールについて、防衛力と専守防衛について、また集団安全保障のあり方についての彼らとの意見の相違は存在するが、これらの問題をも含めて議論することの必要と、有効な視点を取り入れることのできる運動の構築への提起として本書はあると言えよう。

（『アサート』三六九号、二〇〇八年八月）

2009

加害者であることにおいて人間になる

『シベリア抑留とは何だったのか――詩人・石原吉郎のみちのり』畑谷史代（二〇〇九年、岩波ジュニア新書）

本書は、中高生向けのシリーズ本の一冊ではあるが、内容的には十分な重さを持っている。対象となる人物は、詩人・石原吉郎（一九一五―七七）。かつてシベリア抑留の体験を秘めた魂からの深い声を発した詩人として知られていた。本書はこの石原を取り上げて、その足跡をたどる。

「いまごろなぜ石原吉郎の話を？」という問いに対して本書は、沖縄の作家・目取真俊との対談において、目取真が触れた石原の言葉、「人間とは、加害者であることにおいて人間となる」（＝自らの加害者性を自覚して、そのことを深く考えたとき、人間は真の人間となるのだ）に注目し、この意味するところを解明しようとする。

石原は、一九四五年から五三年までの八年間、シベリアに抑留されるが、抑留体験をエッセーで発表し始めるのは六〇年代の終わり、そして主要なエッセーが世に出るには復員から一六年間の時間が必要であった。この間、石原は「内なるシベリア」について問い返し続ける。視点は二つある。

その視点の一つは、石原の「ある〈共生〉の経験から」に書かれている極度の飢餓状態に置かれた収容者たちの間に生まれた〈慣習〉である。

軍属や民間人が主に収容された第三分所では、兵士用の飯盒《はんごう》を所持していた人が少なく、食事は二人分が一つの飯盒で配られた。収容者は二人ずつの〈食罐《しょっかん》組〉を組み、一人が飯盒に入った食事を同じ大きさの空き缶二つに分ける。その間、もう一人はまばたきもせず相手の手元をにらみつけている。豆が沈んだ薄いスープも、雑穀の三分がゆも、完全に「公平」に分けなければならない。互いの生死がそれにかかっていた。／食事を分け終わると、途端に食罐組は解消する。

眠るときにも、二人一組の〈共生〉と〈連帯〉の関係は生まれた。真冬の外気が氷点下三〇度に達するこの地で、収容者たちは一人に一枚支給されるだけの毛布を、二人が、一枚を床に敷き一枚を体にかけて、体をくっつけ合って眠った。〈いま私に、骨ばった背を押しつけているこの男は、たぶん明日、私の生命のなにがしかをくいちぎろうとするだろう。だが、すくなくともいまは、暗黙の了解のなかで、お互いの生命をあたためあわなければならないのだ〉と石原は書く。

この〈共生〉と〈連帯〉の関係――「それは、助け合って生きる、というような甘いものではなく、不信と憎悪を向け合う人間同士が、自分が生き延びるために結ぶぎりぎりの関係にほかならなかった」――が、石原の社会に対する姿勢を形成する。そしてこの収容所での状況が、戦後日本の日常――反目と競争と孤独の状況――につながっていることを自覚する。

この石原の視点に関して、哲学者・鶴見俊輔はかつてこう述べた。

このように、身近の協力者の中に敵を見る眼は、敵という概念を、新しいものにした。／自分からはなれて特別に悪い個人がいて、それが敵であるというわけではない。自分とある関係にたつ時、その人は敵になる。ということは、ある人は加害者で、ある人は被害者というふうに切りはなすことをやめることであり、加害者―被害者という自分の輪から一歩はなれることである。／被害者として自分を規定して、その立場から加害者を告発するという方法をとらない見方である。この決断は、政治に対する石原吉郎の独自のかかわりかたへのいとぐちとなる。（鶴見『私の地平線の上に』）

石原は、スターリンの牢獄については証言はしても、告発をしないように自分を抑制する。それは告発する自分の行動の中にもう一つの専制国家への芽を見ているからではないか。（同）

二つ目の視点は、石原が次の文章に書いている違和感である。

《私は、広島告発の背後に、「一人や二人が死んだのではない。それも一瞬のうちに」という発想があることに、つよい反撥と危惧をもつ。一人や二人ならいいのか。時間をかけて死んだ者はかまわないというのか。戦争が私たちをすこしでも真実へ近づけたのは、このような計量的発想から私たちがかろうじて脱け出したことにおいてではなかったのか。》(石原「アイヒマンの告発」)

これについて、本書はこう語る。

一九四五年八月六日、広島に投下された原爆によって、この年の末までに、推計で約一四万人が亡くなった。その膨大な犠牲者数が、ヒロシマを反核平和運動の象徴の地にした。/しかし、犠牲者の数で〈大量殺戮〉の恐怖を語ることが、一方で〈一人の死を置きざりにしたこと。いまなお、置きざりにしつづけていること〉を、石原は〈戦後へ生きのびた私たちの最大の罪である〉と書く。〈私たちがいましなければならないただひとつのこと、それは大量殺戮のなかのひとりの死者を掘りおこすことである〉/石原が投げかけたこの問いは、ヒロシマに限らず、戦争の死者が語られるとき、どれだけ顧みられてきただろうか。

今日、イラクで、パレスチナで、アフガニスタンで命を奪われている人々、あるいは日本社会において孤独や貧困に追いつめられて命を絶つ人々、そのような人々を集団にくくって、数字として扱ってしまうことに暴力性や頽廃を感じた石原の視点の意義が、いま問われていると言えよう。

石原の視点は、地味ではあるが、シベリア抑留者の終わらざる「痛み」を伝えるとともに、その状況が現代日本社会と通底していること、そしてその克服への道が「量としての人類に対してうったえる政治思想ではなく、一人の人からもう一人の人に呼びかける政治思想」（鶴見）にあることを再確認させる視点である。

（『アサート』三八〇号、二〇〇九年七月）

戦争は常に周到に準備され推進されてきた

『それでも、日本人は「戦争」を選んだ』加藤陽子
（二〇〇九年、朝日出版社〔二〇一六年、新潮文庫〕）

ある一つの戦争が、講和条約の締結によって人々の記憶から忘れられたり、次の戦争がまたゼロの地点から始まったりする、などということは、およそ日本においては考えられないことでした。一つの戦争は、次の戦争とさまざまなかたちで結びつけられました。戦場と事変の勃発地点が重なり合うということで、日露戦争の記憶と満州事変の意義が重ね合わされて語られる一方で、日露戦争の戦死者の遺児が日中戦争に出征して負傷兵になったという家族を顕彰して、士気が緩みがちな日中戦争に日露戦争の栄光をすべりこませたりすることは、常態的になされていたことでした。／いわば、戦争で戦争を語る、戦争で戦争を説明するという行為が、自然に日常的になされていたのが、戦前期までの日本社会であったといえるでしょう。

これは以前、著者が別の著作において語った言葉であるが（加藤『戦争の日本近現代史』二〇〇二年、講談社現代新書）、本書もこの問題意識を受け継ぎ、戦争にいたる過程で為政者や国民が、世界情勢

と日本の関係をどのようにとらえてきたか、すなわち日清戦争（一八九四年）、日露戦争（一九〇四年）、第一次世界大戦（一九一四年）、そしてしばらく置いて満州事変（一九三一年）から盧溝橋事件（一九三七年、日中戦争に拡大）、太平洋戦争（一九四一年）とほぼ一〇年おきに戦争を続けてきた日本が、戦争を国民に説得するための正当化の論理をいかに構築・浸透させていったかを、年代史に従って実証的に検討する。

そしてその際の視点となるのは、山縣有朋がドイツの法学者ローレンツ・フォン・シュタインから学んだ、「主権線」（主権の及ぶ国土の範囲）と「利益線」（その国土の存亡に関係する外国の状態、後には「生命線」と呼ばれるようになった）の概念であり、これに基づいて日本の戦略を特徴づけたアメリカの研究者であるマーク・ピーティーの次の言葉である。

近代植民地帝国の中で、これほどはっきりと戦略的な思考に導かれ、また当局者の間にこれほど慎重な考察と広範な見解の一致が見られた国はない。

日本の植民地はすべて、その獲得が日本の戦略的利益に合致するという最高レベルでの慎重な決定に基づいて領有された。

朝鮮半島、台湾、満州、南洋諸島等々すべて、この安全保障上の視点から清露独米英等と争い領有したと、本書は見る。そしてこの目的のために国民間での意見の一致をいかに推し進めたかを裏付けていく。

各戦争の時期におけるプロパガンダなり新聞の論調なりは、本書に詳述されているので、そちらを見られたいが、ここではそのうちの一つを取り上げる。それは、満州事変と日中戦争時の状況である。

一九三〇年代の世界恐慌は日本にも波及し、その最も過酷な影響は、当時の就業人口の約半数を占める農村に出た。ところが戦前の政治システムの下では、これに対する社会民主主義的な改革への要求は、既成政党、貴族院、枢密院など多くの壁に阻まれて実現できなかった。このような時、この要求の擬似的な改革推進者として軍部が登場した。その主張は、国防は「国家生成発展の基本的活力」であるとして、「国民生活の安定を図るを要し、就中《なかんずく》、勤労民の生活保障、農山漁村の疲弊の救済は最も重要」な政策とするものであった。このスローガンに魅せられた国民が、その後、日中戦争への道を歩んでいったことは想像に難くない。

また満州事変の前後で、満蒙を日本の生命線とみなすか、またその場合の軍事行動を支持するかというアンケートを旧東京帝大の学生たちに実施したところ、その調査結果があまり変わっていない、ということから、それだけ満蒙問題について国民の間にある種の了解がかなり高くなっていたということがわかるが、これがこの戦争の背景での推進力となった、と本書は指摘する。

このように本書は、過去に日本が体験してきたそれぞれの戦争が、常に周到に準備され推進させられてきたものであることを明らかにする。そしてその背景に列強諸国及び周辺諸国との関係の複雑な絡みがあり、最終的には太平洋戦争に向かわざるを得ない状況が存在していたことを冷静に見つめる。地味ではあるが、現在を見直すにあたって、戦争問題を扱うこのような視点が有効であることを知らせてくれる書である。

また本書には関連するさまざまなエピソードも紹介されていて興味深い。例えば、ドイツは一九四〇年に日本と三国同盟を調印するが、三八年に満州国を承認して日本と手を組むまでは、中国に最も大量の兵器・軍需品を売り込んでいた国であり、軍事顧問団も蔣介石のもとに送っていた。つまり日本軍は、ドイツ顧問団に率いられ、ベンツのトラックで移動する中国軍と戦っていたという事実。満州への開拓移民推進のために、国や県が分村移民(村ぐるみの移民に特別助成金や別途助成金をつける)を煽ったという事実。あるいは、敗戦間近の日本の国民の摂取カロリーは一九三三年時点の六割に落ちていたが、国土が日本よりも破壊されたドイツでは、降伏二か月前の四五年三月時点までのエネルギー消費量は戦前である三三年の一〜二割増しであったという事実。さらには、戦時中にも株式市場は開かれており(このこと自体驚きであるが)、四五年二月から軍需工業関連ではない民需関連(繊維、船舶等)の株価が上がり始めた、つまり戦時から平時に世の中が変化するのではないか、と国民が感じていたという事実等々である。

(『アサート』三八八号、二〇一〇年三月)

2012

『坂の上の雲』現象と「国のかたち」という神話

『『坂の上の雲』の幻影――〝天才〟秋山は存在しなかった』木村勲（二〇一一年、論創社）

国民的文学とされる司馬遼太郎の『坂の上の雲』。二〇〇九年から二〇一一年まで三年間にわたって年末のNHKテレビドラマとなり、ブームが起こった。正岡子規と軍人の秋山好古・真之兄弟の三人を主人公とした物語であるが、日露戦争の日本海海戦がハイライトとなるところから見れば、秋山真之が中心人物であることは明白である。つまり、日本海海戦の主役を、東郷平八郎から秋山に移したのがこの小説であり、彼の天才的作戦こそが日本海海戦に勝利をもたらしたとする。そしてこれが広く国民に受け入れられているのである。しかし本当にそうであろうか？　本書は、この現象を読み解く試みである。

本書の鍵は、司馬が執筆当時まだ閲覧できなかった軍の極秘資料（『極秘　明治三十七八年海戦史』海軍軍令部）である。これをもとにして本書の著者は、前著『日本海海戦とメディア――秋山真之神話批判』（二〇〇六年、講談社選書メチエ）を上梓した。それによると、そこには天才のストーリーとは異なる世界があった。見込み違いがあり、危うい不手際があった。軍はそこから率直に学んで反省の糧とすることがなかった。逆に隠蔽し、改竄・偽造を行った。そこに真の問題があった。国家権力の一つの軸、海軍という巨大組織に生じたそういう体質は、軍のみならず、昨今の不祥事に見るように、歴史の流れのなかで国家の諸組織に根深く浸透して行ったように思う。いま世に流布する日露海戦のイメージは、そうして意図的に作られたものの上に成立している。司馬氏の作品もその範疇内にあり、その最もスマートな完成型といえる。

もちろん、このことが小説の価値に関わるということではない、と筆者は断る。しかし本書は、「高まる作者の権威のもと、無謬の聖典視さえ生じている昨今（作者自身が望んだことかどうか）、その権威性が作者自身の唱える『国の形』論にまで結びつき、あるいは結びつけられ、あるべき国のモデルとさえ観念されていく。仮想の〝事実〟が本当のこととして通ってしまうこと――まさにメディア効果――そういう現象を一度立ち止まって考えて見たい」という視点で出されている。

本書は、さまざまな引用文献を駆使しつつ、秋山の水雷奇襲作戦の提案と却下、司令部内での作戦の目まぐるしい動揺、東郷による同航戦の決断、「本日天気晴朗なれども波高し」の文章発信の経緯、丁字戦法論議の意味するところ、また海戦当日の無電通信による混乱や海戦勝利に決定的な役割を果たした上村彦之丞の第二艦隊の活躍等々、興味深い出来事を詳細に論じている。

しかしその中で注目すべきは、日露戦争中に軍令部参謀として海軍省新聞記者集会室（記者クラブ）を通じて記事コントロールを行い、戦後は東郷軍令部長の下で戦史編纂の中心的人物となった小笠原長生元海軍中将を取り上げていることである。

小笠原は、一九〇四（明治三七）年二月八日の開戦から二〇日後、最初の旅順港（旅順口）閉塞作戦失敗から五日後、新聞記者に対し、海軍の記事に関して多くの項目にわたり許可なくして掲載することを禁じている。曰く、作戦に属すること、未来の軍事行動に関係すること、艦艇隊の編成・乗組員の姓名、艦船艇の損害状況、陣形、砲撃の距離、根拠地・集合点の地名、艦艇の所在・速力等である。そして、「許可はほとんど出なかった。ただ軍の発表するところを従順に載せよという ことだ。海軍では『戦報（東郷司令長官報告）』として発表されることになる。秋山が初稿を書き、開戦初年の一九〇四（明治三七）年中は嶋村〔速雄参謀長――引用者〕がチェックしたものが軍令部に送られ、小笠原によりクラブで発表された。権力の意向を先取りした『皇軍大勝利』が頻出することになる」。

この情報コントロールの最たるものが、戦艦八島《やしま》の沈没を中心とする一連の事件の隠蔽である。本書によればこうである。

開戦初年（一九〇四年）の二月末に始まった旅順口閉塞作戦は、五月二日に行われた第三回作戦も八隻一五〇人余が参加しながら失敗した。作戦後収容されたのは死者数人を含む六七名、つまり半数以上が不明あるいは死体回収不能という惨憺たる結果であった。『公刊戦史』も書く数字である。さすがに四回目計画は起こらなかった。他方で第二回で戦死した広瀬武夫の軍神化キャンペーンが進んでいく。美談化して失敗を糊塗する軍とメディアのスクラムである。／二週間後の五月一五日のこと、昼ころ聯合艦隊主力が旅順沖合で行動中、まず初瀬（一万五〇〇〇トン）が触雷、その十分ほど後に八島（一万二六〇〇トン）も続けて触雷した。初瀬は一時間後に沈没、死者四九五人。

八島はその後夕刻に放棄され、全員が僚船に移乗、八時半ごろ沈没した。

両艦とも東郷直属の第一戦隊（最強の三笠以下六艦）の艦であり、虎の子の六隻のうち二隻が未だ何の戦果もあげないまま、一日にして失われたのだ。／じつは同じ日早暁、巡洋艦「吉野」（四二二〇トン）が装甲巡洋艦「春日」（七七〇〇トン）と衝突して沈没し三一七人が死んでいた。また前日の一四日にも通報艦「宮古」（一八〇〇トン）が触雷沈没し二四人の死者が出ていた。二日間計四隻、八三六人の死者（ちなみに日本海海戦二日間の死者は一一〇余人）である。日露海戦中、最大の犠牲者を生んだ出来事となった。しかし、このことは栄光の戦史の中でまったく記憶されなかった。八島沈没が隠蔽されたからだ。

そしてこの隠蔽工作は、次のような経過をたどることになる。

新聞は宮古の沈没から三日目の五月一七日になってそれを報じた。東京朝日は第一面に艦影イラスト付きの目立つ扱いだ。初瀬・八島・吉野の沈没からは二日後のことで、これら三艦沈没の事実を隠した上での報道である。その三日後の二〇日になってやっと初瀬と吉野の沈没が報じられた。沈没日から数えると五日目。東京朝日は「初瀬吉野二艦喪失（黄海大濃霧）」という見出しで第三面掲載。翌日、両艦のイラスト艦影入りの続報が第一面に掲載されるが、見出しは「嗚呼吉野艦」と、戦艦の初瀬からではなく、巡洋艦の吉野からとっている。／重大事の発生をまず隠し、その核心部を抜き去った加工情報を時間を大きくズラせて発表し、メディアがそのまま伝える——基本型である。

そして肝心の八島についてては、日本海海戦が終わった四日後、一九〇五（明治三八）年六月一日の各紙に、開戦以来沈没した未発表の艦艇として三〇〇〜六〇〇トンクラスの駆逐艦・砲艦とともに、二行程度の扱いで掲載され、「完璧に歴史の闇に埋没された、初瀬以下三艦計八五〇近くの犠牲者のことととともに」。

これについて本書はこう語る。

この隠蔽工作は、その後の歴史に大きな意味をもったとわたしは考えている。海軍内に隠蔽体質が根深く浸透して行っただけでなく、国家内の巨大機構であるその組織の体質は自ずと他組織、とりわけ他の国家機関にも影響を与え、DNA化していっただろうということだ。重要なことはそれがメディアとの共犯関係で行われたことである。

まさにこの一連の出来事にはメディアの多大な貢献があった。そしてこの体質が後に大東郷の神話を生みつつ、昭和初期の軍国主義的風潮、さらには戦争への道を推進することにつながったと本書は指摘する。

以上のように本書は、日本海海戦が、従来印象づけられてきた天才的丁字戦法と敵前大回頭という一糸乱れぬ首尾一貫したパターンで進んだのではなく、海軍内部での作戦をめぐるイザコザや東郷と秋山との確執、さらには国家権力とメディアとの関係による情報コントロールの側面を強く持っていることを明らかにする。そしてこの後、小笠原は東郷後半生の広報担当として、昭和初期の東郷神話形成に最も重要な役割を担うのであるが（その背景には、ロンドン海軍軍縮会議に反対する海軍の勢力が存在した）、これについて本書は、「東郷と日本海海戦自体が小笠原の造形であったのだ」と喝破する。そして現今の『坂の上の雲』現象もまた、「東郷平八郎で保《も》たなくなった神話を虚像の秋山真之で延命を図るところに本質がある」。この視点を踏まえての『坂の上の雲』の再読が薦められる。

（季報『唯物論研究』一一九号、二〇一二年五月）

戦中・戦後に一貫する組織の論理

『日本海軍はなぜ過ったか――海軍反省会四〇〇時間の証言より』澤地久枝・半藤一利・戸高一成（二〇一一年、岩波書店〔二〇一五年、岩波現代文庫〕）

本書は、二〇〇九年のNHKスペシャル「日本海軍四〇〇時間の証言」の放映後、これをもとにした鼎談の記録である。澤地久江はノンフィクション作家（『妻たちの二・二六事件』『滄海よ眠れ』等）、半藤一利は編集者を経て作家（『日本のいちばん長い日』『ノモンハンの夏』等）、戸高一成は呉市の大和ミュージアム（呉市海事歴史科学館）館長である。

番組とこれら三名の鼎談の視点・集約点を、番組のチーフ・プロデューサーである藤木達弘が次のようにまとめている。

反省会〔「海軍反省会」、一九七七年から一九九一年まで存続した――引用者〕のテープは、次々と新しい歴史的事実を私たちに提示してくれた。それと同時に私たちが注目したのは、当時の海軍士官の多くは「実は戦争には反対であり」「戦えば必ず負ける」と考えていたにもかかわらず、組織の中に入るとそれが大きな声とはならずに戦争が始まり、間違っていると分かっている作戦も、誰も反対せずに終戦まで続けられていった、という実態である。／そこには日本海軍という組織が持っていた体質、「縦割りのセクショナリズム」「問題を隠蔽する体質」「ムードに流され意見を言えない空気」「責任の曖昧さ」があった。それは、現在危機が進行中の、東京電力福島第一原子力発電所事故への関係機関の対応に見られるように、そのまま現代日本の組織が抱える問題や犯している罪でもあった。

至言である。本書はこの視点から、戦争当時に海軍内で少将・大佐クラスであったトップエリート士官たちの「海軍反省会」での発言を分析する。そしてそこでは、海軍の国際情勢の分析と作戦構想の偏り、長期展望の欠如、参謀教育の欠陥、組織における排除の論理、日露戦争以来の大国意識等々の実態が曝け出される。その詳細は本書を一読願いたいが、注目すべき諸点について紹介しよう。

例えば、海軍の作戦構想については、こう語られる。

――反省会でも言われていた、ロングスタンディングがなかったという軍令部ですが、なぜこの組織のなかで、そうした失敗や躓きが起きるのでしょうか。

（略）

半藤　いまでも通じているんですよ。軍人というのは、過去の戦《いくさ》を戦うんです。

澤地　日露戦争の教訓でいいのですね。レーダーと飛行機の時代なのに。

半藤　そういうふうに思ったほうがいいんです。それは、軍人さんというのはどうも、教育からしてそうなんです。過去の戦を戦う。アメリカと戦っても、遠くから来攻してくるアメリカの艦隊を迎え撃って、日本近海まで呼び寄せて艦隊決戦をやって、戦艦「大和」以下の、大巨砲を装備した四隻が乗り出していって撃ち沈める、と。これね、遠くからやってきたバルチック艦隊を迎え撃った日本海海戦なんですよ。

澤地　自分たちはぜんぜん傷つかない。相手だけが沈んでね。そんな戦争ないでしょう？

半藤　明治以来、と言ってもいいと思いますが、そういった形でしか戦闘の型を決めていないいんです。

澤地　戦訓がないんですね。

半藤　ない、というか、大勝利のそれはあるんですけど。

では、このような作戦を立てるエリート参謀たちは、どのように教育されたのか。

半藤　（前略）陸軍大学校は明治一五（一八八二）年、海軍大学校は二一（一八八八）年と、早めに創設されるんですが、これは何を教えたかったかというと、参謀教育なんです。参謀教育とは何かというと、授業の中身をみればわかりますが、戦術とか、本当に戦いに勝つことばかり勉強する項目が多くて、国際法とか、いわゆる一般常識、日本の歴史とか世界史、そんな授業なんて本当に少ないんです。海軍大学校のほうが少し多いですが、それにしても、健全な良識のある人間をつくるといった授業がとくに少ない。文学なんてまったくない。本当に戦術のお化けみたいな軍人ばっかりを養成しました。／それが、この反省会に出てくる非常に優秀な人たちなんです。

そして、この養成された士官たちで構成される海軍の組織では、「排除の論理」がまかり通ることになる。

半藤　あの当時のことをよく調べますと、組織というのは不思議なくらいに、少し飛び抜けて一歩進んだ人はいらないんです、邪魔なんですね。排除の論理というか、阻害の論理というか、「俺たち仲良くやってんだから、おまえ、そんなつまんない変なことを言うな」というような、排除の精神が動くんです。どこの会社や組織でもそうだと思います。／なかには盆暗《ぼんくら》でも偉いことを言う奴もいるけれど、そういうのではなくて、きちんとした勉強をして素質的にも優れた人がいたにもかかわらず、海軍としての組織は排除するんです。

その結果は、戸髙の発言にあるように、「自分の組織が第一なんですね。海軍もそうですけれど、もっと小さな部署部署でそれを守って大きくしていくわけで、自分の部署が大事」、「海軍あって国家なし」ということになる。

このような組織が戦争を遂行していったことに愕然とするが、次の澤地の言葉には、もっと暗澹たる思いがする。

この海軍反省会に出席している、軍令部のいい地位にいた参謀の人が戦後、自衛隊の幕僚長とかになっていますね。この人たちがもっている体質というようなものが、戦中と戦後にずっと、人から人へつながっていっている。つまり、人間的につながっている。そういう形で、自衛隊という軍があるわけです。いまは、旧軍隊の関係者はいなくなったそうですけれど、組織ができていくというときは、ゼロからではない。何か精神構造みたいなものを、どこかから受け継ぐんです。／それと、自衛隊のエリートたちはみな、アメリカに留学しています。（略）不思議に思えるような話ですが、アメリカの軍隊の教育を受けた人たち、そして、戦前の日本の軍隊の体質を受け継いでいる人たちが、いまの自衛隊の土台をつくっているということを、ちゃんと目を開いて見ていなくてはいけないと思います。

まさしく本書は、過去の経験の重要な教訓から、現今の緊急の課題をも示唆する。「戦争を知らないのは半分子供だ」という大岡昇平の言葉を引く澤地の視点を、本書によって今一度噛みしめてみる必要があると思う。

（『アサート』四一〇号、二〇一二年一月）

2012

兵士の声を直接聞く制度を

『兵士を守る――自衛隊にオンブズマンを』三浦耕喜（二〇一〇年、作品社）

自殺者数は一九九五年度で四四人だったのに対し、一九九六年度は五二人、一九九七年度には六一人へと増加。二〇〇四年度には九四人が自ら命を絶った。この数字は自殺率で言えば、一般国家公務員の倍以上だ。二〇〇四年度の一般国家公務員の自殺率（人口一〇万人当たりの自殺者数）は一九だったのに対し、自衛官は三九・三にも上る。その後は下がったものの、二〇〇八年度は七六人と高止まりのまま。自殺率は三三・三で、一般国家公務員の二一・七より一〇ポイント以上高い〔この年の一般国民の自殺率は二五・三――引用者〕。

ここに述べられている数字は、自衛官の自殺の数字である。この数字は、自衛官の男女構成比や年齢構成の若さを考慮しても、一般国民よりも高いと言わざるを得ない。諸外国との比較では、二〇〇八年ドイツでは、連邦軍兵士一〇万人当たりの自殺率は七・五（一般国民は一一・五）、同年の米国では二〇・二（兵士と同じ年齢構成では一般国民は一九・五。ただしイラク戦争前では、兵士の自殺率は九・八であった）。「文化的背景はともあれ、イラクで戦争をしている米国よりも日本の自衛隊の方が自殺率は高いのだ」。

本書は、これまでの憲法九条、自衛隊をめぐる論議でほとんど顧みられることのなかった個々の自衛官の問題に焦点を合わせる。その事情を本書は、「振り返れば、日本の国政において、自衛隊は長く『できれば見ないで済ませたい』存在だった。これを用いる側は政治的リスクを小さくするため、極力、自衛隊の活動を『大したことではない』ように言い繕ってきた。（略）一方で、自衛隊を好まない勢力は、その存在自体を認めようとせず、自衛官の口を封じ続けた」と指摘する。

この中で事実として自衛隊が担う役割が大きくなり、任務が厳しいものになるにつれてストレスもまた大きくなる。そして一番犠牲になっているのが一線の隊員たちであり、その結果が自殺率の増大につながっている、と本書は述べる。

しかし自衛隊を是とする者にも、非とする者にも、本書は呼びかける。「その両者にとって大切なのは、まずは自衛隊で任務に就くひとりひとりの自衛官について『知ること』ではないのかと。兵士のつぶやきに耳を傾け、その思い、悩み、不満、苦しみをくみ取るところから議論は始まるのではないのかと。そのような声を聞かずして、自衛隊をめぐる是非を論じることはできない。自衛官の生の声を聞くための仕組みを考え、人間としての自衛官を大切にすることが、すべての出発点ではないのか」と。

そしてこのことは、民主主義国家として自衛隊を正しくコントロールしていくためにも重要とされる。機密性が特に重大な意味を持つ軍隊は外部から見えにくいだけに、兵士の苦悩も隠されがちであることを考えれば、兵士の声を直接聞く制度が不可欠となる。

このような視点から本書は、兵士のありのままの姿を把握するための軍事オンブズマン制度の設立を要求する。周知のようにオンブズマン制度とは、議会・市長などから任命されて、任命者から独立して行政の活動を調査、苦情を処理する機関を指すが、この場合は、防衛省や自衛隊幕僚監部から独立して、幹部自衛官のフィルターを通さずに第一線の自衛官たちから直接彼らの訴えを聞き、問題を処理していく機関である。

本書では、このオンブズマン制度が確立しているドイツ連邦軍を紹介しつつ、その効果を強調する。そこではかつてのナチス・ドイツ時代の軍隊の反省から、兵士を「制服を着た市民」として扱い、「ひとりの兵士を大切にすることを目的としながらも、それによって信頼される軍隊を築き、国外での活動を円滑に進めている」実例が示されている。またドイツ軍自体が兵士に対して、自分自身で判断できる能力を身につけ、自分の良心に反する命令には逆らうよう指導をしていること（「内面指導」）、さらには兵士に対する命令の最後の責任は決定した政治家にあるとして、兵士自身が団結して声をあげる「軍隊の労働組合」（独連邦軍協会）の活動が紹介される。そしてこれらの諸策によって、軍全体を民主主義国家のコントロールの下に置き、社会とのつながりを維持し、国民的合意を形成していく道筋が語られる。

翻って日本では、自衛隊の成り立ちからしてドイツとは異なった経過を歩んでき、与野党で現実からかけ離れた論議が繰り返されたが、しかし組織としての自衛隊において自衛官一人ひとりの悩みが問題にされることはほとんどなかった。この秘密主義、政治や国民との風通しの悪さが、互いの不信感を生み、高い自殺率とつながっていると言えよう。この意味で本書は、自衛隊のあり方の論議に一石を投じたものである。さまざまな立場からの議論が沸き起こることが期待される。最後に参考までに、命令への「服従」を規定した日本の自衛隊法とドイツの兵員法の条文を掲げておこう。

◉——**自衛隊法　第五七条【上官の命令に服従する義務】**

隊員は、その職務の遂行に当っては、上官の職務上の命令に忠実に従わなければならない。

◉——**兵員法　第一一条【服従】**

(1) 兵士は上官に従わなければならない。兵士は最大限の力で、命令を完全に良心的に、かつ遅滞なく実行しなければならない。ただし、命令が人間の尊厳を侵し、勤務目的のために与えられたものでない場合には、それに従わなくても不服従とはならない。

(2) 命令は、それによって犯罪が行われるであろう場合には、兵士は命令に従ってはならない。

（後略）

（『アサート』四一一号、二〇一二年二月）

2012

国家の非常時における日本人の精神を解明

『日本人の戦争――作家の日記を読む』ドナルド・キーン
（角地幸男訳、二〇〇九年、文藝春秋〔二〇一一年、文春文庫〕）

この本は、主に大東亜戦争が始まった昭和十六年（一九四一）後半から、連合軍の日本占領の最初の一年が終わる昭和二十一年（一九四六）後半まで、五年間にわたって日本の作家たちがつけていた日記の抜粋によって構成されている。ここに登場する日記作者は永井荷風を除いて外国では知られていないが、いずれも戦前ないしは戦後の日本でかなり知られた作家ばかりである。中には、五年間の日々の考えや行動を詳細にわたって記している日記作者もいる。しかし比較的短い期間につけられた日記にも、勝利と敗北の日々の作家たちの生活が見事に活写されている。

本書は、戦時・戦後の作家の日記を分析することで国家の非常時における日本人の精神を明らかにする試みである。ここに紹介される主な作家たちとは、軍部と警察を徹底的に嫌った永井荷風、マルクス主義運動に関係して検挙され、転向しつつも、軍国主義に反感を持ち続けた高見順、当時は医学生で日本の勝利を心から望んでいた山田風太郎、「アングロサクソン」に対する憎しみを内包した英文学の翻訳家・作家であった伊藤整、他に内田百閒、清沢洌、渡辺一夫等である。

さて開戦の時、伊藤整は書く。

《昨日、日米英戦争が始まっている。今後何年続くかも知れぬ大和民族の歴史上はじめての、そして最大のこの戦争の……。（略）そうだ、民族の優越感の確保ということが我々を駆り立てる、これは絶対の行為だ、と私は思った。これは、政治の延長としての、または政治と表裏になった戦争ではない大和民族が、地球の上では、もっともすぐれた民族であることを、自ら心底から確信するためには、いつか戦わなければならない戦いであった。》

他方、荷風はこう書く。

《十二月十二日。開戦布告と共に街上電車飲食店其他到るところに掲示せられしポスタを見るに「屠れ英米我等の敵だ。進め一億火の玉だ。」とあり。現代の人の作文には何だの彼だのと駄の字をつけて調子を取る癖あり。駄句駄字と謂ふべし。》

ここには両者の差というよりも、愛国主義の示威に対する荷風の強い侮蔑感が出ている。

そして一九四二（昭和一七）年八月から翌一九四三（昭和一八）年二月まで続く米軍によるガダル

カナル島奪還の戦闘で戦況は日本に不利に傾き、五月のアッツ島玉砕となる。伊藤は日記に記す。

《……傷病者の自決した後に突撃全滅したというアッツ島の兵士たち、何という一筋の美しい戦いをしたことであろう。これは物語でなく、行為であり、肉体をもって示された事実なのだ。これが今後の日本軍の戦闘法の典型になるだろう。》

これについて本書は、「事実、アッツ島は、その後の戦闘の『典型』となった。病人と負傷者が(公式報道が言うように)自らの手によってでなく、他の日本兵が病院テントに投げ込んだ手榴弾によって命を絶たれ、残りの兵士たちは死に物狂いの突撃を敢行し、アッツ島の戦闘は終わった。この戦闘のパターンが、他の島々でも反復されることになった。アメリカ人は、日本兵の突撃を『バンザイ突撃』と呼んだ。日本人が死へ向かって突進する際、『バンザイ』と叫んだからである」と指摘する。

次第に不利になる戦況下でも、山田は、日本の兵士が直面する選択の可能性について次のように書く。

《戦いて国を滅ぼすか、屈して永遠の汚辱にまみえるか。実に恐るべき関頭なり。決して小説中に於けるがごとき簡単なる命題にあらず。これ生きんとする本能と、光栄をつらぬかんとする理智との闘いなり。人間内部に於ける動物と神との格闘なり。日本人はいずれをえらぶか。》

そして答える。《断じて屈するなかれ。恥を知り死を恐れざる民族たれ!》と。

しかし戦況の悪化はとどまるところを知らず、一九四五(昭和二〇)年三月の大空襲で東京は灰儘に帰した。高見は見渡す限りの瓦礫の山となっていた浅草を記している。

《……あのゴタゴタした、沸騰しているような浅草。汚くごみごみした、だからそこに面白味がありわけのわからぬ魅力があったあの浅草はもうない。永久にないのだろう。震災でも残った観音さまが、今度は焼けた。今度も大丈夫だろうと避難した人々が、本堂の消失と共に随分沢山焼け死んだという。その死体らしいのが、裏手にごろごろと積み上げてあった。子供のと思える小さな、——小さいながら、すっかり大きく膨れ上った赤むくれの死体を見たときは、胸が苦しくなった。》

そして敗戦の時がやってくる。本書では高見の日記の、彼が自分の演じた役割を総括する箇所をこう説明する。

《私は日本の敗北を願ったものではない。日本の敗北を喜ぶものではない。日本に、なんといっても勝って欲しかった。そのため私なりに微力はつくした。いま私の胸は痛恨でいっぱいだ。日本および日本人への愛情でいっぱいだ。》

しかしこう書いたすぐ後で、高見は不愉快な出来事を思い出す。昭和十九年十一月、ハルピンでのことだった。高見は、ロシア人のバンドが演奏し、ロシア人の男女が舞台で踊るキャバレーへ行った。客は日本人の将校ばかりで、ウォトカに酔い痴れ、放歌高吟していた。演奏するロシア人や踊り子たちに、日本の将校があまりにみっともない振舞いをするので、高見は同胞として深く恥じた。そして戦争が終わった今、高見は書く。

《……(当時の)日記には書いてないが、こんな日本人がこのまま勝ったらどういうことになるだろうとその時思ったことを覚えている。その時、——その時だけではない。しばしばそう思わせられることがあった。/私は日本と日本人を愛する。だからこそ、かかる日本人を許せないのだ。かかる日本人を許し甘やかしますます増長させるところのいわゆる日本主義的な議論を許せなかった。》

ここには屈折しつつも正当な高見の視点がある。一方、愛国主義者山田はこう書く。

《京都は残った。残ったのがむしろ癪である。アメリカが自分たちの遊覧地としてこの古都を残したのが癪である。しかし多くの人のいうように、自分たちの「遊び場所」としてではなく、結局はそうなるわけだが、文化の記念として彼らはこの京都や奈良に手をつけなかったのであろう。つまりそれだけ余裕があったわけで、一層それが癪にさわる。》

山田はこの後も、アメリカ軍の駐留の有益であることは認めても、反アメリカ的姿勢は捨てない。これに対して、高見は戦後大変な注目を浴びて、自身は大いに利益を得るが、「しかし、そのことをありがたいと思うと同時に、出版社のしつこい要求に高見は苛立っていた。出版社が戦後の趣味に迎合した証拠として、戦時中の雑誌の変更された誌名を列挙しながら、憤懣やるかたない思いをぶつけている」。

《「兵器と技術」が「平和産業」、「ニッポン・ドイッチェランド」が「ニッポン・アメリカ」、「海軍報道」が「ストウリー」……思わず噴き出したが、笑いはすぐひっこんだ。なんという無恥厚顔、無節操、破廉恥！　あまりひどすぎて笑い出したのだ。笑い出したが、情けなくて笑い続けられなかった。／これはしかし雑誌だけのことではない。敗けねばならなかった日本の内的腐敗のひとつの象徴だ。日本の持っている恥ずべきバカバカしさのひとつの典型だ。民衆の感情を無視してかかることが許される間は、日本は駄目だ。民主主義も何もあったものではない。》

同じく一九四五年一一月、専売局が新しいタバコの名称を発表した。高見は、その名前「ピース」について次のように書いている。

《戦争中英語全廃で、私たちに馴染の深かった「バット」や「チェリー」が姿を消しましたが、今度はまた英語国に負けたので英語の名が復活。日本名だってよさそうなものに、極端から極端へ。日本の浅薄さがこんなところにも窺えるというものです。「コロナ」はまあいいとして、「ピース」(平和)なんて、ちょっと浅間しいじゃありませんか。滑稽小説ものですね。好戦国が戦争に負けるとたちまち、平和、平和！》

このような辛辣な感想の中で、しかし高見の日本人に対する希望もあらわれている。一九四五年一〇月、鎌倉から東京までの列車の中での出来事については、次のように書く。

《割りに空いていた。横浜から黒人兵が数人乗って大声で話をはじめた。哄笑。やがて傍若無人にふざけはじめた。――いやな気がしてわざと眼をやらなかったが、あまりの哄笑についい眼をやると、真黒な顔だけにひどく目立つ白い歯を剝き出してゲラゲラ笑っている黒人兵の隣りに、若い日本の将校が坐っているのが眼に入った。眼を打った。(略)復員の将校だ。(略)／黒人兵の人もなげな振舞を見て、どんな気持だろう。その復員将校の感情を察すると、その顔が正視できない感じだった。／しかし気になって、また秘かに視線を送った。するとその復員将校の顔にはおだやかな笑いが浮かんでいる。冷笑ではない。いわんや追従笑いではない。作り笑いではない。自然な笑いだ。黒人兵の無邪気なふざけ方に自然に笑いを誘われているのだ。／私はほっとした。否、何かありがたい気持だった。／こういう日本人のいることが、――こういうおだやかな日本人が義務召集で将校になっていたのだということが、ほんとうに何かあ

りがたかった。》

そして高見について本書は、「高見の戦後の作品は浅草の世界を捨て、たとえば自由の問題に関する題材などを扱っている。十五年前に警察の前で否認したマルクス主義の信仰を失っていなかったことを、今や高見は打ち明けることが出来た。しかし高見は、政治的な主義主張が文学的な価値に取って代わることを許さなかった」と評価する。

さらに、「この本が生まれるきっかけとなった数々の日記はすべて公刊されていて、戦前戦中戦後の時代史の研究家にはよく知られたものである。しかし意外にもこれらの日記は、日本の大東亜戦争の勝利の一年間と悲惨極まりない三年間について語る人々によって、時代の一級資料として使われたことがほとんどない」という指摘は、戦争研究の新たな可能性を示唆する。そして「太平洋戦争という激烈なる時代に日本の作家が、どのような思いを抱いて日々を送っていたかと考えれば、たとえそこに書かれた意見に賛同できなくても、熟読する意味は十分あります」という本書の言葉は、戦争中、通訳将校として、アッツ島、沖縄で玉砕・自決の現場に立ち会った著者の体験と重ね合わす時、万感の重みを持つ。

(季報『唯物論研究』一二〇号、二〇一二年八月)

2014

戦争をめぐって日本人が見落としている視点

『東京プリズン』赤坂真理（二〇一二年、河出書房新社〔二〇一四年、河出文庫〕）

主人公は一九八〇年代の女子高校生。日本の高校になじめず、アメリカの片田舎の私立高校に留学している。しかし、そこでのカルチャーの違いは予想をはるかに上回るものであった。誘われてヘラジカ狩りに行くと、高校生が当然のように車を運転し森の中で銃を撃つ、学校のパーティへ思いつきのアメリカ先住民の仮装で現れると、異様な目つきに囲まれる等々のショックで、ついに留年の際まで追い詰められる。

その時、進級の条件とされたのが、「アメリカ政府《アメリカン・ガヴァメント》」という科目で、日本のことに関する研究発表の課題だった。しかもそれは、主人公が軽く考えていた日本文化の紹介どころではなかった。課題の進み具合についての担当の教師との会話。

「お言葉ですが、先生《サー》、あなたはただ、日本のことを研究発表せよと言いました」

「能だ歌舞伎だとそんな石器時代のことを言ってなんになる。現代アメリカ人にとって最も興味のあることはひとつだ」

「と言いますと」

「真珠湾攻撃から天皇の降伏まで」／「天皇の降伏《エンペラーズ・サレンダー》!!」

とても驚いて、今なんとおっしゃいました《アイ・ベグ・ユア・パードン》？　みたいに突拍子もない声で私は訊いた。それが彼をいらだたせたのか、

「天皇が降伏した！　天皇がポツダム宣言を受諾して、無条件降伏した。日本の授業で習っただろう！」


主人公は戸惑って考える。

それが習ってないんです。と言いたくなるのを抑えて、必死に考える。ポツダム宣言を受諾したのは、天皇じゃなくて日本政府じゃないのか、でも首相は誰か思い出せない、というより知らない。いやたしかに、〝降伏〟のイメージをいえば、天皇の声〝玉音放送〟をラジオで聴いて地に伏す人の図だったかもしれない。

「天皇の降伏」という言葉にショックを受けた主人公は、改めて玉音放送の日本語原稿と英訳を読み返す。

「朕ハ帝国政府ヲシテ（略）」

あれ？／天皇が降伏したのでは、ない。／他ならぬ、天皇自身が言っているのに。／天皇は交戦国に対して降伏するとは言っていない。／それはまわりくどい力学で、天皇が、帝国政府（日本政府）に対し、宣言を受諾することを、アメリカ、イギリス、中国、ソ連の四国に伝えてくれと頼んだ、とか命じた、ということだ。

このように主人公は、われわれが太平洋戦争で当然のことと思っている事柄について、見落とされている根本的な疑問を提出する。

そしてこの研究発表は「天皇に戦争責任がある」というディベートの形で実施されることになるが、そこでは、一方では日本による真珠湾攻撃をはじめとして、南京大虐殺、七三一部隊、侵略戦争が批判され、これに対して、アメリカによる東京大空襲、原子爆弾、宣戦布告なき軍事介入・プロパガンダ操作の米西戦争、ヴェトナム戦争が批判される。これらの諸問題に、主人公の母親が過去に関わった東京裁判の資料やヴェトナムの結合双生児のつぶやき等々が関わり、これらすべてを包む時代的歴史的イメージが縦横に展開する。

その筋立ては複雑で、読者それぞれの評価に委ねるほかないが、ディベートの最後に、主人公が負けるにあたって述べる言葉が戒めとして残される。

「私は勝てません。知っています。あなた方の力《パワー》の前に屈するのです。東京裁判が、万が一にも私の同胞が勝つようにつくられていなかったのと同じです。ディベートは、裁判ごっこです。ごっこだったら私にも勝つ見込みがあるとあなたは言うかもしれません。だけれども、あくまであなた方のルールの中で勝てるにすぎません。あなた方の軍艦が初めて私の国にやって来て以来ずっと、そうなのです。この痛みが、あなた方にわかるでしょうか？（後略）」

「（前略）『私たちは負けてもいい』とは言いません。でも、負けるのならそれはしかたがない。でも、どう負けるかは自分たちで定義したいのです。それをしなかったことこそが、私たちの本当の負けでした。もちろん、私の同胞が犯した過ちはあります。けれど、それと、他人の罪は別のことです。自分たちの過ちを見たくないあまりに、他人の過ちにまで目をつぶってしまったことこそ、私たちの負けだったと、今は思います。自分たちの過ちを認めつつ、他人の罪を問うのは、エネルギーの要ることです。でも、これからでも、しなければならないのです。（後略）」

太平洋戦争の戦争責任——加害者としての責任、国民としての責任、国民に被害をもたらした軍部と指導層の責任、そして天皇の責任——の区別と軽重を問い、東京裁判の評価を問う本書は、われわれに欠けていたものを小説という形で提示する。

追記

戦犯の理解について、本書は興味ある対話を載せている。このような知識が不十分であったことも、われわれの戦争責任へのアイマイさの一因となっている。

〈「『平和に対する罪』を犯した者が、A……ランクAの戦犯なのよね？」／私は〈A級戦犯〉を英語でなんというのかを知らなくて、そう言った。／「クラスA」／とアンソニーが正す。A級戦犯をそう言うのか。／「クラスA、が、いちばん罪が重いのよね？」／「そんなことはない。ABCは種別であって、罪の重さじゃない」／ええっ！　私は声に出さずに驚いた。私の国では、今でも、A級戦犯というのがいちばん重い罪だと信じられている。（略）／「A、B、Cのクラス分けはニュレンバーグ〔ニュルンベルク〕裁判の形式をそっくり引き継いだものだ」／（略）／「（略）第二次世界大戦後にナチスを裁いた国際軍事裁判があった場所。東京裁判はそれをベースにしている。クラスBの『通例の戦争犯罪』が、捕虜の虐待であるとか、民間人の殺傷であるとか。クラスCの『人道に対する罪』はホロコーストに向けられたもので、日本には対応するものがなかった」〉

（『アサート』四四一号、二〇一四年八月）

2015

〈戦後史〉を根底からとらえ直す

『戦後史の正体――一九四五―二〇一二』孫崎享（二〇一二年、創元社）
『日本はなぜ、「基地」と「原発」を止められないのか』矢部宏治（二〇一四年、集英社インターナショナル）

一方において安倍政権がアメリカ軍との連携を世界的規模ですすめ、「戦争のできる国」への途が着々と施行されており、他方において原発事故、軍事基地によって国民の生命が深刻に脅かされている。この危機的状況にもかかわらず、いっこうに反対運動が目に見える力とならないのはなぜなのか。この問題の回答へのヒントを与えてくれる書が出されている。それらはいずれも、第二次大戦後の歴史を根底から見直す視点を提示する。

孫崎享『戦後史の正体』は、「日米の外交におけるもっとも重要な課題は、つねに存在する米国からの圧力（これは想像以上に強力なものです）に対して、『自主』路線と『対米追随』路線のあいだでどのような選択をするか」が「終戦以来、ずっとつづいてきたテーマ」であるという視点から、戦後の日本政治を概観する。将棋の盤面にたとえれば、「米国は王将」であり、「この王将を守り、相手の王将をとるためにすべての戦略が立てられます」。そこでは米国にとって、日本は「歩」、あるいは「桂馬」か「銀」かもしれず、「ときには『飛車』だといってチヤホヤしてくれるかもしれません」（国賓待遇でオバマと会見した安倍などはその例であろう）。そして「対戦相手の王将も、ときにソ連、ときにアルカイダ、ときに中国やイランと、さまざまに変化」するが、「米国の世界戦略の変化によって、日米関係はつねに大きく揺らいでいる」と要約する。

ここから戦後の首相たちを「対米追随派」（吉田、池田、中曽根、小泉）と「自主派」（石橋、岸、鳩山一郎、佐藤、田中、福田赳夫、細川、鳩山由紀夫）に分類し、それぞれの政権時の政治状況を分析する。そして長期政権となったのは「対米追随」グループで、「年代的に見ると一九九〇年代以降、積極的な自主派はほとんどいません」。これ以前でも「自主派」は、佐藤を除いて「だいたい米国の関与によって短期政権に終わっています」と指摘する。また、さらに重要なことは、「占領期以降、日本社会のなかに『自主派』の首相を引きずりおろし、『対米追随派』にすげかえるためのシステムが埋めこまれている」。それは戦後、「米国と特別な関係をもつ人びと」が政治家、官僚、報道、大学、検察の中に育成され、いまだに主導権を握っているという事実を認識しなければならないということである。本書は、この米国からの圧力とそれへの抵抗という軸に戦後史を見ることを提唱する。

また、矢部宏治『日本はなぜ、「基地」と「原発」を止められないのか』は、戦前戦後を通じて日本社会の最大の欠点は「憲法によるコントロールが欠けて」いることであり、その結果として「国民の意思が政治に反映されず、国民の人権が守られない」と主張する。そしてその最大の原因は、「天皇制というシステムのなかに、憲法を超える（＝オーバールールする）機能が内包されている」ことであると論じる。

すなわち、日本の国家権力構造は、(1)「戦前（昭和前期）」には「《天皇》＋日本軍＋内務官僚」、(2)「戦後①（昭和後期）」には「《天皇＋米軍》＋官僚＋自民党」、(3)「戦後②（平成期）」には「《米軍》＋外務・法務官僚」という経緯を経てきたのであり、昭和天皇が亡くなると、米軍と外務・法務官僚が一体化した「天皇なき天皇制」が完成したとされる。それはまさしく、「憲法によるコントロール」＝「法治国家として日本」の存在が否定されていることを示している。

本書はこのカラクリを解明するという視点から、「沖縄の謎」（「日米地位協定」の支配ということでは東京も同じ支配下にあることは、オスプレイの配備をみても理解される）、「福島の謎」（「裁量行為論」や法規での「放射性物質の適用除外」の基礎にある「日米原子力協定」の仕組みも「地位協定」と同じ構造を持っている）、「安保村の謎」、「自発的隷属とその歴史的起源」という問題に迫る。

この日本を支配している構造は、戦後日本のスタート時に、そのボタンを決定的に掛け違えたことから始まっているが、その最たるものは、「日本国内で有事、つまり戦争状態になったとアメリカが判断した瞬間、自衛隊は在日米軍の指揮下に入ることが密約で合意されている」（吉田茂の一九五二年と一九五四年の口頭での約束——アメリカの公文書に存在している）ことである。このことは、自衛隊の前身である警察予備隊の訓練において号令がすべて英語であったという事実と合致するであろう。

その上で本書は、「オモテの憲法をどう変えても、その上位法である安保法体系、密約法体系との関係を修正しないかぎり、『戦時には自衛隊は在日米軍の指揮下に入る』ことになる。『戦力』や『行動の自由』をもてばもつほど、米軍の世界戦略のもとで、より便利に、そして従属的に使われるというパラドックスにおちいってしまいます」と警告し、「唯一、状況を反転させる方法は、憲法にきちんと『日本は最低限の防衛力をもつこと』を書き、同時に『今後、国内に外国軍基地をおかないこと』を明記する」、「フィリピンモデル」であることを提唱する。前者の防衛力の問題に関してはまだまだ議論があろうが、後者の外国軍基地の存続の問題については大いに考えさせる主張である。思えばわれわれは、この問題についてきちんと考えることもしてこなかったという反省を含めて、本書の問題提起を謙虚に受け止めるべきであろう。

（『アサート』四五〇号、二〇一五年五月）

〈戦後体制〉の本質を見つめる

『本当は憲法より大切な「日米地位協定入門」』前泊博盛編著（二〇一三年、創元社）

①「日米地位協定って何ですか？」、④「なぜ米軍ヘリの墜落現場を米兵が封鎖できるのですか？」、⑤「東京大学にオスプレイが墜落したら、どうなるのですか？」、⑥「オスプレイはどこを飛ぶのですか？　なぜ日本政府は危険な軍用機の飛行を拒否できないのですか？　また、どうして住宅地で危険な低空飛行訓練ができるのですか？」、⑦「ひどい騒音であきらかな人権侵害が起きているのに、なぜ裁判所は飛行中止の判決を出さないのですか？」、⑧「どうして米兵が犯罪をおかしても罰せられないのですか？」、⑨「米軍が希望すれば、日本全国どこでも基地にできるというのは本当ですか？」

本書の「日米地位協定Q＆A（全一七問）」の一部である。本書は、現在問題となっているオスプレイ配置の根拠である「日米安全保障条約」とともに結ばされた「日米地位協定」（旧「日米行政協定」）の重要性を解明する。右記の諸項目を見れば、われわれが抱いている素朴な疑問が並んでいる。しかし、これらについてわれわれは日常、何となく不問に付してしまっている。本書はその疑問に真正面から答える。

本書は、日本が置かれた戦後体制（サンフランシスコ体制）を、「講和条約―安保条約―地位協定」という三重構造において、一般の見方である《講和条約＞安保条約＞地位協定》とは逆に、《地位協定＞安保条約＞講和条約》という順序に見るべきだとする。

例えば、現在日本には、沖縄のみならず全国に米軍基地があるが、首都東京を取り囲むように、横田、座間《ざま》、厚木、横須賀の基地がある。そして首都圏の上空には「横田ラプコン（RAPCON：レーダー進入管制）」という、一都八県の上空を覆う米軍の管理空域がある（要するに一都八県の上空が米軍の巨大な支配空域になっていて、これを横田基地が管理している）。このため羽田空港を離陸した民間機は、四〇〇〇～五五〇〇メートルの高さがある「横田ラプコン」を越えるために、一度房総半島（千葉）方面に向かい、急旋回と急上昇を行わなければならない。「日本の首都である東京は、こうした巨大な外国軍（米軍――引用者）の支配空域によって上空を制圧」されている。これと厚木・座間・横須賀の米軍基地を重ね合わせると、日本の首都はすぐに外国軍によって制圧されてしまう状況に置かれていることが理解されるであろう。

このような状況をつくり出したのは、戦後の政治家たちとそれを補強してきた官僚たちや司法制度であるが、その問題点を本書は鋭く批判する。旧安保条約が「秘かに」結ばれた時、そしてその半年後に「日米行政協定」が結ばれた時の吉田茂首相や政府の卑屈な対応は本書を読んでいただきたい。

さらに、この戦後占領体制を追認したのが「砂川事件最高裁判決」の「統治行為論」である。すなわち「安保条約のごとき、（略）高度の政治性を有するものが、違憲であるか否の法的判断は、（略）裁判所の司法審査権の範囲外にある」という判決である。本書は、この判決が出るにあたってアメリカ側から露骨な圧力があり、最高裁（田中耕太郎長官）もこれに応えたという事実を検証した上で、この「憲法判断をしない」という判決によって「安保を中心としたアメリカとの条約群が日本の法体系よりも上位にあるという戦後日本の大原則が確定するのです」と指摘する。

かくして、占領期の《GHQ＝アメリカ（上位）＞日本政府（下位）》という権力構造が、《安保を中心としたアメリカとの条約群（上位）＞日本の国内法（下位）》という形となり、現在に至っている。そしてこの結果、「アメリカの意向をバックにした日本の官僚たちまでもが、日本の国内法を超越した存在になってしまった」＝『アメリカの意向』を知る立場にあると自称する日本の官僚たちの法的権限」が生まれてしまったと警告する。

例えば、なぜ米軍機は日本の住宅地を低空飛行できるのか？　それは日本の国内法に特例法があるからである。「日米地位協定と国連軍地位協定の実施にともなう航空法の特例に関する法律」（一九五二年七月一五日施行）にはこうある。「三項　前項の航空機〔米軍機と国連軍機〕およびその航空機に乗りくんでその運航に従事する者については、航空法第六章の規定は、政令で定めるものをのぞき、適用しない」。

「航空法第六章」は第五七〜九九条であるが、ここには最低安全高度を含むいわゆる航空機が飛んではならない区域・高度等が規定されている。ということは、「米軍機はもともと、高度も安全も、なにも守らなくてよい」のである。

こうして日米地位協定は、免法特権・治外法権・米軍優位の権利関係を規定し、実行されている。本書ではそれを「ドラえもん」の「ジャイアンとスネオ君」の関係にたとえる。「いじめっ子のそばにいれば、自分はいじめられない。いじめる側にいれば、自分は安心。（略）ジャイアンの不条理な要求、横暴な態度、暴力の前で奴隷のようにひれ伏すスネオ君が、日米関係の日本にたとえられる。しかも、ほかならぬ日本人自身が、そんな自虐的な表現で日米関係を描いている」とされる。

では、このような状態は、脱出不可能であるのか？　本書はこれに大きなヒントも与えてくれる。先ほどのQ&Aには、次のような項目も提供されている。

⑪「同じ敗戦国のドイツやイタリア、また準戦時国家である韓国などではどうなっているのですか？」、⑬「フィリピンが憲法改正で米軍を撤退させたというのは本当ですか？　それとASEANはなぜ、米軍基地がなくても大丈夫なのですか？」と。

こうしてわれわれは本当に身近な問題としての日米安保体制に直面することになる。本書の意義は、まさしくこの問題提起にある。一読を勧める次第である。

（『アサート』四五一号、二〇一五年六月）

日本人が不可視化した〈戦後〉

『マーシャル諸島　終わりなき核被害を生きる』竹峰誠一郎（二〇一五年、新泉社）

「地球上でもっとも『楽園』に近い」とも形容される太平洋諸島は、核開発の「中核」と直接的に結びつけられ、核兵器爆発実験（核実験）をはじめ核開発が集中した地域である。核保有国が太平洋の地をいわば好き勝手に利用してきた様から、太平洋は核保有国の「核の遊び場」(Nuclear Playground) とも呼ばれた。核時代の生成と拡大は、太平洋と不可分に結びついてきた。

本書は、この「核戦略に不可欠な『養育の場』」となった太平洋諸島の「いま」を取り上げ、そこに「核開発で被害を受けた人びとが、今なお被曝を背負い、核の脅威と隣り合わせで暮らしている現実」が厳として存在していることを指摘する。

「核なき世界」を目指すとして登場したオバマ政権下で、世界は核兵器廃絶へ向けて歩み始めたとされる。しかし核開発の「負の遺産」、核実験による被害を訴える人びとにとっては、被曝は「日々の暮らしを揺るがす現在進行形の問題であるとともに、地域社会の未来を奪う問題である」。

それはかつて哲学者のイヴァン・イリイチ(一九二六―二〇〇二)が平和研究への警鐘として述べたような「エリートによる平和の独占」=「核保有国家や疑惑がもたれている国家の首脳の動向ばかりに」目が行き、「核被害と背中合わせで暮らす人びと」の「民衆の平和」が「深い闇の中にうち捨てられ」たままにある状況ではないだろうか。本書はこの視点に立ち、核問題の中心から周縁化され続けている太平洋諸島の核被害を跡づけ、これらの人びとの存在を批判的に捉えるために、「グローバルヒバクシャ」という概念を提唱する。

「マーシャル諸島で、米国による核実験が始まったのは、広島・長崎に原爆が投下されたわずか一年後のことであった。一九四六年七月、ビキニ環礁でクロスロード作戦と名付けられた原爆実験が開始された」。翌四七年にはビキニの西約二〇〇キロのエニウェトク環礁が新たな実験場となり、太平洋の核実験本部が設置された。「こうして一九四六年から五八年にかけて、ビキニで二三回、エニウェトクで四四回、あわせて六七回におよぶ米国の原水爆実験がマーシャル諸島で実施された。米核実験の爆発威力は六七回でのべ一〇八メガトンに達し、広島型の原爆に換算すれば、じつに七〇〇〇発以上に相当する」。

その一覧表は本書に掲載されており、改めてその規模の大きさと回数の多さに驚くが、中でも最大規模のものが一九五四年三月、第五福竜丸の乗組員らが放射性降下物を浴びた「ブラボー」という暗号名の水爆実験(一五メガトンの最大規模の実験)であった。この事件とその後の経緯は本書に詳しい(第四章「核実験反対の声と米政府の対応」)。

本書は五章に分かれるが、マーシャル諸島での住民からの詳細な聞き書きおよび現地調査とどもに、住民と米政府との関係性にも着目する。すなわち「マーシャル諸島住民とは最も対極にある、いわば加害者側の資料」である米公文書によって、住民の証言の裏取り、肉付けを行い、ミクロとマクロの両面からの視点で住民の証言を補強する。これにより、口述資料に文字資料を重ねることで「歴史を立体化」させていくことを目指す。

さて本書は、第一章「終わりなき核被害」で、核による疾患のみならず地域社会の生活という包括的なアプローチで、かつて米核実験場であったマーシャル諸島の現況を探り、第二章「核被害〈非認定〉の地域」では、これまで米政府が核被害を認めていないアイルック環礁（ブラボー実験の爆心地から東南に五二五キロの地域）での核被害を解明する。そして、第三章「核実験場に選ばれた土地」では、米公文書を駆使して米政府による核実験場選定の過程を追う。この中で米政府が放射性物質の放出拡散を実験前に認識していたことと、同時に住民には放射性降下物が不可視化させられていたことが指摘される。第四章「核実験反対の声と米政府の対応」では、「ブラボー」実験での第五福竜丸の被曝により放射性降下物の問題が可視化され、国際的な反対運動が広がりをみせたが、これに対する米政府の対応と、それにより翻弄された住民の姿を検証する。第五章「被曝を生き抜く」では、マーシャル諸島の住民の被曝と「その後」を検証する。終章「『視えない』核被害」は、かつて三十余年にわたり日本の統治下にあったマーシャル諸島と日本との接点において、『唯一の被爆国』という視野からこぼれ落ちる、米国の核に依存した安全保障体制のもとで経済発展を遂げ、原発大国になっていった日本社会の歩みの捉え直し」を問いかける。

このように本書は、今なお現地においても、また世界的にも取り残されたままであるマーシャル諸島の核被害を詳細に跡づける。特に聞き取りにおいて、当時の状況がいかに不可視化されていたかの様子には戦慄を覚える。

例えば、ロンゲラップ環礁（ビキニ環礁から東南東に約一八〇キロに位置する）で被曝した当時小学生だったヒロコからの聞き取りである。

水爆ブラボーの炸裂からおおよそ三時間後のことである。島は濃い霧に包まれて暗くなり、ジョンの頭上に白いものがぱらぱらと降り始めた。

「一〇時頃だったか、ココヤシの実を採って、座って食べている時、空から降ってくる何かが口に入った。粉みたいなものだった。（上空を飛んでいた）飛行機が落としたのかと思った。ヤシの実を家に持って帰り、みんなで分けて食べたんだけれど、苦かった」。

ヒロコは放課後、仲良しの友達と一緒に、（ロンゲラップ島に隣接する）ジャブワン島に出かけた。「事の重大性を小学生だったわたしたちは理解していませんでした。白い粉を手に取り、遊んだ」と、ヒロコは語る。

またミクロネシア議会報告書には、『雪』は止むことなく降り続き、地面や木々の葉、屋根の上に、白い粉が積もり、赤道からわずか六〇〇マイル北に位置する中部太平洋に、異様な銀世界が広がった」、「予期せぬ出来事に子どもたちははしゃいだ」とある。第五福竜丸の中にもこれを集めて持って帰ろうとした乗組員がいたと評者も聞いている。

この「白い粉」とは、サンゴ礁の微粒子に放射性物質が付着生成した、いわゆる「死の灰」であるが、これが一八〇キロ離れたロンゲラップに降下し、またビキニから約五〇〇キロ東に離れたウトリック環礁では、霧状になって降り注いだ。ロンゲラップの成人は、毎時一九〇ラド(一九〇〇ミリシーベルト)に相当する外部被曝に加え、男性一〇〇〇ラド(一万ミリシーベルト)、女性一一〇〇ラド(一万一〇〇〇ミリシーベルト)に相当する内部被曝を甲状腺に受けたと推定される(子どもではこれよりもはるかに高い被曝となっている)。しかしこれはいずれも平均値であり、より深刻な被曝を受けた住民もいる。そしてこの被曝自体が「視えない核被害」とされ、これに対する補償は取り残されたままで現在に至っている。

「あとがき」に、「『戦後』七〇年間、日本は『被爆国』と名乗りながら、米国の核実験が実施されたマーシャル諸島で住民がどうなっているのか、かつて『南洋群島』として統治下に置いた地に、想像力の射程が十分伸びなかったのはなぜだったのでしょうか。『ビキニ事件』と言いながら、現地住民の存在が忘れられる、あるいは軽視されていることは今なおあります」とある。原発事故以後、国内でも同様の事態が起こっていないとは言えない現在、重く受け止める言葉であろう。

また、本書と問題意識を共有する写真絵本『ふるさとにかえりたい——リミヨおばあちゃんとヒバクの島』(島田興生 写真、羽生田有紀 文、二〇一四年、子どもの未来社)が出版されている。ロンゲラップ環礁で被曝し、その後、強制的に移住させられたリミヨ(レメヨ)・アボンさん(元小学校校長、一九四〇年生まれ、二〇一八年逝去)が、その美しい海の風景の向こう側にかつてあった深刻かつ残酷なビキニの歴史とそれが継続している現在を語り、米政府による「核の除染」と「一時帰島」という核「人体実験」疑惑に目を向ける。こちらにもぜひ目を通されたい。

（季報『唯物論研究』一三二号、二〇一五年八月）

日本人の〈戦後意識〉そのものへの問い

『琉球独立論――琉球民族のマニフェスト』松島泰勝（二〇一四年、バジリコ）

本稿を執筆している二〇一五年現在、日本の安全保障政策の大きな転換点にあって、自衛隊の海外派遣の日常的現実化の危険が前面に出ている一方、辺野古へのアメリカ軍基地移転問題が沖縄一地方の問題として扱われているかのような印象が与えられる。しかし、まさしくこの状況の本質を問うことが本書の問題意識である。著者は「琉球」の視点から、次のように述べる。

多くの日本人は、近現代における「本土」（日本）との関係の中で琉球人が強いられてきた苦難の歴史を潜在意識のうちに感じながらも、知らない、知りたくない、知らないふりをする、といった行動様式に終始しているのではないでしょうか。

そのことは、自衛隊の海外派遣＝「戦争への道」の問題が中心となっても（もちろんこれは重要な問題ではあるが）、その自衛隊の連携先（？）の米軍の行動が議論にはならず、ましてや米軍基地が日本国内に多数存在し、それが「沖縄」に集中していることが議論になっていないことに端的に示されている。そしてその一方、日本人の間で日米安保が日本の平和に寄与しているとの意識は根強く、「米軍基地は日本の抑止力である」とされる。しかし、「その『日本』の中に琉球は含まれていません」と著者は指摘する。そして、こうも述べる。

日本の安全保障の目玉が在琉米軍基地であるとして（それ自体私には幻想としか思えませんが）、なぜそれが琉球に集中せねばならないのか。なぜ、常に日本のリスクが琉球に集約されねばならないのか。補助金は、本当に琉球人を潤わせているのか。日本の人々は、他者の中に自己を投影して考えてみる、ということを一度くらい試みてみてもよいでしょう。

それはかつての「沖縄奪還、沖縄返還」を叫んだ復帰運動でもそうであり、著者は、この運動で広く歌われた『沖縄を返せ』（一九五六年）の歌詞中の「民族の怒りに燃える島沖縄よ」、「我等のものだ沖縄は」の「民族」「我等」という言葉が意味するのは、「あくまでも日本人」ではなかったのか、と問い返す。

つまり、「琉球の置かれている状況は、アメリカの植民地である日本の植民地である琉球、というまるでロシアのマトリョーシカ人形のような入れ子構造となっている」。そして日本の現状を見ると、「未だに日本には他国の軍隊が駐留軍のように存在し、不平等条約である日米地位協定を改正さえできない日本は独立国家の体をなしていないのではないでしょうか。また、琉球に基地を集中させて自らは平和と繁栄を享受したいと考えることは道徳的に、または人間として正しい姿でしょうか」と厳しく批判する。

そして今や「琉球にとって、こうした中央政府対地方自治体という構図の中での議論は既に意味を持ちません。現在の課題は、同化するための差別撤廃というテーマから、独立するために構築すべき日本との関係性というテーマに移っている」として、「琉球の独立」を正面から主張する。

本書はこの「琉球の独立」を、歴史（琉球王国、琉球併合、戦時下、米軍統治、「復帰」という名の琉球再併合という経緯）、理念（琉球独立論・琉球ナショナリズムの系譜）、政治経済（基地経済の実態と骨くされ根性）、国際関係（多角的国際関係と安全保障）等、さまざまな角度より論じたものであり、海洋国家・琉球の歴史と現実を直視することによって、その独立の必要性を強調すると同時に、琉球に対する日本の政治・意識のあり方そのものをわれわれに足元から問い直すことを促す書である。

（『アサート』四五二号、二〇一五年七月）

2015

「〈戦後レジーム〉からの脱却」のもう一つの意味

『偽りの戦後日本』白井聡、カレル・ヴァン・ウォルフレン（二〇一五年、KADOKAWA）

『永続敗戦論』（二〇一三年、太田出版）で知られている新進の政治学者と、オランダの新聞の特派員として長年日本に滞在したジャーナリストとの対談である。ウォルフレンはまた、世界的ベストセラーとなった『日本／権力構造の謎』（一九九〇年、早川書房）の著者でもある。

さて白井の言う「永続敗戦」とは、「戦争に負けたことをきちんと認めないために、ずるずると負け続けているという状態」、すなわち「本当の意味で、あの戦争の体制が否定されないままで現在に至っている」＝「戦後」をずっと引きずっている状態を指すのであるが、そのことは、「敗戦」を「終戦」と言い換え、国際的にはそれほど評価されない八月一五日を「終戦記念日」としてきたことに端的に示されている（日本が国際的に正式に降伏したのは、降伏文書に調印した九月二日であり、多くの国々ではこの日を対日戦勝記念日「ＶＪ Ｄａｙ〔Victory over Japan Day〕」と呼んでいる）。

ウォルフレンもこう指摘する。

なぜ、日本人は敗戦を認められないのか。白井さんは、日本人が戦争を〝起きた〟こととして捉えていると指摘していますね。自分たちが〝やった〟ことだと考えていない、と。戦争を〝やった〟のは「日本軍」であって、そこに「日本人」は巻き込まれたという感覚を持っているというわけですね。

そしていま、安倍政権はこの状態を放置したまま、「戦後レジームからの脱却」を主張している。これはウォルフレンによれば、「マッカーサーが戦後の日本にもたらした改革を否定すること」であり、「戦後レジーム」は「功罪はあるにせよ、彼がもたらした改革自体は民主的な性格が強かった」と評価される。これについて白井は、「脱却」という言葉に二つの意味があるとする。

その第一は、「まず、『脱却』と言いながら、実は戦後レジームを守ろうとしていることです。戦後レジームの本質は対米従属にある。『脱却』するのであれば、まずはアメリカとの関係を根本から見直す必要があるのです。しかし、集団的自衛権の容認を始めとする安倍さんの政策は、逆にレジームの維持につながってしまう」。

第二に、「一方で、安倍さんは戦後の日本社会に根づいてきた重要なコンセンサスを壊そうとしている。そのコンセンサスとは、『戦争に強いことを国家の誇りにはしない』ということです。敗戦の反省に立ち、日本は軍事国家としての道を歩まないと誓いました。そのことは大部分の日本人の共通認識だったはずです。（略）しかし、このコンセンサスが安倍さんによって壊されようとしている」。これが「戦後レジームからの脱却」のもう一つの意味である。

そして、「安倍政権が推進するのが『積極的平和主義』です。この考え方が、政権の安全保障戦略の基本にもなっている。ただし、この場合の『平和主義』には全く意味がない。注目すべきは『積極的』というフレーズです。わざわざ『積極的』と言うのは、これまでの政策が『消極的』だったことを意味している。つまり、できるだけ戦争から距離を置くことで自国の安全を守ろうとする「消極的」なやり方ではなく、「敵を名指しして、武力を用いて攻撃して自国への危険を除去する」「積極的」なやり方への方針転換である。「こうした姿勢を貫いてきたのがアメリカです。安倍さんが『積極的平和主義』へと転換するというのは、要するに日本をアメリカ的な安全保障のやり方に改めることを意味している。そのためには、戦争に強い国でなければ話になりません」。

ここに問題の核心があるが、しかし安倍政権のやり方には矛盾する諸要因が含まれている、と白井は指摘する。

原発と核武装の関係を見る限り、安倍さんの政策や主張は首尾一貫しています。自ら東アジアでの緊張状態をつくり出し、核武装を含めた軍事力の必要性をアピールする。一方で、原発再稼動によって核兵器の開発能力を維持しようとしている。(略)/だけども、安倍さんの政策全般を見ると、やっていることは支離滅裂です。彼に代表される右翼勢力は、日本を独立した状態にしたいとの希望を持っています。しかし実際には、アメリカへの従属を強める政策ばかりを実行しようとしている。

そしてこれに輪をかけているのが、「メディアと官僚は『現状維持』を求め続ける」という状況である。ウォルフレンは、「秩序が乱れることへの恐怖は、日本社会を覆っている大きな特徴だと言えます。もちろん、ヨーロッパでもアメリカでも時の政権や官僚機構は、社会の安定を望むものです、しかし、日本の場合、単に『安定』というよりも『現状維持』へのこだわりが異様に強い」として、次のようなエピソードを語る。それは二、三年前に元官僚たちの集まりに招かれ、スピーチをした後のことである。

グループのリーダー格の人が私にこう食ってかかってきました。「そんな勝手なことを言えるのも、あなたが日本人ではないからですよ。われわれは責任を持って、日本の将来について考えなくてはならないんです。日本には原発だって必要なんだ。アメリカに従属していてはダメだと言うが、他に日本が世界で生きていく道があるのですか」と。（略）／彼の意見を聞き、私は言葉を失ってしまいました。（略）人生の大半を日本に捧げてきましたが、徒労感すら覚えます。

確かにこれは白井が語った、元外務官僚の孫崎享との対談での『『在日米軍基地の見直し』と『中国との関係改善』は、日本にとっては踏んではならない〝虎の尾〟だという話になりました。この二つのテーマに手をつけようとした日本の政治家は皆、アメリカによって潰されてきた」という話と通じるものがある。

このように、安倍政権は「戦後レジーム」から脱却しようと危険な方向に大きく舵を取っているが、しかしその流れは複雑怪奇であり、矛盾に満ちている。白井は、日本が閉塞状況から抜け出すことができないのは、「その背景には、過去を否定することへの不安があるのではないかと思います。言い換えれば、これまでの体制が間違っていたことを認めることができない。日本は戦後の七〇年間、『アメリカにくっついて行けば何とかなる』という思考でやってきました。その結果、それ以外のやり方を想像することすらできなくなっている」と批判し、「では、次にどんなレジームをつくるのか。安倍さんが描くような日本でいいのか。それとも、全く違う方向を取るべきなのか。日本人は今、深く考えるときにきています」と問いかける。そして、「永続敗戦レジーム」の象徴である沖縄で、〝オール沖縄〟の力がこれを打ち破ったことに希望を見出す。

これに対してウォルフレンは、「沖縄では『基地』という大きなテーマがありました。それと同様、本土にもテーマはある。『原発』などその典型だと思います。本土でも、沖縄で起きたようなことを現実のものにしていくことは決して不可能ではない」と提唱する。

「戦後」の時代と「戦後レジーム」をどのように捉えるかについては、まだまだ論議されなければならないが、本書は敗戦後七〇年に大きな石を投げかけている。

（『アサート』四五四号、二〇一五年九月）

2016

「戦争博物館」からみる戦争

『誰も戦争を教えられない』古市憲寿（二〇一五年、講談社＋α文庫）

『絶望の国の幸福な若者たち』（二〇一一年）で注目された社会学者による戦争・平和論である。そのトーンは時には挑発的であり、戦争を語るにしては不謹慎という批判を右からも左からも浴びそうである。しかし一面の真理を突いている部分もある。本書は「博物館という日常」と「戦争という非日常」の結節点に存在する各国の「戦争博物館」（「平和博物館」）に焦点を合わせ、そこから戦争（平和）を考えようとする。

まず、「アリゾナ・メモリアル」（ハワイ真珠湾攻撃によって沈没した戦艦アリゾナの残骸の上に建設された記念館。その横には日本が降伏文書を調印したミズーリ号が停泊している）と、「南京大虐殺紀念館」についてで語られる。

両者とも、第二次世界大戦において日本と戦火を交え、日本に勝利した国という点では共通している。／しかしその「勝利」の物語の描き方は二つの場所で大きく異なっていた。比較的シンプルにアメリカの「勝利」が描かれるアリゾナ・メモリアルと違い、南京では日本軍の「残虐さ」を強調した上で、中国共産党の寛大さによってもたらされた日中友好が提示される。／この二つの戦争博物館が描く物語は、中国とアメリカという国家の対日観に大きく関係している。

つまり戦争博物館は、その国家が戦争をどのように考えているかを可視化し、戦争の「記憶」をどのように後世に伝えていくのかという政治の場所である。著者によれば、近代国家は「政教分離」という前提を認めつつ、これに対して「新しい国民神話を、国家プロデュースのもと作ろうとした」。この政策の一端が戦争博物館である。しかしこの「犠牲者を追悼するという崇高な施設も、「理念が崇高なだけで人々は博物館に訪れはしない」という現実がある。『『富国強兵』や『戦争に勝つこと』が国民共通の物語ではなくなった時代において、いかにして人々に博物館に来てもらうことができるのか」ということが問題になっている。そこで、対応に各国の姿勢が現れてくる。

例えば、同じ敗戦国の「日本とドイツの決定的な違いは、歴史観という『態度』よりも、実施に移された『行動』に顕著に表れる。たとえばベルリン中心地だけで、ナチスやホロコーストを語る大型歴史施設は、国立歴史博物館を含めて五つもある。（略）注目したいのは、この記念碑と博物館が建設された場所だ。ブランデンブルク門のすぐ側という政治的超一等地に、いきなり犠牲者追悼の巨大なモニュメントが置かれているのだ。半径数百メートルには首相府、ドイツ連邦議会議事堂、連邦参議院などが位置する。日本でいえば、皇居前に外国人戦没者慰霊碑を建てるようなものだ」として、このほか残されている強制収容所などを見学した後に、ドイツの姿勢を「本物」と

「場」を重視する姿勢に見る。これに対して本書は、「『戦争、ダメ、絶対』と繰り返しながら、僕たちはまだ、戦争の加害者にも被害者にもなれずにいる」と日本のアイマイさを語る。

そして戦争に関する「大きな記憶」（歴史に関する博物館や教科書を作り、次の世代へ継承すること）と「小さな記憶」（個人の戦争体験）とを対比して、「平和博物館とは、まさに『小さな記憶』を拾い集めて、『大きな記憶』として次の時代へ残していく試みに他ならない」が、しかし「そもそも『小さな記憶』を素直に拾い集め、つなげたところで、それがそのまま『大きな記憶』になるわけではない」と指摘する。この点は議論のあるところであるが、本書は問いかけと感想に留まる。

しかし、エピソード的にはいろいろな事項が紹介されている。その主たる流れは戦前と戦後との連続性であり、一例をあげると「日本の各地では、旧日本軍関連施設を有効活用して戦後復興に役立ててきた。戦後、旧陸海軍省から大蔵省に移管された国有財産は土地だけで二六九九平方キロメートルに及ぶ。神奈川県に匹敵する大きさだ。／こうした国有財産は農地や学校、病院などに転用された。富士重工業や三洋電機などの民間企業に払い下げられた軍事関連施設も多い」。その他、「総力戦体制」のために生まれた「日本型経済システム」――長期雇用契約、年功的賃金、間接金融システム、厚生省の設置と国民健康保険制度（一九三八年）、厚生年金保険制度（一九四四年）、給与所得者の源泉徴収（一九四〇年以降）等々――もそうである。

さらに本書は、戦争関連施設（博物館、博覧会）の設計、建設、展示にまつわる乃村工藝社という企業の存在を取り上げる。この会社はショービジネスの専門企業として、戦前戦中は戦意高揚の「支那事変聖戦博覧会」「大東亜建設博覧会」「墜落敵機B29展」等を受託（社名も「日本軍事工藝株式会社」に変更)。戦後は「平和産業大博覧会」をはじめ、ミュージアムブームに乗り、船の科学館、国立民族学博物館、国立歴史民俗博物館のほか、多くの企業博物館を手がけた。そしてこの博物館大手企業が「沖縄県平和祈念資料館」と「遊就館」(靖国神社の資料館)をも手がけているのである。この経緯から著者は「ある博物館を『偏向だ』とか『危険施設だ』と糾弾する意味はあまりないように思う。同じ乃村が関わっているのだ。そこに特別な洗脳の仕掛けが隠れているとはとても思えない」と述べるが、ここに本書の視点の限界が集約されている。

著者はこの視点から、「戦争博物館」(「平和博物館」)の活性化のために、「キーワードは『ディズニー化』だ」として戦争博物館のエンターテインメント化を提唱する。また戦争自体も、ロボット兵士等の無人兵器の発達や「民営化」やサイバー戦争によって、人命は尊重される時代になったと楽観的な予想を述べる。しかしながら、本書のいう戦争の理解そのものがはなはだ狭いものであることを指摘しなければならない。「戦争のない状態が平和である」(消極的平和)とするホッブズの時代とは異なり、「平和のない状態が戦争である」(積極的平和)とするガルトゥングの現代には、国家対国家の古典的な戦争の時代が過ぎ去り、世界的に政治的社会的イデオロギー的対立が日常的な戦争状態を引き起こし、多数の難民を出しているという現実がある。これをどう見るかについて本書は語らない。また「大きな時代」の「小さな記憶」をいかにして「大きな記憶」に反映させていくのか、という課題は残されたままである。本書の見識が問われるところである。

(『アサート』四五九号、二〇一六年二月)

2016

加害者／被害者のすれ違いの深さを描く

『紅蓮《ぐれん》の街』フィスク・ブレット（二〇一五年、現代思潮新社）

本書は、アメリカ人作家の日本語による小説である。内容は四部に分かれ、テーマは東京大空襲である。第一部は、主人公、ピアノ教師の永田晶子《あきこ》と両親（俊幸とキク）の東京大空襲までの戦時下での日常生活（防空壕、防火水槽、灯火管制、度重なる空襲、配給の滞り等）が描かれる。第二部は、大空襲当日、絶体絶命の危機に置かれた主人公たちの逃げまどう様子（母のキクは命を落とす）と一夜明けた東京の凄惨なまでの現実が、第三部は、戦前子供の頃に短期間日本に滞在し、戦後の日本を確かめたかったもう一人の主人公、従軍牧師の米国人ジョセフ・ワーカーが晶子とともに空襲の記録を調査し、空襲の悲惨さが確認される経過が、そして第四部は、両者の視点のすれ違いと対立で深刻な課題が明るみに出される、という構成である。

小説だけに、話の筋道は本書を辿っていただくとして、ここでは本書の中心テーマを成しているがこれまであまり触れられることがなかった二、三の描写を指摘する。

第二部での大空襲の後、死体の山を見て何とか片付けを行おうとした父親の俊幸が出くわした光景である。

学校〔菊川国民学校――引用者〕に入ってみると、何人もの死体が折り重なっていた。きっと一度校舎に入ったものの、身動きが取れなくなり、大勢の避難者がとって返して入り口へと殺到したに違いない。しかし、外からの熱気に襲われると、そこで全員が窒息して死んでしまったようだ。（略）

校門や玄関からすべての死体を運び出すと、次は校内だった。／この時、誰もが言葉を失った。廊下で男たちを待っていたのは死体の山ではなく、誰もが想像できない光景であった。／入り口から入って最初の角を曲がると、長い廊下が続くのに、不思議なことに、形を為しているような死体は一体も発見されなかった。その代わり、床を見ると、まるで吹雪が起きたかと思われるほどの粉が学校の中に積もっていた。場所によっては膝までくるこの粉は、すべて灰であった。よく見ると、所々には骨が突き出ている箇所もあり、下には細かい骨などが沈んでいた。／コンクリートでできた学校の壁は直接の炎を防ぎながらも、熱を防ぐことができなく、その熱を保つ効果まであったようだ。つまり、菊川国民学校は巨大な火葬炉と化したのだった。／「これ……、シャベルがなければ、何もできない……」と一人の男性がつぶやくと、永田たちも灰を見ながら静かに頷いた。

悲惨な地獄絵図であるが、シャベルによってすくわれるほかない灰となった人々である。

ところがその少し後のある日のこと、晶子は、爆撃の被害者と加害者が入れ替わる場面に出くわす。彼女が上野公園に行くと、爆撃を受けていない動物園が開園していた。そこにいた熊やライオンが毒殺され、象は餓死させられていたことは知っていた。

幸い、象舎の先に見えるサル山の前には数十人もの人が群がっていた（略）。／（略）晶子は多勢の人がいる場所を目がけて進んでいった。／ところが、やっと塀までたどり着いてサル山の方に目をやると、晶子は立ちすくみ、小さな悲鳴まで上げた。／サルも当然いたが、皆が見ていたのはサルではない。／裸の男がサル山の石に座り、背を向けていたのだ。

男は金髪だった。／目を背けた晶子は体中に電流が走ったような衝撃を受けた。／（アメリカ人捕虜だ……。きっとB29のパイロットだわ）／（略）

およそ十メートルも離れていたが、男は非常に不健康そうだった。いくつもの方角から眺めている群衆から陰部を隠すため、男は何度も姿勢や位置を変えていた。（略）／何度か晶子の方に頭を向ける米兵の目から、彼が感じている恐怖や恥ずかしさ、飢えや痛みが一瞬に伝わった。

この晶子の感覚は今でこそまともな感覚であるが、しかし当時空襲によって肉親を失い、鬼畜米英を叩き込まれてきた人々にはどうであったのか。今さらながら問われるところである。

第三部では、来日したジョセフが、空襲で多くの人たちが逃げ込んで国民学校と同じように灰と化してしまった明治座の焼け跡を訪ね、千葉県の佐原で墜落した米軍機が埋められてしまった場所を見出すなどの話が出る。しかしここでは、空襲についてジョセフは、「地上での悲劇」「空中での悲劇」という矛盾した両方の側面を知る必要を感じる。それは、対ドイツ戦とその後のテニアン島での経験から起こった。

〈焼き払われた面積〉、〈投下爆弾トン数〉……。それぞれの空襲の任務報告や搭乗員たちの日々の会話では、そんな話題ばかりがだんだん強調されるようになった。それは仕方がないことであるとジョセフはわかっていた。搭乗員たちが地上の人間のことを考えていたら任務が果たせなくなる。／だが、空襲の倫理について考えるのであれば、受ける側の苦しみなども念頭に置かなければならないだろう。

このように感じつつジョセフは、ヨーロッパでの対戦の記憶も思い浮かべる。

空軍が対ドイツ戦で使っていたのはB29ではなく、主にB17という爆撃機だった。B29より一回り小さく、機能的にも劣っていた。与圧機室もなければ、暖房装置もなかった。したがって、マイナス四十度という高高度の世界では、搭乗員たちにとって恐ろしいのは敵軍よりも凍傷だった。つまり、どんなに寒くても、戦っている間は人間は必ず汗をかき、小便を漏らす。飛行服を着たままでそんな水分は凍ってしまうわけだから、ほとんどすべての搭乗員は凍傷で苦しんだ。／（略）ジョセフの計算では、B29部隊の戦死率は二パーセント弱で、最終的には数千人に上ったはずだ。しかし、ドイツと戦ったB17部隊の戦死率は比べ物にならない七十七パーセントだった。／（死者数、三万人だ……）／イギリス空軍の死者数五万人と合わせれば、日本とドイツの上空で殺された連合軍航空兵の人数はおよそ八万人に達するのだ。

この連合軍という視点からの叙述は、「太平洋戦争」（主として対米戦争）という言い方に慣らされてしまったわれわれには馴染みにくい。しかし戦争が第二次「世界大戦」であったという当然の事実すら彼方に行きかねない現在の日本にとって、戦争を再検討するための手がかりの一つとなるであろう。

第四部では、まさしくそのすれ違いがあらわれる。ジョセフがパール・ハーバーや重慶爆撃や日本軍の残虐行為や本土決戦の恐れ等について語り、一刻も早く侵略戦争を終結させるために空襲はやむを得ない作戦だったと結論づける。しかし晶子は反論する。

「（前略）あそこ。あの学校が見えます？　あの中で、わたしの父が死者の灰を何日もかけてシャベルで片付けました（後略）」

ジョセフは静かに頷いた。／「空襲が恐ろしかったことはわかりますよ、晶子。私にとっても悲しいことです」

晶子はジョセフの顔をまっすぐ見て訴えた。／「だったら、覚えていてほしいのよ。それだけです。一人でもいいから、ここに何があったのかは、アメリカ人にもわかってほしいですわ。日本人がこの町に何があったかを忘れてしまうかもしれないと思うと、わたしは悲しくて仕方がありません。ですけど、アメリカ人に忘れられるかと思うと、悲しいどころか、たまらなく怖いんです。しかも、わたしがそう思うのは、あなたたちにとって空爆は〈正しい戦争〉だったからこそです！」

このすれ違いによって結局二人は別れることになるが、晶子にとっての「真の意味での〈追悼〉」が問われ続ける。戦争、空襲の評価について加害者／被害者のそれぞれに論理があり、決着のつかないまま、被害者の論理が主流となっている今日の日本で、アメリカ人作家によって空襲の歴史小説が書かれ、これからの論議に新たな局面を開いたことを評価したい。なお、著者には前作として、ルソン島での日本軍兵士と通訳を強いられた現地の混血青年を主人公にした『潮汐《ちょうせき》の間』（二〇一一年、現代思潮新社）という作品もあることを付記しておこう。

（『アサート』四六二号、二〇一六年五月）

2016

政財界が推し進める「若者の命の使い捨て」

『経済的徴兵制』布施祐仁（二〇一五年、集英社新書）

二〇一五年七月、インターネット上にある写真が投稿され話題になった。「苦学生求む！」という防衛医科大学校の学校案内のチラシ。「医師・看護師になりたいけれど…／お金はない！／学力・体力自信有り！／集団生活も大丈夫！／こんな人を捜しています」、そして「入学金・授業料は無料です」と呼びかける。神奈川県川崎市の高校生に自衛隊の募集案内とともに送付されたものである。

防衛医大は、防衛大と同じく入学後は公務員となるので、学費無料、給与も出る。ただし自衛隊に九年間勤務という義務があり、途中退職の場合には最高で四六〇〇万円の学費返還の義務もある。これについて、ネット上では「経済的徴兵制ではないか」という批判が沸き起こった（『毎日新聞』デジタル版、二〇一五年七月二三日）。本書はこの「経済的徴兵制」の実態を真正面から取り上げる。

アメリカでは、貧困層の若者が大学に進学するため、あるいは医療保険を手に入れるためにやむなく軍に志願するケースが多い。二〇〇〇年代の中頃、アフガニスタンやイラクで米兵の戦死者が増大して志願者が減った時には、この傾向はいっそう強まった。／このように、貧困層の若者たちが経済的な理由から軍の仕事を選ばざるを得ない状況のことを、アメリカでは「経済的徴兵制（economic draft）」と呼ぶ。

日本でも、自衛隊の一部にすでにこのような状況が生じている。現在、自衛隊の定員は陸海空合計で二四万七〇〇〇人だが、実際の人員は二〇一四年度末で約二万人少ない二二万六〇〇〇人。特に下位階級（二士、一士、士長、主として高校卒を対象とする）は定員の七四％しか確保できていない。これに加えて、過去のイラク派遣時にもそうであったが、「集団的自衛権行使容認」の二〇一四年以降、自衛隊の退職者が増加、志願者が減少しているという状況がある。

このため自衛隊の体制維持に向けて、「自衛隊は、全国に五〇の地方協力本部と、その下に四四の出張所、一五九の地域事務所、九一の募集案内所、一一の駐在員事務所などを置き（二〇一五年現在）、非常勤も含めて約二五〇〇人の広報官が募集業務を行っている」。さらに「ハイスクールリクルータ」制度（入隊五年以内の隊員が出身高校を訪問し関係強化を図る）や「重点校」への学校説明会、インターンシップ（＝体験入隊）といったあの手この手の自衛官募集の対策が採られている。

しかし急速に進む少子化に伴う志願者の減少に対処するため、ここで出されてきたのが「経済的徴兵制」の構想である。二〇一四年五月二六日、文科省の有識者会議「学生への経済的支援の在り方に関する検討委員会」で奨学金の「返還困難者対策」が一つの議題となった。その席での検討委員会のメンバー、前原金一・経済同友会専務理事（当時、元住友生命常務）の次の提案である。

今、労働市場から見ると絶好のチャンスですが、放っておいてもなかなかいい就職はできないと思うのです。（略）現業を持っている警察庁とか、消防庁とか、防衛省などに頼んで、一年とか二年のインターンシップをやってもらえば、就職というのはかなりよくなる。防衛省は、考えてもいいと言っています。（同検討委員会議事録）

それに対し、本書はこう指摘する。

前出の検討会では、奨学金返還延滞者の一八％が「無職」であることも明らかにされた。／前原氏は、延滞者を減らす方法として、この無職の人たちを一～二年間の期間限定で自衛隊に受け入れてもらい、就業させることを提案したわけである。そうすれば、延滞者も減らせるし、若者たちの職業訓練にもなるというわけだ。

これには前史があり、「前原氏は『防衛省も考えてもいいと言っている』とも発言したが、事実はそうではなかった」。実はその前年の二〇一三年七月に、防衛省の方から前原氏に対して自衛隊への「インターンシップ・プログラム」が提案されていた。「しかし、防衛省が提案したのは、奨学金返済を延滞している無職の若者ではなく、企業の新規採用者を『実習生』として一任期（二年聞）限定で受け入れるプログラムであった」。つまり「『インターンシップ・プログラム』というと聞こえはいいが、その企業に就職した人は業務命令として自衛隊に派遣され、二年間その業務に当たらなければならない」ということになる。このように「形を変えた徴兵制」のプランがすでに出されて、「政・財・軍」の強固なスクラムが形成されている。この一環として「経済的徴兵制」のルールは着実に敷かれていると言えるであろう。

しかし、こうして入隊した若者たちが、安保法制下で派遣される先には何が待っているのか。本書では、かつてイラクのサマーワ郊外で自衛隊が改修した養護施設の完工式（二〇〇五年一二月四日）での事件をあげている。式典中、会場近くで治安維持のオーストラリア軍と駐留に反対するシーア派支持者との間で銃撃戦が発生。その後、約五〇人の住民がデモ隊となって式典会場に押し寄せ、外で警備に当たっていた十数人の隊員はデモ隊に包囲された。

「どうすべきかわからず、みんな右往左往していた」と当時の隊員は話す。群衆の中には銃器をもつ男たちもいた。もし銃口が自分たちに向けられたら——。政府が認めた武器使用基準では、まず警告し、従わなければ射撃も可能だ。「ここで一発撃てば自衛隊は全滅する」。どの隊員も、一発の警告が全面的な銃撃戦につながる恐怖を覚えた。「撃つより撃たれよう」と覚悟した隊員もいた。結局、地元のイラク人に逃げ道を作ってもらい窮地を脱することができた。
（『朝日新聞』二〇一五年八月二〇日）

このような状況下に派遣されることの危険性と、帰還後のPTSD（心的外傷後ストレス障害）や「モラル・インジャリー（良心の呵責障害）」への危惧（アメリカでは帰還兵の自殺者が年間八〇〇〇人以上で、前線での戦闘による戦死者の数を圧倒的に上回っている）を抱えたまま、自衛隊の海外での軍事行動は大幅に拡大されようとしている。

最後に、本書は声を大にして警告する。

「経済的徴兵制」の何が問題か。答えははっきりしている。国土防衛ではなく、富める者たちの利益のために行われる海外での戦争で、貧しき者たちの命が「消費」される。それは不正義以外の何物でもない。／使い捨てにされてよい人間など、この世界に存在しない。ましてこれから本格的な少子高齢化を迎える日本には、貴重な若年労働力を使い捨てにする余裕などこれっぽっちもないはずである。

なお、本書とともに、「経済的徴兵制」の先進国でもあるアメリカを取材した堤未果『ルポ 貧困大国アメリカ』（二〇〇八年、岩波新書）も併せて読まれたい。

（季報『唯物論研究』一三六号、二〇一六年八月）

2016

〈戦後レジーム〉解体と「熱狂なきファシズム」の正体

『時代の正体──権力はかくも暴走する』神奈川新聞「時代の正体」取材班編
(二〇一五年、現代思潮新社)

神奈川県の地方紙『神奈川新聞』取材班の記者たちによる気鋭の一冊である。その内容は当紙の「時代の正体」シリーズ(電子版「カナロコ」〔www.kanaloco.jp〕で読むことができる)からのものであるが、重く切迫した課題に迫っている。章立てで言えば、一『安全保障』の暴走」、二「抑圧の海──米軍基地を問う」、三「ヘイトスピーチの街で」、四「戦後七〇年──扇動と欺瞞の時代に」、五「熱狂なきファシズム」である。

本書に通底しているトーンは、想田和弘(映画作家・監督)へのインタビューの題名(五「熱狂なきファシズム」)そのものであって、想田の言葉を借りれば、「現代的なファシズムは、目に見えにくいし、実感しにくい。人々の無関心と『否認』の中、低温やけどのようにじわじわと進行するものではないか」という問題意識である。熱狂的な支持者もなく、投票率も戦後最低の二〇一三年の参院選以来、衆参両院で実権を握ってからの安倍政権の歩みを、想田はこう特徴づける。しかしその政策の危険さは、特定秘密保護法案、解釈改憲による集団的自衛権の行使で十分に示されている。

この時代を国際法の観点から見つめる阿部浩己（神奈川大学大学院教授）へのインタビュー（四「戦後七〇年——扇動と欺瞞の時代に」）も、「いま大切なのは即断することではなく、立ち止まり思索をめぐらすことだ」という視点から、こう述べる。

「テロリストたちを決して許さない」「その罪を償わせるために国際社会と連携していく」／安倍首相が国会答弁や記者会見で繰り返す宣言に阿部さんはおののく。有無を言わさぬ強い言動に、この国の安全保障が危機的状況の入り口に立っていると感じる。／『『テロ』と『国際社会』。この二つを持ち出し、思考停止に陥ろうとしている」／（略）／国会での与野党論戦でも人質事件の政府対応を批判する指摘は「テロリストを利する」と非難され、ネット上では「いま政府を批判することはテロを肯定することになる」という言説が流布する。

これに対して阿部は、「『国際社会にとってテロは撲滅しなければならない』と言った瞬間に、そのことが絶対的な正しさを帯びる。それによって、なぜテロが発生するのか、イスラム国という残忍なグループがなぜ生まれ拡大しているのか、『国際社会』とは一体どこの国のことなのか、といった思考が閉ざされてしまう」と重要な指摘をする。この「テロリスト」と「国際社会」を敵と味方に分ける考え方が、安倍政権が閣議決定した集団的自衛権行使の考え方であり、「分断」「対立」「敵対」によって安定や平和を生み出そうとする論理であることが批判される。

しかし、このように危険な側面を持つ安倍政権がなぜかくも長期にわたって居座り続けているのか。先ほどの想田は、そこに「消費者民主主義」の影から発する「無関心」を見出す。

自民党の絶対得票数は高くなく、決して圧倒的な支持を受けたとはいえない。ただ有権者の「関心を持たない」という態度が、結果的に彼らの方針を支える構図ができている。

原発の問題、民主主義を破壊するかのような自民党の振る舞い、そして政治に関心を持とうとしない大多数の国民。これだけの問題に多くの人が反応しない。そもそも「危機」として認識していない。

つまり政治家は政策という「商品」を売り、有権者は投票と納税でそれを「購入消費」する。ここには主権者としての国民（有権者）が政治を政治家に任せきりになり、「興味を持てないから」投票もせず、責任も感じないという構図である。

現政権がこの構図をどこまでしたたかに利用しているかは分からない。ただ有権者は、消極的で必要な支援をしていると言える。

これに対抗する時代のカウンターパワーはどこにあるのか。本書は各記者の真に迫るレポートを掲載する。その実際は本書を読んでいただきたいが、安保法案成立阻止の運動を立ち上げたＳＥＡ

ＬＤｓ（シールズ）の若者たちとこれに連帯する憲法学者たち（一『安全保障』の暴走」）、日米地位協定の不条理（一九五二年から二〇一二年までに神奈川県下で起きた米軍機による事故は二二三件、死者一一人、負傷者二八人であるが、責任の所在が明らかにされたことはない）を批判し、沖縄での辺野古新基地建設に抗議する人びと（二「抑圧の海——米軍基地を問う」）、ヘイトスピーチに反対し、背景にある人種的偏見と歴史に向き合う姿勢の欠落を問う人びと（三「ヘイトスピーチの街で」）等々である。

そして特筆すべきは、抵抗勢力に対して権力がむき出しになる場が日常的にある沖縄の事実である。日本記者クラブの沖縄取材団（二〇一五年六月）の一員であった記者は書く。

新基地建設の埋め立て工事に向けた準備が進む沖縄県名護市辺野古。立ち入り禁止の境界を示す浮具を挟み、巡視船から向けられたデジタルカメラのレンズがこちらを執拗に追い掛けていた。／漁船の船長が船上アナウンスを使い、日本記者クラブの取材団であることを告げる。撮影をやめる気配はない。海上保安庁のゴムボートからもカメラを向けられた。／本当に撮影しているのだろうか。だとすれば何のために。（略）つまり監視対象であることを思い知らせるために——。／（略）／傍らで船長は言った。／「今日は報道陣相手だからか、おとなしいよ。今年に入ってから、基地建設に抗議する人たちの船に体当たりしてくるようになった。高速でぶつけられた船は大破し、カヌーは転覆させられた。乗っていた人は海に投げ出され、救急車で運ばれた。暴力が一線を越え、異常な事態になっている」

翌日この記者は、『沖縄タイムス』の記者から聞いた「権力者がその力を行使する場合、民衆にばれないようにこっそりとやるものだ。沖縄では違う。権力はむき出しだ。隠そうとしない。それは沖縄県民は下に思われているからだ」という言葉を思い出しつつ、沖縄防衛局長の会見で撮影について質問する。「職員は答えに窮した。戸惑いぶりは思いも寄らない質問だ、といった反応だった」。会見後、地元沖縄の全国紙の記者が声を掛けてきた。「ここではビデオ撮影は日常茶飯事。（略）毎日、当たり前に行われ過ぎていて、もはやおかしいとも感じなくなってしまった」と。

その後、さらに衝撃的な発言がなされる。

目の前に座った、全国紙の論説委員の男性はゆっくりと、それでいて威圧的な口調で言った。／「先日あなたがビデオ撮影について沖縄防衛局長にした質問は、防衛省の記録に残るだろう。むちゃなことはしないほうがいい。安倍政権を甘く見ないほうがいい」／この物言いなのだ。沖縄の側に立ったとみなされた途端に向けられる、見下ろすまなざし。そして、かくも権力と一体化できる本土メディアの暴力性に、そこに属する一人として私は身震いを覚えた。

本書は、この国を戦争の危険に導く安倍政権に一矢報い、これを支えていることになる有権者の無関心に警鐘を鳴らす。本書を契機に政治の構図への視点が少しでも拡大深化できればと考える。

（季報『唯物論研究』一三四号、二〇一六年二月）

2016

ナパーム弾の歴史が暴く戦争の本質

『ナパーム空爆史——日本人をもっとも多く殺した兵器』ロバート・M・ニーア（田口俊樹訳、二〇一六年、太田出版）

一九七二年六月八日、南ヴェトナム、チャンバン村。

南ヴェトナム空軍のアメリカ製レシプロ攻撃機スカイレイダーが低速飛行で姿を見せた。（略）ゲル状の焼夷剤であるナパームが充塡された四本の銀色の弾筒が地上に向かって、音もなく落下してきた。地面を直撃したとたん、それらは突如として猛烈な勢いで〝弾けた〟。炎が何本もの巨大な鞭となって暴れまくり、燃える白リンが無数の閃光を放った。（略）巨人が溶鉱炉の扉を開けてしまったかのように、容赦のない熱波がジャーナリストたちをくまなく舐めた。数秒後、小さな人影が煙のなかから姿を見せた。／炎がキム・フックの姿を隠した。それから起こった出来事を作家のデニス・チョンは次のように語っている。「炎に呑み込まれるなり、彼女は火が自分の左腕を舐めている光景を眼にした。火にやられた部分は見るも無残な暗褐色の塊と化した。彼女は火を払い落とそうとしたが、火は右腕の内側にも広がっており、やけどの痛みに叫び声をあげることしかできなかった……彼女の左上半身を直撃したナパームは、ポニーテールに結った髪を灰にし、首と背中の大部分と左腕を焼いた……（後略）」。

バリケードに向かって走ってくる子供たちを助けたＡＰ通信のカメラマン、フィン・コン・ウトは、そのときの様子をこう記している。「彼女の体は熱を放ち、ピンク色と黒の肌がずるりと剝けていた」（この時のキムを撮った写真は後にピューリッツァー賞を受賞し、二〇世紀を象徴する写真の一枚となった）。

本書は、「英雄としてこの世に誕生したが、今では社会から蔑まれる存在に堕している」ナパームの歴史を、「第二次世界大戦の勝利からヴェトナムでの敗北を通じ、グローバル化した世界における現在のその立ち位置にいたるまで、アメリカという国の物語」を照らし出す灯りとして描く。ナパームが、第二次世界大戦中のドイツやとりわけ日本への空襲において絶大な効果を発揮し、大量の犠牲者を出したことについては、その後の朝鮮戦争やヴェトナム戦争での悲惨な状況とともに本書に詳述されている。

しかしその誕生が、アメリカが第二次世界大戦に参戦しての最初の独立記念日、ハーバード大学においてであったことはあまり知られていない。大学と政府共同の極秘の軍事研究「匿名研究プロジェクトNo.４」の責任者、有機化学教授ルイス・フィーザーによる最初の実験は、学生たちがプレーに興じていたテニスコートの隣のサッカー場で行われた。

フィーザーが制御ボックスのスイッチを入れた。瞬時に爆薬が炸裂し、着火剤の白リンを二〇キロのゲル状のガソリンであるナパームのなかに吹き飛ばした。摂氏約一一〇〇度というすさまじい炎が雲のように沸き起こった。ナパームは猛烈な勢いで燃えさかり、いくつもの塊となって水たまりに落ちた。油くさい煙があたり一面に立ち込めた。（略）テニスをしていた学生たちは、爆発と同時に蜘蛛の子を散らすように逃げ去った。／（略）ニンニクのにおい、もしくはマッチの燃えるにおいのような白リンの刺激臭とガソリン臭が、水浸しのサッカー場と無人となったテニスコートに漂っていた。かくしてナパームは誕生したのである。

ここに至るまでの政府と大学と研究者たちの密接な関係についても、本書はその経緯を解明している。大統領行政府直轄の国防研究委員会と契約・提携したアメリカ随一の有機化学者でハーバード大学学長のコナントの下で、フィーザーは新たな化合物を合成し、それが実用可能な爆薬となるかを評価する研究チームを任されたのである。この結果がナパームということになる。

後にフィーザーは回想録で、その後のナパームの辿った経緯について、「われわれがおこなっていた試験は建造物を対象にしたものであり、人間を対象にした試験は考えていなかった」と述べ、想定していたのはあくまで物体であって、「赤ん坊や仏教徒」に対して使われるとは思ってもいなかったとの主張を最後まで変えなかった。

これについて本書は、「ハーバードの研究チームは、焼夷弾による攻撃の倫理性については検討していなかったとしか思えない」、「確かに、つくりだしたものが想定外の使われ方をされても発明者には責任はないという主張は、理論的には正しいかもしれない。しかし、実際には〔ドイツおよび日本の家屋のレプリカを使った試験に参加していたのだから〕フィーザー教授はナパームの能力がいかなるものか、どういう使い方がなされうるか、正確に知っていたのである」と批判する。戦争中という状況において優秀な科学者の貢献が不可欠であったことと、それがもたらした結果への責任をどう見るか。ナパームに限らず、核兵器、毒ガス、生物兵器等、問題は現在も問われている。

一九八〇年、国連の代表団は「特定通常兵器使用禁止制限条約（ＣＣＷ）」の議定書Ⅲを承認して、「人口密集地域」に対する焼夷弾攻撃は戦争犯罪となった。「今日、ナパームは戦犯として保護観察中の身である」。

（『アサート』四六三号、二〇一六年六月）

2017

戦時下の人間性のありようを見つめる

『体感する戦争文学』新藤謙（二〇一六年、彩流社）

徹底した庶民的視点から発信する文芸評論家、新藤謙（二〇一六年一〇月に逝去された）の最後の著作である。

本書はソフトカバーの選書シリーズの一冊ながらも、作品に表れた戦争をテーマに、妹尾河童『少年H』、佐江衆一や小林信彦らの学童疎開の文学、大岡昇平『俘虜記』、石川達三『生きている兵隊』、五味川純平や高木俊朗らの軍部告発の文学、水上勉『日本の戦争』、徳川夢声と古川ロッパら芸能人の戦中日記、詩人石原吉郎、キリスト者イシガオサム、思想家鶴見俊輔等、多彩な文学が取り上げられる。

著者の視点を貫いているもの、それは個人を圧迫してくる時代・国家権力に抗する姿勢であり、やむなく屈服、服従した時でも良心に痛みを感じる感性である。またその国家権力そのものに関して言えば、個人を事細かに抑圧する構造（軍隊秩序に代表される）と、そこに内在する無責任体制・体質の暴露と批判がなされ、その構造・体制・体質が、戦後を超えて現在でもなお継続していると指摘する。

何点かについて紹介しよう（以下、《》内は本書で引用された原著の文章である）。

妹尾河童『少年H』を評しつつ、著者は、《Hは、天皇陛下に責任があると思った。〝天皇陛下のために〟が全ての合言葉だったし、天皇陛下のために戦い、「天皇陛下万歳」といって兵士は戦死したのだから》という、Hが昭和天皇の戦争責任に触れる下りを評価する（第一章「戦争と少年――妹尾河童『少年H』をめぐって」）。

今でもそうだが、昭和天皇の戦争責任追及は禁圧状態だ。（略）日本人の多くはこの問題ではだんまりをきめ込んでいる。無関心でもあり保身術でもある。昭和天皇自身も保身からそれを避けて通ろうとした。そのことがまた日本人の戦争責任を曖昧なものにしてしまったのである。

そして、こうした中でHが昭和天皇の戦争責任を追及したことは特記事項であり、これが国家の戦争責任追及とつながっていることに注意を促す。さらに、「その無反省は日本人の付和雷同、長い物には巻かれろ、集団帰属主義につながる。これらは日本人の奴隷根性の別称で、個人意識の欠如と稀薄、個人の自立性の尊重の伝統の無さと表裏一体である。したがって挙国一致になりやすい」として、少年Hの直観力に敬意を表する。

佐江衆一『遙か戦火を離れて』は、佐江自身の学童疎開体験を素材にした作品である（第二章「少年たちの心の闇――学童疎開の文学」）。大都市の「防空態勢強化」と「次世代戦力の培養」を目的として実施された疎開政策であったが、「疎開児童にとっての本当の敵は（略）空腹そのものであり、友人であり、自分自身であった。空腹が人間の負性を露出させたのだが、それを極限にまで剔出させたのが集団生活である。（略）特に日本国のような個人意識が乏しく、人権意識が未成熟な社会では、集団は抑圧構造となり、理性を排除した狂気が支配する。旧軍隊の内務班がその典型であった」。

疎開学童たちの生活もまさに小内務班で、六年生の分団長でボスの大島には取り巻きがおり（主人公の柳沼は五年生）、彼は取り巻きを使って下級生をいじめ、支配した。ある時、空腹の代用食とされていた栄養剤の「わかもと」が盗まれるという事件があった。

盗んだのは主人公で、大島はうすうすそれに気付いていた。しかし、それを口にはださず大島は柳沼に、「ワカモトを盗んだのはお前じゃないんだろう？　なあ、そうなんだよな」といい、分団員の前で、「盗んでいるくせに白状しない強情な奴がこいつらのなかにいるんだろう。だから山田さんよお、お前がこいつらを殴って白状させてくれよ。なあ、おれのかわりに頼みますよ。山田さん」と、気弱で愚鈍な五年生の山田をけしかけ、彼を窮地に追い詰めるのである。

著者は言う。「この『山田さんよお』という語調は、まさに古参兵のもので、宿舎が小軍隊であったことを物語る。まさに学校は軍隊秩序の模倣（兵営化）といえよう。この語調から内務班を連想した読者は多いにちがいない」と。

出口のない閉塞社会では、抑圧が次々に下位者へと転化していく。ここでは《少年の誰もが山田へ辛く当って、彼を「非国民」にして、自分を守ったのだ》という状況が、「日本の支配構造そのものの縮図でもある」と指摘される。

五味川純平『ノモンハン』について著者は、ノモンハン事件――一九三九年に起こった満蒙国境を舞台とする日本関東軍とソ連・外蒙軍との戦闘――を通して「日本軍の構造的宿痾と、高級軍人たちの異常な精神構造」を解明、告発したものとして評価する（第五章「軍部告発の文学――五味川純平・高木俊明」）。そして戦闘の敗因をソ連の国力と戦力に対する過小評価と、それと一対をなす自軍への過大評価＝「高級軍人たちの独善的で空疎な精神主義、増上慢《ぞうじょうまん》（おごり高ぶること）」にあると見る。さらに「それが野心（冒険主義）と功名心、人命無視思想と結びつくと、計り知れない犠牲をもたらす。それを不幸にも実証したのが、ノモンハン戦闘であり、アジア・太平洋戦争であった」と指摘し、しかも、こうした戦いを指導した高級参謀たちの責任がまったく問われぬままに、次の作戦に移っていくという無責任体制が日本軍には付きまとっていたと述べる。

許せないのはノモンハン戦闘の参謀だった辻政信や服部卓四郎が、ノモンハンの失敗を反省することなく、同じ愚劣な野心によって三年後、ガダルカナルやニューギニアで、ノモンハン以上の犠牲を将兵に強いたことである。そこから五味川は、次のように痛烈に結論する。

《不思議なことに、有能な参謀は概して戦闘惨烈の極所を担当しない。惨烈の極所から身をかわす可能性を持った者が、前線将兵に惨烈の極所を与える如く作戦する。しかも名声を傷つけ

ない。想像するに、彼は、その上級者としてよほどに凡庸な将軍たちに恵まれたのである。》

さらに、その高級参謀の一人であった辻政信は戦後、国会議員にまでなった（最後はラオスで暗躍し、行方不明になったが）。新藤は皮肉で言う。「おそらく、彼の冷酷な人命無視の過去を知らない国民に支持されたのである。国民は戦争中と同じようにまた騙されたのである。愚劣な人間を選良とする国民もまた、愚劣というほかはない」と（ついでながら、この無責任体制がいかに前線の将兵の命をもてあそび、玉砕を強要したかを扱った作品に、水木しげるの優れた漫画『総員玉砕せよ！』〔講談社文庫〕がある）。

著者の視点は、このように戦前から戦後と続いている人命無視の日本国家の体質批判へと向けられるが、その視点を特徴づけるのは、高木俊朗『陸軍特別攻撃隊』である。

高木は敗戦間近の時期、報道班員としてフィリピンにあり、ここに配属された特攻隊、万朶《ばんだ》隊と富嶽《ふがく》隊を題材にして、この作品を書いた。著者は、高木の《特攻隊が主力化したのは、その根本は、日本の軍需生産力が底をついたためであった》という指摘と、特攻を導入した日本軍の構造的矛盾と欠陥への批判を高く評価する。そしてより重要な点は次の文章であると強調する。

《日本の国内でも、軍国主義の傾向を警戒する論議が多くなった。だが果して、日本に軍国主義が復活したのだろうか。私が戦記を書くためにに取材をつづけてきた立場からいえば、軍国主義は復活したとは思えなかった。それは、むしろ、軍国主義が生残っていたといえるようであった。／軍国主義を考えるために、密接な関係があるのは、戦争責任の問題である。戦後に戦争責任を追及しなかったから、軍国主義が生残ったともいえる。しかし、それよりも、軍国主義が生残っていたからこそ、戦争責任を追及しなかったのではないか。》

本書の最終章で取り上げられる鶴見俊輔の『戦時期日本の精神史』においても同様の問題が出されるが、著者は鶴見の見解に対して批判的意見を語る（第一〇章「今も続く日本の鎖国性――鶴見俊輔『戦時期日本の精神史』」）。

鶴見が戦後の国体観念について、《日本が敗北して、同じ天皇が自分は人間であると宣言するようになると、国体観念もまたもうヒトカケラのフケのように頭から落ちてしまいます》と述べたのに対して、これは「事態を甘く見過ぎている」とした上で、「《天皇の不謬性を中心とする国体観念》は、《ヒトカケラのフケのように頭から落ち》なかった。フケのこびりつけている人は少なくない。それは天皇を国民統合の象徴として遺したこと、旧体制下の民政党と政友会の残党が日本政治を支配していること、戦犯の政治家を戦後、首相や有力閣僚にした日本国民の『大日本帝国型』精神類型からも明白だろう」と批判する。

しかし著者は、鶴見の書の重要な点は、「国家を超える」視点を提唱しているところであるとして、「いかなる価値観も、国家の枠を超えないかぎり、国家悪に汚染されざるを得ないことを証明したのも戦争である」し、「国家を超えられない思想は、国家に《軟禁状態におかれて》いることにほかならない。それは人間のあるべき自由な姿に反している」と強調する。

このように本書には、現在の状況と重なるところも多々ありながら、いまだ十分に検討解決されたとは言いがたい過去の諸問題が提出されており、本書に眼を通すことでこれらの問題を今一度意識に上らせ、見直しをはかることが必要とされている。

（季報『唯物論研究』一四〇号、二〇一七年八月）

第二章

日本とは何かを考える

1996

庶民と対話の思想から見つめる日本社会

『日本人とは何だろうか』鶴見俊輔座談（一九九六年、晶文社）

本書は、プラグマティズムの哲学者として、戦後の日本社会に対して積極的な発言を続けてきた鶴見俊輔の座談集の第一回配本になる（『鶴見俊輔座談』全一〇冊、晶文社〔一九九六年〕。なお、著作集は『鶴見俊輔集』全一二巻〔一九九一—一九九二年〕、続全五巻〔二〇〇〇—二〇〇一年〕が筑摩書房から出ている）。座談集（対談集）の形式で一〇巻もの書物を上梓するというのも話題になるが、それにもまして注目に値するのは、その中で語られている鶴見の思想内容である。

鶴見は、現在四〇歳以上の世代には、思想の科学研究会やべ平連の運動で馴染み深い人物であるが、その姿勢は、マルクス主義思想が日本の左翼陣営において圧倒的な権威を持っていた時代から、マルクス主義思想には基本的に敬意を払いつつも、スターリン主義的傾向の権威主義・独善主義に対しては一定の批判を加えていくということで一貫している。いわば良心的プラグマティストの立場から、戦後マルクス主義の側面を見てきたといえるであろう。

その鶴見の座談集第一巻『日本人とは何だろうか』は、「日本民族、日本語、日本国家、この三つに属しているのが日本人だ。そういう感じは私にもある。そのことが、おおまかに言って現状に事実としてあたっているという考えももっている。だが、そうではないということも、私は自分の底のほうでやはり知っている」という問題意識で語られる。

例えば日米の文化の関係について、次のように言う。

外国のものというのは、ある意味で自分を打ち砕き、自分を破壊して、自分を新しくするきっかけになるという役割をとうぜんにもつべきなんだけれども、そういう意味での自己を広げるということがぜんぜんないしかたで、しかも広がったような幻想をもてるようなシステムを戦後の日本はアメリカに対してつくり出していると思いますね。／それは当時一九四〇年に予定していた第十二回オリンピックに、日本の国体は万邦無比（略）といって、それを英語に翻訳したりしてわーっと押しつけていたのと裏返し。両方とも好ましくないですね。（「名取洋之助の仕事」）

つまり、鶴見は日本人を見る場合、われわれ自身に第三者的という意味でのさめた目が必要であるとする。それは日本に限らず、民族主義その他について語る場合にもあてはまる。

その民族を見ているもう一つの目があるわけですよ。アフリカに行こうがどこに行こうが、その民族から虐待されているまたもう一つの目があるわけですよ。（略）そこから見ることがなければ。地球全体の人類政府をつくっても、それによって圧迫されているもののもう一つの目を、自分のなかにもたなきゃ。つまり人類以外の辺境から自分を見る目がなければ、究極的には、われわれは圧迫に与することになると思うのです。(「金子ふみ子の生きかた」)

このことは、人間としての生き方においては、権力・特権に対して「大衆」「庶民」としての目をもち、生きていくことを意味する。そしてこれと同時に、鶴見は「辺境」という言葉に積極的な意味づけを与えて、ここを庶民の基盤としていこうとする。

ここから学問のあり方について、鋭い批判が出される。

官学は特権にもとづいた学ですけれども、民学は人権にもとづいた学でなきゃだめだ。そういうものが、いつでも官学にしてやられるわけでしょう。別の流れをとにかくつくっていかなきゃ、どうにもしようがないのじゃないかという気がします。(「幕末開明派の人びと」)

点になった市民が一人からでももりかえせるという基盤、人権としての学問という考えかたは共産主義の国家でも守られていない。(同)

これにかかわる知識人に対しての評価はもっと厳しい。

どちらかといえば、人間にとって根源的なのは、大衆としての生きかたなので、知識人も結局、大衆的なものだという気がするのですね。大衆はマスではなくて、それぞれ辺境に生きているものなんだ。だから知識人が辺境に生きて大衆はマスだという考えかたは、前衛的知識人の迷信だと思うのです。そんなものじゃないと思う。結局、大衆は辺境のなかに生きているし、知識人も辺境に生きるんだけれど、知識人は大衆として辺境に生きている。（「金子ふみ子の生きかた」）

この鶴見の「大衆」「庶民」の原理は次のところにある。

いま司馬〔遼太郎〕さんが言われた庶民というのは、わたしのことばで言えば、異心のあるもの、違う意見をもったものがいてもいいじゃないかという思想を、からだの反射としてもっている人間のことですよ。一億玉砕のときでも、軍隊のなかでもそういう人間がいるんです。（略）わたしはそこのところが重要だと思うのです。（「日本人の狂と死」）

かくあるべし、かくありたいと真円のような空中の理想を押しつけたがる人はいます。けれども、庶民のほうは、つねに地上に足をつけて歩いていきたい。（同）

この点の指摘は、戦前戦中の天皇制イデオロギーに対する批判であるとともに、また戦後マルクス主義に対する批判としても受け止める必要があろう。鶴見は、「原理原則が自分にのり移っているという狂気」、「集団の場で、より過激な意見を主張するのが必ず勝つという空気」に徹底して反対し、「原理原則を押しつけるということに対するある種のこっけいさと、その非人間性に気がつかないと、人間はいまの状況からなかなか越えられないんじゃないでしょうかね」と述べる。

そしてこれに対して、ある種の「女性原理」による「自治」、あるいは「小さな『人と人とのあいだ』をだいじにして、がっちり組んだ運動」のような形態を提唱する。これを鶴見は、内なる天皇制原理も食い込む余地がなく、かなり悪い状況下でも持ちこたえられるものであるとする。

このように鶴見の運動論は、地に足をおくことを目指すものであり、この視点から現代日本社会についての発言もなされている。例えばオウム真理教についても、「だから、オウムみたいな不寛容が出てきて、拉致とか殺しとかそういうことをやった場合に、その気持ちがわかるというリベルってどうなんだろうね。やっぱりそこでは不寛容が出てきたんだから、それに対しては不寛容で、はっきり言っていく。不寛容で寛容を守るということは必要なんじゃないかな」という発言となる。

鶴見の思想原理および運動論には、その現状認識や限界等について、さまざまな論議と批判を呼びおこす問題が含まれている。しかし同時にそこには、われわれが謙虚に学び取るべきものも存在していることは疑いないであろう。何よりも座談（対談）というかたちで明らかにされた鶴見の姿勢そのものがこのことを示しているように思われる。

（『アサート』二二五号、一九九六年八月）

1998

大衆文化を通して「日本人とは?」を問う

『日本人のこころ——原風景をたずねて』鶴見俊輔編（一九九七年、岩波書店）

『日本人のこころ』と題する本書は、哲学者・鶴見俊輔による、映画評論家・佐藤忠男、作詩家・永六輔、評論家・四方田犬彦、作家・池澤夏樹の四人との対談を収めたものである。この中で、話の主題——映画、歌、漫画、物語——を通して、「日本人とは?」ということをさまざまな角度から浮き彫りにしようとする。そしてその結果、次の二つのことが確信されることになる。すなわち、①日本社会内部における「近代化」(国家権力による近代化の強制と、日本社会単一性という虚構）がもたらした社会の歪みや差別と、これに抵抗する民衆の姿が、多層的・多焦点的に同じ日本人の中に存在していること、②さらには、日本人を問題にしようとすれば、必然的にアジア諸国・諸民族との関係に行きつかざるを得ないし、これを抜きにしては日本人というものについて語ることができないこと、である。以下、この点に留意して本書を紹介しよう。

佐藤忠男との対談「映画を通してみる日本人のこころ」では、日本映画の辿ってきた道筋が検討される。この中で佐藤は、「我々は日本的ということがあたかも存在するかのように簡単に考えますが、日本的なものというのは実際は存在しないと思いますね。日本的なものというのはいろんな階層に分かれておりまして」、「そのように日本の伝統というのは非常に多様なものであってそれぞれお互いまったく矛盾している。侍の文化が日本的だとすれば黒澤明が代表していると思うのですけれども、溝口健二が代表している町人文化的なものとはまったく、ほとんど相容れないし、小津安二郎が代表している小市民、知識人的な文化ともまったく相容れない。ほとんどお互い同士まったく相容れないような伝統が日本にあって、そのどれか一つを日本的と言ったってしょうがないんですね」と述べて、その中でバラバラに存在してきたこれらの文化を、日本映画だけがごちゃまぜにして発展してきたことを評価する。

そしてその上で、日本独特のものだと思われてきた事柄が、実はアジア一円に広く存在していることを指摘するが、ただし佐藤は同時に、「アジア人が日本映画を見る時と欧米の人間が日本映画を見る時では微妙な違いがあります」と重要な指摘をする。つまり、「アメリカ人と日本人はね、どちらかというとお互い同士力を尽くして戦ったいい相手という気分が時にアメリカ人の気持ちに湧き起こることがあって、本当は軽蔑しているんだけれど、時々寛大な気持ちになる。しかしアジアの人たちはそうはゆかない」。「日本は中国を好敵手とは思っていなかった。頭から軽蔑していた。それは中国人にはよく分かっていますから」ということなのである。ここにわれわれは、日本とアジア諸国民との歴史感覚のズレを明確に認識していく必要があるように思われる。

永六輔との対談「歌を通して語る日本人のこころ」では、明治政府による日本古来の音階とリズムの否定と、西洋音階とリズムへの強権的な移しかえを批判した永の発言を受けて、鶴見は日本の近代化について、次のように語る。

それが日本の近代化のリズムで、ものすごい力で近代化して、そのリズムの変化によって軍隊も強くなるし、ビジネスも強くなった。戦争に負けたら今度はビジネスひとつで、アメリカの主要な製品の自動車を凌いだでしょう。こんなことやる力、近代化の原動力の一部に確かにリズムの強制という問題がある。

そして、小学校の唱歌に存在する強制力についてこう語る。

小学唱歌をずっと歌ったり、聞いたりしていくと、日本の政府がこう思ってほしいと思う日本の歴史の図柄が浮かんでくる。あれは大変なものですね。子供たちの内部に国家像を植えつける。リズムと歌の言葉を通して、それをやり遂げたのが日本の近代国家の力なんです。

しかし、この方向で近代化が進んでいく過程で、明治初期には存在していた冷静公正な眼が、日露戦争以後消え去って、敵をさげすみ、自分を絶対化する思想が支配することになる。その例として、日米戦争末期に流行した「出てこいニミッツ、マッカーサー、出てくりゃ地獄に逆落とし」という歌があげられ、これについて鶴見は、「負けが近いという事実をまっすぐに見すえることなく、こうやって空威張りして威張っていたんだ」と的確に批判する。そして「明治国家のつくった小学唱歌のまゆの中に私は今も閉じこめられている」という彼の言葉に、われわれはイデオロギーによって取り囲まれた社会の強さと危険を認識することができる。

さて、次の四方田犬彦との対談「漫画を通してみる日本人のこころ」は、本書の白眉である。この対談で四方田は、一九五〇年代から現代に至るまでの日本の漫画を四分割して解説する。それは、①日本の漫画が差別や少数派、マイノリティ（在日韓国人、アイヌ、あるいは被爆者といった権力の外側に排除されてしまう人間）をどのように描いてきたかというテーマ、②そのようなマイノリティ、あるいは差別された人間がいかにそこから逃走するかというテーマ、③また逆に差別を受けた人間がいかに闘っているか（忍者ものなど）というテーマ、そして④逃走でもなく、闘争でもなく、ある種のニヒリズム、絶望、懐疑に陥ってしまうというテーマ、の四分類である。

その詳細については、本書の五〇ページにわたる四方田の解説を読んでいただくほかないが、この中で特徴的なことは、差別とマイノリティという、一般市民が触れたくない、できれば忘れたいと思っている事実について取り上げている漫画作品が実に多いということである。このことについて四方田は次のように語る。

手塚治虫の漫画は単なる科学とヒューマニズムとか人類愛とか、そんなふうに一般にいわれているのですが、実はよく調べてみると、いかに彼が差別された少数派を主人公にしているかという事実が判明します。

これは、調べてみてわかりましたが、梶原一騎の漫画の登場人物は半分くらい在日韓国人なのですね。つまり力道山であり、大山倍達、さらに柳川組の組長（略）、これは日本という国家から排除されていた人間であるということがだんだんわかってくる。

水木〔しげる〕さんという人が、非常に主題が一貫している人で、人間社会のそういう権力構造とか社会体制とか、差別構造からいかにして出るか、解放されるかということが主題になっています。

これに対して鶴見は、「漫画と権力批判、漫画と民主主義というのは不可分の問題なんです」と応えて、さらにこれに加えて『サザエさん』の重要性を指摘する。

長谷川町子は明らかに、戦争をひきずっているのです。戦争のなかから出てきた女性なんですよ。（略）前線の水木しげると違う仕方で、長谷川町子は銃後の戦争体験をしっかりつかんでいると思います。（略）水木しげるや長谷川町子らの仕事は大岡昇平の『レイテ戦記』と向き合っている。

この対談を読むことで、われわれは、日本文化において漫画の占める重要な位置を知るとともに、それがもつ社会批判の力（それはまた、日本近代社会での天皇の名の下での強権的統一化・富国強兵化に対する批判でもある）を確認することができる。

最後の池澤夏樹との対談「物語を通してみる日本人のこころ」では、鶴見は、池澤の『ハワイイ紀行』について、「沖縄から日本本土を見る姿勢になる。日本本土が別のものに見えてくる。（略）そこに私たち本土に住む日本人をまきこむある種のうねりが生まれる。それは、太平洋があって、そこに火山島が出来る話なんですから。人間なんかそこにいなくても、海があるという話なんですから」と説明を加えて、近代をこえた「ものすごく長いうねりのなかで」、「そして空間的な広がりものすごく大きな空間の広がりのなかで」日本を見る姿勢を評価する。

というのも、鶴見によれば、自分というものを考える時に「他人というクッションを使って他人にとっての私として見るほかない」ように、自分の国についても外側の諸国から考えるほかないのであるが、「そのクッションを巧みに使えなかったのが、使えないようにしたのが、明治以後」であり、「外側を見ないような装置ができちゃった」からである。

この点については、池澤も同意見で、次のように述べる。

明治以降の日本というのは、多分先進諸国に対する恐怖感から身をこわばらせて、猫が毛を逆立てるように――あれをやると大きく見えますからね、ふわふわなんですけれど――そういう形で緊張のあまり判断力がなくなっていた。不安になればなるほど幻想にしがみつく、客観的に見れば勝てるはずのない戦争に精神主義で突入してしまう。そういう、今にして思うと実に分かりやすい誤謬の道を歩いていたとぼくは思うのです。

このように四つの対談は、そのジャンルが異なるとはいえ、いずれも「日本人」と「日本人のこころ」に迫る試みであり、最初の方で指摘したように、日本人が多層的・多焦点的な存在であり、そしてその外側＝アジアの諸国・諸民族との関係を抜きにしては語ることすらできないことを銘記するべきであろう。

（『アサート』二四四号、一九九八年三月）

1998

「日本」と「日本人」を歴史的視野から問い直す

『日本社会の歴史』上・中・下、網野善彦（一九九七年、岩波新書）

戦後日本社会の評価をめぐって、主に歴史観上での論争が続いており、波紋を呼んでいる。それは、日本の戦後民主主義に根本的な疑問を提出することから、「日本」および「日本人」そのもののあるべき姿を問題にするところまで進んでいる。

そのような折に本書は、この「日本」および「日本人」という表現を、われわれが何とはなしに了承して使用していることを指摘し、これに対して明確な「日本」および「日本人」像を歴史的事実として認識することを目指す。すなわち著者は、「これまでの『日本史』は、日本列島に生活をしてきた人類を最初から日本人の祖先ととらえ、ある場合にはこれを『原日本人』と表現していたこともあり、そこから『日本』の歴史を説きおこすのが普通だったと思う。いわば『はじめに日本人ありき』とでもいうべき思い込みがあり」、こうした状況が日本人の歴史像と自己意識を不鮮明なものにしてきたとする。

ところが、「事実に即してみれば、『日本』や『日本人』が問題になりうるのは、列島西部、現在の近畿から北九州にいたる地域を基盤に列島に確立されつつあった本格的な国家が、国号を『日本』と定めた七世紀末以降のことである」。「それ以前には『日本』も『日本人』も、存在していないのである」。

著者は、こう述べることで、現代日本人の持っている「『なんとなく日本人、いつまでも日本人』という曖昧きわまる自己認識」を厳しく批判する。そして本書においては、この列島上に成立した人類の社会の歩みが、アジアの諸地域との切り離しがたい関係の中で考察される。本書は、通史というかたちをとるが、その中で現代の日本人および日本国の形成過程と、その形成過程そのものによって否応なしに規定された現代日本の諸問題が浮かび上がってくる。このことは、根源的には「社会」と「国家」との矛盾や対立、妥協と抑圧という過程を認識していくことであるが、それはまた歴史的に多様な豊かさを持ったこの列島諸地域の「社会」の存在を確認していくことで、「日本」という呪縛に根底的な疑問を呈することでもある。

本書は、原始時代の列島社会から説きおこし、首長たちの時代、古代小帝国日本国の成立発展矛盾、中世の東国王権（鎌倉幕府）と日本国王室町将軍を経て、近世の地域小国家の分立抗争と再統一（一七世紀前半）までを叙述している。江戸時代前期までで終わっているのは残念と言うほかないが（これ以降、現代に至るまでの時代については「展望」として略述されている）、ここまで読んでみても、この列島社会が単色の「日本」というかたちで括りきれないことは明らかであろう。

しかし、それにもかかわらず、われわれが今なお「日本」というかたちにとらわれ続けているのはなぜか。著者はその理由を、明治国家が教育を通じて社会全体に徹底的に刷りこんでいった、偏りと誤りにみちた「日本国」「日本人」の像にあるとする。
例をあげよう。著者はこう述べる。

いうまでもなく、（略）日本列島はアジア大陸の北と南を結ぶ懸橋であり、こうした列島の社会を「孤立した島国」などと見るのは、その実態を誤認させる、事実に反し、大きな偏りをもった見方であるが、明治国家のつくり出したこの虚像は、最近にいたるまで研究者をふくむ圧倒的に多くの日本人をとらえつづけ、いまもなおかなりの力を持つほどの影響力を及ぼしつづけているのである。

明治政府が戸籍のみによって人民の生業の実態を掌握したわけではなかろうが、この政府の姿勢が農業に偏していたことは確実であり、農業以外の生業をみな農業の兼業・副業としか見ない、現在もなお生きているとらえ方は、（略）明治以後、さらにきわめて深く社会に浸透したことは間違いないといわなくてはならない。こうした政府の姿勢のもとにあって、河川、海、山に依拠した多様な生業が日本人自身の視野から大きく落ちていったことも間違いなかろうが、これもまた、現在にいたるまで、なお研究者をふくむ圧倒的多数の日本人をとらえつづけている歴史認識なのであり、明治政府の陥った「偏向」の影響はまことに甚大であったといえよう。

このように現在のわれわれの「常識」とされている見方が、その実、明治国家によって刷りこまれた「日本」という呪縛であることが指摘される。そしてこのことがわれわれ自身の明確な自己認識を阻止するシステムとなってきたのである。

この視点から著者は、「日本列島とその社会に対する大きく誤った理解があったとすれば、明治政府の果たした役割については、これまでよりもはるかにきびしいマイナスの評価をしなくてはなるまい」とし、「明治以後、敗戦にいたる過程だけではなく、敗戦後の政治・社会の動向についても、前述した『常識』化した誤った思いこみを捨て、『日本』そのものを歴史的な存在と見る視点に立って、徹底した再検討を行うことが、今後の緊急な課題として浮かび上ってくる」と主張する。

以上、本書は保守勢力のみならず、進歩革新勢力をも巻き込んだ圧倒的多数の日本人の「日本」観と「日本人」観に対して、根底的・徹底的な視点の変革を実証し、要求する。それは日本列島の社会が、決して単一でも均質でもないことを確認するとともに、列島外の諸地域との深い関わりを解明把握しようとする（例えば、現在は「日本海」と呼ばれている内海についての適切な呼称の検討も今後の課題の一つとされる）。この意味で本書は、現在行われている「日本」および「日本人」をめぐる論争に大きなインパクトを与える書であるといえよう。

（『アサート』二四五号、一九九八年四月）

庶民の実際から日本の近代をとらえ直す

『庶民列伝――民俗の心をもとめて』野本寛一（二〇〇〇年、白水社）

現代社会の構造を厳密な理論によって分析し解明することの有効性は、現実の社会の動きによって確証される。しかしそれは絶えず現実との「隙間」を持つものであり、隅々にまで理論が到達することはあり得ないということも、われわれの経験の示すところである。この「隙間」に着目した著者は、次のように述べる。

いくら鋭い分析をしても、どんなに論理的な体系を構築しても、その分析や体系の間から血の通った人間を漏らしてしまうことがある。個人の人生や感情の襞《ひだ》を捨象していくのは、学問の宿命なのかもしれない。しかし、その補いをつけないというのは、あまりにも空しいし淋しい。

そこで著者は、自らの研究分野である民俗学で、これを克服することを試みる。その成果が本書である。本書では、個人を基点に「民俗事象」をその人生の中でとらえ、消えゆく仕事や職業に従事する庶民の実際を描くことで、「日本の近代」のある側面に光を当てる。また、もともとが雑誌連載の紀行記事であるため、静岡県という地理的風土的な特徴を浮かびあがらせている。

本書に登場する「庶民」は多岐にわたる。章の題名を書き連ねるだけでも、その仕事、職業の多様さは想像されるであろう。おおむね以下のようである。

第一章「漁る舟影――漁労の人生」(漁師、海女、牡蠣とりなど)、第二章「腕におぼえの幾年月――製造加工業と職人の人生」(砂糖繰り、塩職人、紙漉き、杜氏、舟匠、葺師など)、第三章「日々の旅路――歩き、運んだ人生」(馬力屋、牛商い、湯の国ガイド、強力、臼造りなど)、第四章「山川のあいだ――焼畑・狩猟・川工事」(熊狩り、乳牛飼育など)、第五章「田植ボッコのデロ――たくましき女たち」(湿田農業、カシキ、とりあげ、郵便配達婦、糸ひきなど)。

これ以外に実にさまざまな職業が登場し、またそれらの労働の際に歌われた唄も紹介されている。本書では、その委細、仕事の手順、道具なども図解されていて、大いに参考になる。

そして本書を見渡して、著者は、「職業という語と、その実体の関係」について、ひとりの人間がひとつの職業についているものだという一般化された観念の見直しを発見する。すなわち本書に登場する人びとの「職業の複合性、重層性や、転業の複雑さはまことにはなはだしいものがある」ということ、それゆえ「ほとんどの人が複合的、重層的に仕事をしており、ひとつの職業でおのれを象徴させることはとても無理なありさまである」ことを認識する。そしてその転業には、個々人の仕事への修練のエネルギーとともに、「社会経済構造の変化や生活様式の変貌が強くかかわっている」ことを確認できるのである。過去のものとなり廃業に追い込まれていく職業の場合、特にその感を強くする。

さらには、これらの人びとに大きな影響を与えた、明治二〇～三〇年代の初等教育の実態や戦争による本人および家族のメンバーに対する痛手なども、本書を語る上では不可欠の点であろう。ただこの点は、紙幅の制約もあろうが、もう少し掘り下げてほしかったところである。庶民を組み込んでこそ、日本の近代化は可能となったのであるから、その痕跡は、庶民の生活の隅々にまで及んでいると推測されるからである。この意味で民俗学が重視する庶民の生活史にかかわる側面として、意識（イデオロギー）の問題が取り上げられねばならないであろう。しかしこの点を措くとしても、本書の庶民は、例外なく生活史そのものをあらわしている。

ただし本書の旧版は一九八〇年の出版で、今回刊行されたものはほぼ当時のままであるため、いささか旧聞に属する内容もあることは否定できない。しかし全体として読んでみると、高度成長を経て、日本が「旧い」時代を本格的に忘れ去ろうとしている時期に本書が書かれていたことは、重要である。現在の日本社会が、ほとんど過去の日常生活的伝統から切り離されて、浮き草のように漂いながら、深刻な問題を提出し続けている時、本書は、庶民の生活の中にこそ、脈々と生き続けるものがあったことを示している点で、今日においてこそ価値あるものと言えるであろう。


（『アサート』二七四号、二〇〇〇年九月）

2000

「唱歌」とイデオロギー

『日本唱歌集』堀内敬三・井上武士編（一九五八年、岩波文庫）

われわれのもつ意識が、基本的に社会的意識であり、支配的な社会思想（イデオロギー）によって方向づけられていることは言うまでもない。さらに、支配的な社会思想とは、支配的階級の思想であり、支配体制の維持強化に向けて、教育、文化やマスコミ等あらゆる方法で、絶えずそのイデオロギーが注入されていることについても確認できるところである。すなわちイデオロギーは、あたかも空気のように、われわれの日常生活そのものを取り囲み、われわれはそれを意識せずに受け取って生活している。それゆえわれわれの日常的意識は、自覚を欠いた保守的意識が圧倒的であり、これがまた絶えず再生産されていて、その影響は巨大である。

この悪循環的メカニズムが、われわれの年少期から続けられていて、われわれの慣れ親しんだ世界に浸透していることの恐ろしさを、今一度認識しておく必要があろう。その一例を、ここに取り上げる『日本唱歌集』に見ることができる。本書は、かなり以前の出版でありながら、いまなお版を重ねている（二〇〇〇年一月で第六二刷）。

「唱歌（文部省唱歌）」は、明治政府が近代国家形成にあたって最重視した学制（一八七二年）の一環としてつくられたがゆえに、国家の意向を色濃く反映している。したがって、日本民族や天皇、家父長制道徳賛美の歌、軍歌等が数多く採用されている。それらについては、特に言及せずとも、その意図は明らかであろう。問題は、現在なお口ずさまれている多くの歌に、その本来の意味があるにもかかわらず、意図的に隠されている部分があるような状況が存在することである。

二、三の例をあげよう。「われは海の子」（我は海の子　白浪の／さわぐいそべの松原に、／……〔以下略〕）において、最後の七番には、こう記されている。

七、いで大船を乗出して／我は拾わん海の富。
いで軍艦に乗組みて／我は護らん海の国。

また、「蛍の光」（ほたるのひかり、まどのゆき。／書《ふみ》よむつき日、かさねつつ。／……〔以下略〕）は、通常、二番（とまるもゆくも、かぎりとて、かたみにおもう、ちよろずの、／……〔以下略〕）までしか歌われない。しかし、その三、四番は、次の通りである（ただし、本文はほとんど平仮名であるので、以下の括弧内は筆者の推測でこれに漢字を当てたものである）。

三、つくしのきわみ、みちのおく、／うみやま　とおく、へだつとも、
そのまごころは、へだてなく、／ひとつにつくせ、くにのため。

（筑紫のきわみ、陸奥の奥、／海山　遠く　隔つとも、
その真心は、隔てなく、／ひとつに尽くせ、国の為。）

四、千島のおくも、おきなわも、／やしまのうちの、まもりなり。
いたらんくにに、いさお　しく。／つとめよ　わがせ、つつがなく。
（千島の奥も、沖縄も、／八洲の内の、護りなり。
到らん国に、勲しく。／努めよ我が背、恙無く。）

見てのとおり、この歌は、晴れ着姿の学生ではなくて、日本の生命線を守る兵士を送る歌である。少なくとも、二番まで歌って卒業式の式場を出ていく歌ではないことが理解されるであろう。二番で止めるのと、四番まで歌うのとでは、まったく意味が異なってくる。ところがわれわれは、卒業式で、最終列車を見送るプラットホームで、あるいは閉店間際のパチンコ店で、この曲を聴いて、物悲しい気持ちになる。これがイデオロギー的な操作になっていることは言を待たないであろう。

もうひとつあげよう。「桃太郎」（桃太郎さん桃太郎さん、／お腰につけた黍団子、／一つわたしに下さいな。〔以下略〕）である。四番以下を記載する。

四、そりゃ進めそりゃ進め、
一度に攻めて攻めやぶり、／つぶしてしまえ鬼が島。

五、おもしろいおもしろい、
　のこらず鬼を攻めふせて、／分捕物をえんやらや。

六、万々歳　万々歳、
　お伴の犬や猿雉子《きじ》は、／勇んで車をえんやらや。

元気な歌ではあるが、絶対悪（敵）としての鬼の殲滅とそこからの略奪を是認する思想が端的にあらわれているとは言えないだろうか。意気軒昂たる桃太郎とその家来たち（彼らは、黍団子を代償として恩義を感じ、そのためには身を投げ出して尽くすということが、三番で歌われている）には、殲滅させられる鬼たちに対する感情は微塵もない。

このように、われわれの生活の至るところで、イデオロギーは浸透している。日の丸・君が代問題とともに、その裾野に広がっている些末な事象に含まれている意味をしっかりと捉えて、日常的に抵抗していく姿勢のあり方が、今一度問われているようである。

『日本唱歌集』は、われわれに、懐かしさと愛着を感じさせてくれるとともに、その底に潜む素朴ナショナリズムと、操作された国家の意向を知らせてくれる貴重な一冊であると言えよう。

（『アサート』二七五号、二〇〇〇年一〇月）

1998

近代日本の過剰な社会秩序の形成過程

『現代日本の社会秩序——歴史的起源を求めて』成沢光（一九九七年、岩波書店）

これまで一般に明治以降の日本の社会秩序は、政治的に「創られた伝統」を中心に考察されてきた。例えば天皇制や家族制度が、一見前近代的遺産を引きずるように見えながら、その実、維新以降の新たな身分・階級支配の秩序として構成された過程が明らかにされてきた。（略）／しかし、戦後の高度成長以降、これらの旧制度が着実に衰退したのと裏腹に、ここで言うコスモスは地域・階級・年齢・性の差異を越えて、なおいっそう強固にますます全面的に日本社会に浸透しつつある。それによって「近代化」という名の善の過剰が、人間の制御しきれない悪を生み出す構造が現われてきた。コスモスの外部（不潔で暗く混乱した世界）は、ますます差別・侮蔑・恐怖の対象となっている。

本書は、「近代化」の名の下に形成された日本社会（コスモス）が、著しく速い速度で、かつ「伝統的」社会からの抵抗が弱いままに形成されたことに着目し、これの形成にあたって、軍隊と学校の果たした役割が大きかったこと、「秩序化が目的合理性の範囲を越える傾向があったこと」（過剰秩序）、そして「日本では過剰秩序のための規律化に従うことが倫理的義務となり、さらにそうして実現される秩序は、美的秩序として意識されるか、あるいは無自覚のうちに浸透した」ことを指摘する。そしてこの結果として、この秩序（コスモス）は、「今日まで生き延びて、それとして意識されることもほとんどない程定着している」。著者によれば、この制度に比べれば「いわゆる国民道徳や家族国家観など天皇制イデオロギーは、この『制度』を補強する役割を果たしたに過ぎない」。

かかるコスモスはいかにして形成されたのか。著者はこれを、「時間・空間・身体・人間関係」という軸から考察し（第一部「近代的社会秩序の形成」）、さらにはその起源を、武家社会、近世都市社会および禅宗寺院との関連で探ろうとする（第二部「起源」）。

このうち「時間」の軸からは、明治維新以降の社会秩序の骨組みとして、「時間の秩序」（太陽暦への切り替えによる人工的時間を日常倫理として啓蒙すること）、「時間割による行動規律」（定時に集団での一斉行動の組織——軍隊、官庁、学校など）、「速度にかかわる」時間秩序（成員の任務や行動が「速《すみや》カニ」「遅滞ナク」遂行されること）、さらには「全国統一祝祭日の新設」（「聖別された国家の時間即ち天皇の時間」の創設）等による人工的単一時間の秩序の形成過程が考察される。

また、本書の中心の一つをなす空間秩序に関しては、次のような秩序化がなされたとする。すなわち「整理」「整頓」そして「清潔」という言葉にあらわされているような「空間の人工的秩序化が身体の秩序と連動するものとして新たに認識された」ことが、大きな変化とされる。しかもこの場合、「自然の秩序が身体の秩序をも貫くのではない。人為的に構成された空間の中においてのみ、身体の秩序は維持されるという論理が誕生」したことが重要なのである。このことから明治以降、「汚穢、悪臭等『混沌』『混乱』の要素をできる限り中心から排除することが、空間の政治学となり美学となる」。端的に言えば、「見た目にキレイで、水のヨゴレ、空気のヨゴレを衛生的に処理した世俗空間を拡大することが、近代的秩序の論理となる」。このため中心から排除されたヨゴレは、周辺に移動することになったが、これを外部に隔離し管理することで内部・中心への侵入を防ぐことが国家の政策とされた。かくしてハンセン病患者や精神病者の隔離が進められていく。

このような空間秩序は、さらに「開放性と閉鎖性の二重構造」(開放され広がった世界の中での島的存在——軍隊の内務班、寄宿制学校、監獄等の拡大——)をその特徴とし、「明るい空間」(これは「清潔」の色である白に通じる)、「空間の人工化」(すき間、路地、空地、野原等の縮小)を招くこととなった。

次に身体の秩序が問題になる。これは、「身体の規律化」(軍全体を機械として動かすための個々の身体の部品化と、健康への強制をその内容とする)としてあらわれる。そしてこの際には、「力によって精神を覚醒させ、純化強化できるとする観念の働きも見てとれる」——これが体罰につながることは明らかであろう——とされる。

人間関係の秩序では、上下関係の秩序における「下位者の全人格的『服従』が常に強調され」、「命令内容の不言実行も『服従』の基本とされた」こと、および「何らかの自発性を喚起するために、内面倫理が強調された」ことが指摘される。

かくして著者は、近代日本の社会秩序について、「時間・空間と身体の中に刻みこまれた規律こそ秩序を支えていた」、そして秩序に従うことが生理的快感、美意識のレベルでの満足をもたらしたことから、「〈秩序への衝動〉〈秩序へ向かう美的感性〉こそ体制の堅い地盤となっていった」と指摘する。この結果として、美的なものが倫理よりも高く評価され（＝礼儀とその形式が道徳よりも上にくる）、「秩序の過剰性が現出せざるを得ない」とされる。これは、「異物、ヨゴレ、臭い、暗がり、ゆっくりしたもの、不揃いなもの、総じて秩序自身の副産物（あるいは排除したもの）に対する不寛容の度が、ほとんど無意識のうちに昂進する」と同義である。そしてわれわれは、この延長上に現代をとらえることができるであろう。

以上、本書の第一部を中心に紹介したが、このコスモスは、今なお現代を取り巻いている過剰な秩序感覚そのものである（形・色の揃った洗浄野菜の販売、学校での一糸乱れぬ集団行動の強制等々）。著者は、その起源をさらに探究するが、ただしこちらの記述はかなり読みづらい。しかし本書は、小著ながら、日本社会論で見落とされがちであったポイントを衝く書である。

（『アサート』二四二号、一九九八年一月）

1997

内発的発展論をめぐる二冊の書物

『内発的発展論の展開』鶴見和子(一九九六年、筑摩書房)
『内発的発展論と日本の農山村』保母武彦(一九九六年、岩波書店)

環境・エコロジーの問題、異文化多元的世界の問題等、地球的規模の諸問題が出現している現在、従来までの近代化論(欧米単線型社会発展論)によっては解決の展望が見出せないとする論調が次第に大きな比重を占めるようになってきている。たしかに欧米近代社会を基準にしてすべての地域の社会の発展程度を測るなどということは、もはや無理な状況であるといえよう。また、これに代わるものとして、「世界システム論」なども出現しているが、これとても従来の国家間の関係を超えた世界を対象としているという点で、欧米近代化論の延長上にあるものとみなされている。

そこで、これまでの観点の枠そのものを打ち破り、人間と自然、人間と人間との関係をもっと密接なかたちで示している「地域」を中心に社会の発展を見ていこうとする観点が出現した。これが「内発的発展論」である。この理論は、あくまでも国家の部分としての「地域」を前提とする「地域主義」とは異なった様相を見せる。

ここでは、この「内発的発展論」に関する二冊を紹介する。

まず前者、鶴見和子の『内発的発展論の展開』は、内発的発展ということを正面に据えた本格的な理論的実証的な書物といえよう。鶴見は、「内発的発展」という表現に、先進国＝内発的発展、途上国＝外発的発展という図式に対する批判の意味があることを指摘した上で、内発的発展を次のように特徴づける。

内発的発展とは、目標において人類共通であり、目標達成への経路と創出すべき社会のモデルについては、多様性に富む社会変化の過程である。

そこへ至る道すじと、そのような目標を実現するであろう社会のすがたと、人々の生活のスタイルとは、それぞれの社会および地域の人々および集団によって、固有の自然環境に適合し、文化遺産にもとづき、歴史的条件にしたがって、外来の知識・技術・制度などを照合しつつ、自律的に創出される。

このような視点から鶴見は、内発的発展論の先駆者として、民俗学者・柳田国男と中国の社会学者・費孝通《ひこうつう》を評価する。柳田は、「自然と人間との関係を、自然のままに従うという面と、人間が自然を制御するという面との両面から捕えている」とされ、費孝通の「小城鎮」（地方小都市にあたる）に関する地域的調査は、内発的発展の対象とされる諸「地域（同じ生態系を共有する村と町との連続体）」を調査することで、「異なる地域の異なる社会変動のモデル」（「模式」とよばれる）を導き出し、地域内の連携と協力の関係を創り出すことをめざした、とされる（第Ⅰ部「原型理論」）。

また著者自らの携わった調査として、水俣病多発集落における水俣病患者・健康者の聞き取りで得た結果から、水俣における内発的発展のかたちを確認する（第Ⅱ部「事例研究」）。

そこでは、水俣病に対する認識として、「水俣病の発生は、部落内の人間関係を、『奇病』という差別のレッテルによって分断したが、裁判闘争はそのような差別に抗して、団結を高揚させた。しかし、その団結の成果として補償金をかちえたとき、人間関係は崩壊しはじめた。水俣病によってではなく、お金によって、人間関係が崩されたことは一つの逆説である」とする指摘がなされる。

そしてその危機をのりこえて、人々が「自分たちを滅亡の瀬戸際まで追いつめた、いわゆる『近代化』とは異なる生活の形と、人間関係とを創出しようとして、さまざまな小さい集団を形成しつつある」という事実を踏まえて、「中央集権型近代化に対して、その弊害を身にうけた小さい民が、小さい民の立場から、地域の水と土と歴史とに根ざして、こころみはじめた、内発的発展への萌芽」を見る。

この過程は、鶴見によれば、「自らの身体を、自分たちの住む地域の自然の一部と見なし、内なる自然と外なる自然との対話と共生をとおして、自立した判断と行動の主体を形成するという姿勢」に裏打ちされている。そしてそこには、「近代の負の側面を修復するために、前近代の正の側面を賦活しようという、世界的な動向に、つらなるもの」があるとされる。

ここから鶴見はさらに飛躍して、次のような仮説が成立するのではないかと述べる（第Ⅲ部「アニミズム・エコロジー」）。

それは、現在の地球的規模での生態系の危機に直面して、暴力のより少ない科学および技術を形成するために、アニミズムがその動機づけの体系として役立つのではないか、ということである。

すなわち近代文明の合理主義の行き詰まりの打開策を、近代合理主義の思考方法の根底にあるとされる「生命の原初形態」「生命の根源」にさかのぼることにより克服しようとする。そして、その例を南方熊楠の「南方曼陀羅」論に代表されるエコロジー思想に見出す。

ここに見られるように、鶴見の内発的発展論は、近代化論に対する批判にはじまるが、これをのりこえる展望としてアニミズムに代表される前近代的な方向へと進んでいく。だが、さまざまな多様な個々の取り組みは、それぞれ現代社会に対して意義をもったものであるとはいえ、それらがかかる前近代的非合理的方向へとつながっていくものであろうか。むしろ鶴見が述べているように、「多様な実例と多様な理論とを、どのように共通の目標にむかって、つなぎあわせてゆけるかが、内発的発展論のもっともむずかしい挑戦的課題であろう」というのが正直なところではないであろうか。

次に後者、保母武彦『内発的発展論と日本の農山村』は、この内発的発展論の日本の農山村における実例をもとに、より具体的なかたちで論述する。本書は、農山村の現地調査と戦後日本の農山村政策の検討を踏まえて、説得的・政策的な提言を出している。鶴見の著作が内発的発展論の本格派とすれば、本書はその社会派というべきものであろう。それだけに内容にはわれわれ自身の足元の現実の重みがある。

保母の問題意識は次の文に集約される。

今後の農山村は「生産」と「環境」をキーワードにしていくことが必要である。地域づくりの目標は、「維持可能な発展」と「生活の質」におかれる必要がある。地域振興の方法としては、複合経済の確立、農村の自律型振興、都市及び農村の共同事業の実施が大切なテーマとなる。決定的なのは住民の参加と自治である。

このような視点から、農山村の現代的状況、特に過疎の問題を通して、日本の農山村のもつ本質（農林業・農山村がもつ公益的機能の評価）が指摘される。

日本の農山村の衰微は、農山村居住者だけの問題ではなく、食糧、水源や余暇活動の場を農山村に求める都市住民の問題であり、また国内の木材や食糧生産をおろそかにして輸入に依存するという点では、地球環境の問題でもある。

それゆえ、「国家政策としては、何よりもまず、農林業・農山村が持つ社会的価値の評価において、食糧生産機能に加えて、地球環境、国土政策（治水、流域管理等）及び都市住民（健康、余暇等）

にとって国内の農山村の維持存続が欠かせないことの認識をはっきりさせる必要がある。そして、農家の維持存続や農村集落の維持存続を経済的に支える制度的、財政的制度の検討が急がれる」。

すなわち農業は、「商工業とちがった別の論理」で動いていることの認識が必要であり、国際化のもとでの「市場論理」、「経済効率」論で割り切ることは、日本の国内農業の否定にしかつながらない。したがって、ここに、農山村の地域（特に中山間地域）における再生が問われることになる。そしてそれは外部資本の導入による活性化（外発的発展――これはしばしば地域に経済的その他の利益をもたらさないばかりか、害を与えることもある――）ではなくて、内発的発展論に基づく政策としてなされる必要がある。

それは、農山村のもつ資源・環境・景観を含めた地域社会への総合的視野をベースに、「有効な人口施策」「就業対策」「生活対策」（「農村的生活様式の今日における再生」）が目標となる。そして「地域の独自性」「地域の個性」が、農山村の「自律性」としてあらわれてくるような政策が必要とされるのである。

ここには前出の鶴見の内発的発展論と通じるものがあるが、保母はこれを具体的な政策として検討する。例えば、生産条件の不良な中山間地域に対して、ヨーロッパにおける「ハンディキャップ地域政策」のような環境保全の具体策を提言する。あるいは経済効率至上の理論からの農山村補助金の解放を主張する（＊1）。

このようにして、保母は、経済効率一辺倒で突っ走ってきた日本社会に地域の「自律」概念によって切り込み、「維持可能な発展」の実現、「生活の質」の要素の重要性を強調する。

以上の二冊は、内発的発展論をそれぞれの視点でとらえて現代社会を批判し、新たな改革への足掛りとしようとするものである。この理論そのものがまだまだそれほど知られていない時期にこれらのもつ意義は大きいといえよう。

註

（1）なお、保母は鶴見の内発的発展論に対して、「そこでは政策論が消えている」と指摘する。そして「内発的発展が『権力』奪取を目的とするものでないことや社会運動を必要とすることはそれなりに肯首されるとしても、だからといって、政治権力の一つである地方自治まで拒絶する論理によって、どのような展望を持ち得るというのであろうか」と厳しく批判する。

（『アサート』二三二号、一九九七年三月）

2001

短篇小説集のかたちをとった時代批判の書

『二十一世紀前夜祭』大西巨人（二〇〇〇年、光文社）

マルクス主義のあり方が激変し、その進むべき道筋を見出すのがきわめて困難な現在、これをなお堅持して、凜とした視点から現代日本を凝視する作家の短篇小説集である。著者の特徴は、私見によれば、マルクス主義の思想と「市民倫理ないし民族道義の問題」が不可分に結合した、妥協を許さぬ生命観・世界観にある。すなわち社会変革を目指すマルクス主義思想は、「個々の私的人間の関係を支配するべき道義および公正の単純な諸法則」（マルクス）と両立しなければならず、革命の大義といえども、その内実をここに持つ以外にはあり得ないのである。

本書では、その姿勢が、著者の二十代前半期作短歌から堅持されてきたことが語られる。それは、ある山中での旧石器時代・穴居《けっきょ》生活の遺跡見学時の作である（所収「悲しきいのち――あるいは二十一世紀前夜祭」）。

ここに生きし穴居の民もわれわれも悲しきいのちはおなじことなり

そしてこの歌とともに、「若くして亡くなった（虐殺せられた）質実な革命家・小説家P」の生き方が重ねられ、対比される。Pについては、「一九七〇年代に歿《ぼっ》した優秀な詩人・小説家・批評家・革命家Q」からの「教訓的・感興的な話」として伝えられるが、そのPの特徴は次のようである。

つまり、PおよびQを含む秘密相談会で、地下運動・反権力活動の行動計画があった場合、行動計画（の細部）にいたるまで、Pの態度は、はなはだ慎重すぎるほどのものであり、検討・駄目押しは桁外れである。しかし、時としてPの不納得のまま、秘密相談会が計画実行を決定することがある。その時、「Pは、『僕の意見（不納得）は、依然として変わらないけれども、決定には服します。』と言う。……／……さて、実行段階が来て、最も忠実に、最も果敢に、最も積極的に、最も徹底的に、計画の遂行を追求するのは、Pである。Pは、そういう人間であった」。このようなPが、反権力的非合法運動のため逮捕虐殺されたのである。

右記の短歌とPの生き方との関わりについて、著者はこう述べる。

二十代前半期作短歌「ここに生きし」一首の生命観・世界観を、男は、少年後期の「マルクス主義者」という自己規定をとともに、高年期の今日も堅持した。（略）／男は、〝「ここに生きし」一首の生命観・世界観の堅持があったからこそ、また「マルクス主義者」という自己規定の堅持もあり得た〟と確信し、いよいよ深い愛着を往年の腰折れに覚えている。

「穴居の民」と比較される「われわれ」とは、まさしく現代に生きる「われわれ」であり、それは、皮相的にはペシミズム的に見えようが、その本質では、現実を踏まえた市民倫理・道義を貫く存在でなければならない。このマルクス主義者であるがゆえにこそ、頑固に筋道を通す姿勢が著者の原点と言えよう。

そして、この視点からの社会批判・知識人批判は、例えば次のような点に特徴的にあらわれている。それは、第二次大戦直後の九州において、著者がある総合雑誌の編集者をしていた時の体験を題材にした短篇である（所収「昨日は今日の物語り」）。

主人公である編集者は仕事柄、多くの作家たちに「原稿依頼状（返信用はがき付き・世間並みの稿料明記）」を発送していた。この中で主人公は、諾否いずれかの「返事を呉れる人と返事を呉れぬ人との区別には、皮相な見方（世間通念的な予想）を裏切る生々しい何物かが、たしかに存在した」と確信する。そしてこの雑誌の発行が、「首都においてではなく、西海の一地方都市において行なわれた、という事実は、この際とりわけ意味深長な与件であり得たようである」と見る。

すなわちその結果は、「『老大家』村正黒鳥からは、その都度、（略）無愛想な、だが明快な返事が来た。（略）『文学の神様』大津順吉の返事態度も、澄明にして立派であった。俗称『デカダン派』とか『無頼派』とかの津島修、逆口鮟鱇、小田策之介などが、諾否どちらの場合にも、実に気持ちのよい親切さをもって、市民倫理を実践した」というように、「各様の意味において、さしあたり、〝返事を呉れそうにない・呉れなくても不思議ではない〟部類の人たち」は、市民倫理を守ることが多かったのである。ところがこれに反して、「いわゆる『進歩的・民主的』な人たち、また『人生派』とか『庶民的』とか呼ばれてきた文筆家たち（たとえば（略）森不味子だの（略）鍋井萎《しぼみ》だの）」、すなわち「まずは〝返事を必ず呉れそうな・呉れなかったら不思議である〟部類の人たち」の多くは、この市民倫理（前掲の「個々の私的人間の関係を支配するべき道義および公正の単純な諸法則」）を守ろうとはしなかったのである。

前者にあげられている人たちが、それぞれ正宗白鳥、志賀直哉、また太宰治、坂口安吾、織田作之助であり、後者にあげられているのが、林芙美子、壺井栄であるらしいことは、容易に推察される。『進歩的・民主的』を標榜する小説家、批評家、学者の類は、何よりもまず生活現実のかかる卑近な目前の倫理において、『進歩的・民主的』でなければなるまいに」という著者の指摘は、一九四〇年代末の時代から約五〇年経た今日においても、なお有効である。この視点の確認が有効とされる左翼「知識人」の姿勢（それは、現代においては、セクシュアル・ハラスメントや喫煙についての意識・無意識とつながるものである）こそが、これからもなお問題とされねばならないであろう。

そして、本書におけるさらに重要な問題は、「『戦後声高に』の問題」であろう（所収「現代百鬼夜行の図」）。

これは、戦後民主主義を語る上で見落とすことのできぬ視点を提出する。すなわち、戦後において、そして現在でも、「声高に」ということの意味は、「声高らかに」「尊ぶべきなにか」といった肯定的内容ではなく、「居丈高に」「嵩《かさ》にかかって」「先入主によって歪められた解釈」などの否定的内容を意味するとされるのである。

この視点から著者は、「『敗戦直後』には、反戦的または反軍国主義的（略）または反天皇主義的または民主主義的または左翼的な言論が、『いまだからこそ言う（ことができる）』的に堰を切りました。その中には、語の否定的意義において『声高に』と呼称せられるべき言論も、いろいろ含まれてはいたにちがいありません」とする。そして続けて、「その裏返しのように、近年・現今〔一九八〇年代末葉～一九九〇年代今日〕には（略）『大東亜戦争』肯定的または国家主義的（略）または天皇制護持的または右翼的または反民主主義的な言論が、『いまだからこそ言う（ことができる）』的に振り回されました。のみならず、そのおおよそすべてが、語の否定的な意義において『声高に』行なわれたのです」と指摘する。

しかし、これらの「声高に」の内容は、前者と後者では、決定的に質が異なるのであって、前者＝「敗戦直後」の言論は、「たしかに『いまだからこそ言う（ことができる）』的な内容であって、もしもそれを人が戦前戦中・十五年戦争中に表明したならば、その人の前途には必ずや牢獄か死かその類かが、待ち構えていたはず」のものである。しかし後者＝「近年・現今」の言論は、決してそのようなものではなく、「それを人は、（略）なんら牢獄か死かその類かの危険なく、それどころか往々にして『虎』の隠然たる庇護を蒙りつつ、公表して」きたのである。そしてこちらは、「『いまだからこそ言う（ことができる）的な風情を『いじらしげ』に装って、特に初手はおのおのおしなべて内容上お涙頂戴式に、そして今度は『虎の威を借りて』ならぬ『反米』の香辛料付きで、打って出」たとされ、最近の「自由主義史観」はその「好個の事例」であり、「なかんずく年少世代・後続世代にたいしして、〝歴史の偽造〟」にほかならぬと厳しく批判する。

さらにここから著者は、加藤典洋の『敗戦後論』（一九九七年、講談社〔二〇一五年、ちくま学芸文庫』)を、「〈近年・現今の『いまだから』的な言論〉および『その類の知ったかぶりの受け売り』のアップ・ツー・デート版」として解明・批判する。加藤にある「いまだから」的な言論は、本書に詳細に論述されているが、これに対する加藤の反論への再批判も、「付録エッセイ」に「あるレトリック」と題して収録されている。

以上のように本書は、短篇小説集というかたちをとった時代批判の書であり、著者の姿勢の明確な宣言である。それは、社会変革・革命の大義等々という言葉に比較して、ともすれば軽視される傾向に置かれる市民倫理の、根底的で不可欠の重要性をしっかりと認識していくことをわれわれに迫ってくる書である。『大西巨人文選』全四冊(一九九六年、みすず書房)とともに読まれるよう推す次第である。

(『アサート』二七八号、二〇〇一年一月)

2001

明治以来の「国民」と「知識人」の来し方

『転向再論』鶴見俊輔・鈴木正・いいだもも（二〇〇一年、平凡社）

本書は、先日（二〇〇一年九月一日）亡くなった石堂清倫の視点に啓発されて、著者の三名が、それぞれに転向問題（非転向問題）を再考察したものである。

転向問題については、日本の革命運動では、ともすれば「裏切り」の意識から後ろめたいものとして語られることが多く、個人の倫理の問題として片付けられがちであった。しかしこれに対して鶴見俊輔は、思想の科学研究会編『共同研究　転向』（一九五九―六二年）において、「転向はつねに、実行可能な非転向との対比において記述される必要がある」との視点を提出して、転向＝悪、非転向＝善論の単純化を批判した。

またその後、吉本隆明は、転向を「日本の近代社会の構造を、総体のヴィジョンとしてつかまえそこなったために、インテリゲンチャの間におこった思想変換」としてとらえ、佐野・鍋山型の屈服も、蔵原・宮本型の非転向も、同時代の状況との接触を失うということでともに不毛な思想であるとした。そして中野重治の「村の家」（一九三五年）に、日本の封建的優性との対決に立ちあがっていく革命家の姿勢を見た。

本書の鈴木論文「転向異説」では、中野の転向問題を取り上げた石堂が、その探究の過程で、当時の日本共産党の転向概念の誤りとその基礎として存在したコミンテルンの時代認識と指導理論が間違っていたことを自覚した点が強調される。

鈴木によれば、石堂自身の反省では、「一九三〇年から陸軍が全国各地で組織的にくりひろげた農民に対する悪質なデマゴギーとその宣伝効果を見過ごしたこと」が最も悔やまれたとされる。


この動きを軽視したのはなぜか。石堂さんの反省は、最も強い反戦勢力であった日共が創立以来、コミンテルンのほうばかりに顔を向け、ソ連防衛の任務に忠実のあまり、日本の現実を自分の目でみて、その経験から反戦のための、より緩やかな連帯行動を可能にするような共同の知恵を探ろうとしなかったからである。


すなわち、一九三〇年頃の帝国主義戦争反対の運動は、〈大衆の中へ〉と〈共同戦線〉に背を向けた極左的攻撃理論と自殺戦術であり、この中で何らかの迂回もしくは緊急避難の戦術は採用されなかったのである。

そして、鈴木はこれに対して、「抗日中国」における偽装転向による獄中からの同志の放免という中国共産党の政策を紹介し、「もし同様のことが日本の反戦と革命をめざした運動において時機を失することなく、提起され実行されていたら、石堂さんの尊敬する中野重治が、文学の場で果たそうとしていた『革命運動の伝統の革命的批判』を政治の場で遂行できたであろうに。そして転向と偽装転向の問題はもっと生産的になり、戦後の『転向』論の趣きは変わったのではなかろうか」と述べる。この問題意識から鈴木は、「事例研究」として、古在由重、戸坂潤、吉野源三郎、中井正一の四人を取りあげてそのそれぞれの転向の本質を探ろうとする。

また、鶴見俊輔の論文「国民というかたまりに埋めこまれて」も、石堂を評価して次のように述べる。

石堂の記述は、転向からほとんど七十年のあいだの、当人による絶えざる照合の積み重ねである。その過程で、日本共産党の転向の裁定のかたくなさと勇み足への批判、そのもとになったソヴィエト・ロシア共産党の同時代観の根拠のなさへの論証が行われる。さらに、敗戦後の満州でおこった転向・偽転向・再転向、それらについての根拠のない流言と、流言による粛清についての記述があり、そこには敗戦後から現在にいたる知識人の右往左往への予知がこもっている。

この視点から、「国家の圧力に屈した、個人の決断」を「その一回かぎりの形を見つけるごとに記述する」という転向研究のもつ有効性を、「その特定状況をこえて、ちがう状況の中で、その転向がもち得る意味を考えさせる。日付の特定がかえって、別の日付のちがう状況の中で、その転向の形がどのようにくりかえされるか、受けつがれるかを考える可能性をひらく」点にあるとする。

そして石堂が認識し、鈴木が指摘した点にこそ、現在の「戦後のすでに五十五年におよぶ、国家の強制を感じさせない形ですすむ転向を見すえる」枠組みを可能にするものがあるのではないかとする。転向を近代国家としての日本の進歩に並行する事実としてとらえることで、「日本文化の強さにつきまとう弱さ」を認識し、「非転向への不毛な固執を避け、しかしまともな人間として現代に生きてゆこうという考え方」があらわれることを鶴見は提唱する。

以上の二論文の問いかけに対して、本書の約七割の分量を占める、いいだもの論文「八・一五相転移における『転向』の両義性」は、その博識の割には、冗長で内容が乏しい。ここでは、いいだの主張で注目に値すると思われる二点をあげるにとどめよう。

その一。いいだが、伊藤晃の『転向と天皇制』（一九九五年、勁草書房）から次の文章を引用して、これを重要な提起としていることである。

> 「満州事変」で共産党が戦わずして敗れたことこそ、二年後に起きた大量転向の潜在的な一理由だった、と考えなければならない。「満州事変」は無産運動全体に予防反革命として働いた。「指導者の転向の足下には国民大衆の転向があったのである」（本多秋五『転向文学論』一九五七年）。（略）社会的対立のエネルギーが戦争のエネルギーとして吸収されていった、「満州事変」に至る歴史過程は、大衆のあいだで支配階級と共産主義運動とが思想的に競合するべき期間ではなかったか。その実戦で共産党は敗れたのではないか。

これはまさしく石堂と軌を一にする問題のとらえ方であろう。

その二。「天皇制打倒」のスローガンをかかげた日本共産党の運動は、「スターリン専制指導部の圧倒的影響下に置かれつづけたまま、佐野・鍋山『転向声明』以来のコミンテルン批判・天皇帰一奉公・中国戦争参加の『集団的イデオロギー過程』の流行的氾濫は見られたものの、共産主義的異端派としてのトロツキズム運動の〝洗礼〟はよくもあしくもほとんど全く見られなかった」ことの指摘である。いいだは、ここに「コミンテルン日本支部として出発した日本共産党の理論と運動の『輸入』体質・『事大主義』根性もふくめて、そのようにも根深いスターリン主義的体質」を見、現状においてもスターリン主義批判は依然として皆無であるとする。この点については、日本共産党のみならず、他の緒潮流においてもなお批判的検討が必要なところであろう。

以上、本書についてその主なところを紹介してきたが、転向をどのように位置づけ、そこからどのような経験知を得るかは、現在のわれわれに課せられた思想的政治的課題であり、このための有効な視点が本書にはある。

そして次の鶴見の言葉は、われわれ自身が考えるひとつの手がかりを与えるであろう。

転向前と転向後の思想のつながりを自分で確認することを、最初の関門としておく、そしてこの関門を一度通ったらそれで終わったと見なさないようでありたい。

（『アサート』二八七号、二〇〇一年一〇月）

2013

現実に根を張った思想を

『倚りかからぬ思想』鈴木正（二〇一二年、同時代社）

いまではソ連の崩壊、中国の市場経済への一辺倒（ベトナムもキューバも、そちらを向いている）以後、資本主義は修正型であろうが、ルールのあるタイプであろうが、市民社会状況が問題視されるようになってきた。市民社会を成立させ成熟させる世界史の傾向は必然性と言っていいほどの力で各国の都市とその周辺から範囲を拡大している。誤解を恐れずにいえば、人類は「市民社会」以上の公平を目指すルールと規範を持った社会を未だ経験していないのではないか。大衆文化と娯楽が幅を利かす大衆社会（例えば吉本興業の「お笑い」と「おふざけ」やビート・たけし軍団がTVで我がもの顔にふるまっているような市民社会の堕落形態）も含めて民衆が潜在力をもって動向を左右する社会だから、そういえるのである。（「グラムシ読みの素朴な問いかけ」、第一章「思想としての多元主義」）

著者の専門分野は日本思想史であり、一貫して現代社会に対して民主主義と憲法九条の堅持を主張し続けている。本書は著者最後のエッセー集とされるが、その視点は右の市民社会への大胆な理解に見られるように、「あれか、これか」的な一刀両断の論理ではなく、思想を筋の通ったものとすると同時に状況に応じて機能する柔軟なものとして、いわばワンクッションおいてとらえるところにある。例えば哲学については、次のようにである。

マルクスの新しい真の唯物論について祖述し、紹介することは有益だろう。それを念頭に思想史的叙述の尺度に出来るからだ。ただ私の言いたいことは市民社会の立場に立つ古い「市民社会の唯物論」でも、もっと極端なことをいえば素朴実在論でも、歴史的現実のなかに生起する宗教的幻影や天国的虚妄を批判する唯物論はすぐれた哲学的機能を果す有効性を持っているということだ。「新しい唯物論の立脚点は〔市民社会ではなく〕人間的社会、あるいは社会的人類である」といってみたところで、現実に対する鋭い理論的直感さえ働いていなかったら抽象的思弁にすぎない。(同)

また、「安重根の『東洋平和論』をよむ」(第二章「眼前の〈歴史〉を直視せよ」)ではこう述べる。

それがほんとうに判るには、思想のとらえ方、活かし方について公式どおりでない判断(実践的には決断)を学ばねばならない。『東洋平和論』を読んで、私はこの痛烈なイロニーが判った。進んだ思想、さらに革命思想でもスターリン型の権力者の手にかかると支配の道具に転化し、おくれた思想も安のような抵抗者の手にかかると支配者を倒す論理につくりかえられるのである。

これについて少し説明を加えよう。安重根は伊藤博文の暗殺者として知られているが、彼は独立運動の不屈さを象徴する人物であり、その著『東洋平和論』というタイトルそのものが、実は「明治天皇が発した日露戦争の宣戦布告にある『東洋平和を維持し、大韓独立を強固にする』という文言に由来しているのではないか」と著者は直感する。つまり安は、西洋の勢力に対して東洋が一致団結して防御するというアジア主義の立場から、日本の勝利を歓迎した。ところが、今度はその日本が「白人の先兵」になって韓国に無理な条約を迫り、蛮行を行おうとしている。そこで安は、日本が戦争を正当化するために用いた「東洋平和」を逆手にとって、日本に敵対する「東洋平和のための義戦」を宣言する。著者は「この決然たる反転こそ『東洋平和論』の神髄である」と喝破する。

余談になるが、未完に終わった小田実の最後の長編小説『河』では、朝鮮人の独立運動家の父と日本人の母との間に生まれた主人公、重夫に対して、父がその名前の由来を話すくだりがある。そこでは安重根の名前から「重」を一字とって重夫と名づけたと説明されるが、ここにも運動を継承する一側面を見て取ることができよう。

さて著者は、このような現実に根を張った思想、「現実を映す唯物論的自覚」の視点を貫く。それゆえ本書で触れられる人物は、政治的立場の左右を問わず現実的でかつ柔軟である。二、三例をあげよう。

戦争（戦勝でなく敗戦）の現実から非戦・非核を貫くべきだと主張する佐藤信二（元首相・佐藤栄作の二男で運輸相・通産相を歴任、郵政民営化に反対して政界を引退）は岸信介の邸で東京大空襲にあい、大阪に移ってからも二度空襲を体験したことをふりかえって、こう語っている。／「無差別爆撃は……戦時国際法で禁止されている市民の大量虐殺。ヒロシマ・ナガサキ、南京も同様です。これを二度と繰り返さないのが、私の戦後の出発点。日本は非戦と非核三原則を貫くべきなのです」と。さらに政治の昨今の動きについても「声高に『憲法改正』を叫ぶ前に政治がやるべきことはもっと別にある」といい「村山内閣でやっと『侵略と植民地支配』を認めたのに、その後、またあいまいになりつつある。戦争の総括はまだ終わっていません。もちろん、国民世論は憲法改正など要求していない」と（後略）。（「作品としての思想史」、第一章）

これについて著者は、「ヒロシマ・ナガサキという被害と並んで南京大虐殺という加虐が入っている点を見忘れてはならない。われわれは一九六〇年の安保闘争とその後の岸首相や佐藤首相の保守本流との係累からくる偏見と予断でもって彼の真摯な発言を見落としてはならない」として、「学校の試験問題」でない日本の現段階の課題に、誰が「しか有ること」に乗っているか、抗しているか、誰が「真理につく『しか有るべきこと』への展望をもっているか」を見きわめるべきだと説く。また、自民党の野中広務元幹事長の「保守」の捉え方に関しても、こう記している。

彼を囲むシンポで基調講演をしたあとの討論で、「保守が守るべきものは、平和であり、国民の中流階級化することでしょう」と語っている点に共鳴する。九九条の趣旨からいえば政権与党がまずもって日本国憲法を保守しなければならない。何を保守するかという中味の問題である。（略）野中が「今の自衛隊もどんどん海外に出るべき、教科書に不都合な過去は書くなという人を保守と呼びたくない」というのは庶民の常識に合った、まともな判断だと思う。（略）敗戦の原点に立てば、〝平和を保守する〟のが大前提である。（略）／さらに「アジアの傷跡の修復と信頼関係の構築こそ、真の保守の課題だろう」という野中のことばは重い。（「憲法遵守義務をめぐって」、第二章）

この正道に通じる視点は、天安門事件と「零八憲章」により獄中に囚われたままでノーベル平和賞を受賞した中国の活動家、劉暁波の思想的姿勢への評価ともなる。裁判での彼の弁論を読んで、著者はこれを高く評価する。

私が弁論を読んで最も感動したのは、タイトルとなっている「私には敵はいない」という囚われの身で歴史のゆくえを信じてたたかう知識と行動が一つになった思想の生き方である。（「『文字の獄』への抵抗」、第二章）

もう一つ、中国の経済成長ぐらいしか期待できない政権が経済の自由化は進めても政治と言論・思想の自由を欠く現状に対してさえも「改革開放は国家の発展と社会の変化をもたらした」こと、さかのぼって階級闘争絶対化の方針を放棄した過程も敵対意識を弱めたことを認め、現政権が「和諧社会を創造する」と提議した点も進歩だと評価している。このように弾圧者の政策に対しても公平な目を失っていない態度は余裕の気品というべきだろう。／囚われびととして裁判をうける劉には待つ姿勢、すぐれた意味での待機主義の勇気がある。それを支えるのは歴史の変化に対する期待と不屈の信念だ。決して消極的な性格ではない。「私は自分の選択に悔いはなく、楽観的に明日を待っている」という劉が待望しているのはイデオロギー的強制で汚れた「人民中国」でなく「自由中国」である。(同)

本書には、右記以外にも狩野亨吉、丸山眞男の思想に関わるエッセーや中井正一、ラブリオーラ等への書評も収められているが、著者は、具体的な情勢を踏まえて柔軟に運動を進める視点を堅持することが、将来の変革へとつながっていることを強調する。そしてこの視点は、かつて石堂清倫が紹介し、著者も引用した、中国革命における「反共啓事」に対する方針を思い起こさせる。

「反共啓事」とは、盧溝橋事件の前年、当時蔣介石政府によって監獄に収容されていた中国共産党員に対する懐柔方策である。すなわち蔣介石政府は、一方では苛烈な弾圧を行うと同時に、共産党員が政治活動を放棄するならば放免してもよいという制度を作り、自発的に「反共啓事」に登録、署名捺印する方式が定められた。劉少奇はこれを利用して囚われていた党員を取り戻し、活動に復帰させる方針をとったが、これまで非転向で耐えてきた党員たちは容易に応じようとはしなかった。

この間の事情について、石堂は次のように説明する。

そこで劉は張聞天総書記の正式の承認をとりつけ、北方局の柯慶施組織部長をつうじて、次のような手紙を獄中の同志にとどけた。／「新しい政治情勢と任務の必要にもとづき、また諸君が長期の闘争の試練をうけていることを考慮し、党は、諸君ができるだけはやく党活動ができるようにするため、諸君が、敵の規定する出獄手続を実行してよろしいだけでなく実行しなければならないと認める。このようにすることは、党の最大の利益に合致する。諸君がこれまで敵の『反共啓事』に捺印しないことを堅持したのはまったく正しかった。しかし、諸君の当時の闘争は、なお小さなサークル、小さな範囲内での闘争であり、今や諸君がもっと広い範囲で闘争することが要求される。……（後略）」／ここで一九三六年八月から三七年二月までに九回にわたり六十一名が出獄してきた〔この中に日本でもよく知られた薄一波や楊献珍などがいた――引用者〕。（「『転向』再論」、石堂清倫『二〇世紀の意味』二〇〇一年、平凡社）

そしてこれを引用した著者は、次のように述べて賛意を表明する。

引用された『劉少奇在白区』（中共党史出版社、一九九二年）を読んでいて、節義の問題に注視したい。「有節とは行動を適当な程度で行うこと、すなわち行動における節度を重視する」点に感動をおぼえる。そこには正義と有効性とが個人の道徳（私徳）の位相でなく、抵抗する集団の公徳にかんする問題としてとらえられているからである」。(「転向異説」、鶴見俊輔・鈴木正・いいだもも『転向再論』二〇〇一年、平凡社)

以上のような著者の思想史的立場、すなわち論理を保持しつつ現実と大衆に根差そうとするその姿勢そのものが、左翼・知識人への痛烈かつ「まともな」批判となっている。次の文章は、このことを端的に示している。

真理を目指す理論文化と真情を語る大衆文化という二本の足で立って、フラットな目で思想が語られなければならないことに気付いた。思想にイメージと物語《ストーリー》がないと干からびてしまう。(略)／大衆文化にはシンプルな義理人情と勧善懲悪の倫理が、時には相克を伴ってダイナミックに機能している。理論文化には知性による客観性が、時として傍観者と隣り合わせの危険をはらみながらも「ありのままの事実」でもって狂信を拒んでいる。私の思想文化(具体的には思想史研究)は真理と真情を一つにした主体的の性格を保っていきたい。(「大衆文化・娯楽と左翼」、第三章「試練の中の知・情・意」)

この姿勢に対して、現在のわれわれはどう応えていくか。課題は重い。

(季報『唯物論研究』一二三号、二〇一三年五月)

1999

近代日本のイデオロギーの本質解明に迫る

『フェミニズムが問う王権と仏教——近代日本の宗教とジェンダー』源淳子

（一九九八年、三一書房）

この国の近代思想の歴史は、（略）つねにその時代社会の権力に迎合する思想の営みを繰り返してきた。近代日本の著名な思想家の仕事は、現実の意味づけに腐心し、その営みのために自己を保ち続けてきた。そして、そのような多くの思想家が、かつて天皇制にまつろうてきた自らの思想を、「終戦」に転嫁し、自らの責任を放棄し、新たな民主主義（現実）のなかに安住したのである。彼らの無責任な生き方は、近代天皇制国家の特徴である。

それはまた同時代を生きた知識人女性も無関係ではない。日本のフェミニズムも、戦争責任の問題を自らの文化や思想の課題として担ってきたとは残念ながらいえない。フェミニズムが自らの文化や思想との対峙をしてこなかったからである。

このような問題意識から著者は、「思想のモラル」を天皇制と宗教の関係から明らかにしようとして、その中で、天皇制とジェンダーの関係を位置づける。そして本書はこの点を、これまで問題にされることの少なかった近代仏教に焦点を合わせて展開する。

著者によれば、「かつて真宗教団は、幕藩体制下で『真俗二諦論』で仏法（真）と王法（俗）を使い分けた。その理由は、権力との共存を計るための政治的な政教分離論であり、教義的には政教一致論をもって信者教化した。それが近代になって、幕府への随順が国家への随順に変更しただけであった。仏教は、『護法論』で『国体』に追順することになっていくのである」。

著者は、日本における仏教教団が、絶えずその時代の権力に迎合して自分の生き延びる道をはかってきたことを鋭く突く。このことは近代において、仏教が「新たな教学を生むことができなかった」こと、「仏教は仏教として自立することができなかった」（「信教の自由」＝「権力からの自由」が確立されなかった）こと、近代天皇制国家という「国家の宗教政策の前にひれ伏すことになってしまった」ことに示される。すなわち「反権力の鎮め役を仏教は果たしたのである」。

この仏教のあり方を政治的に徹底的に利用して、天皇制国家は、祖先崇拝と家族制度を近代的に完成させたさまざまな制度を構築する。すなわち、「宗教が祖先崇拝を担い家制度を補完しているということである。さらにその構造が、天皇制国家を支えるのである」。そしてこの究極の思想が「国体」となる。

「天皇の下に同一血族・同一精神」の国民の帰一するところは「祖先」だという。これは、国民に二重のよりどころをもたせることになる。ひとつは「天皇」（「国家」）、これが公的領域におけるよりどころである。そして、私的領域のよりどころが「祖先」である。その両者が密接なつながりをもって国民を呪縛していく。天皇制の万世一系の徹底化である。

こうした「国体」の思想は、個々人にとっては「個」を越える存在である「家」とこれを基盤とする「戸籍」制度による呪縛として現前し、「国体」の中心思想である「和」とは、その具体化として「それぞれが『分を守る』ことが課される」。夫婦の間においては、「夫は夫の『分』を、妻は妻の『分』を守る」性別役割分業によって「美しき和」が成立し美化されるのである。すなわち近代天皇制のイデオロギーは、「個人の人権、とりわけ女性の人権を軽視する」構造を有する。このことは、女性が結婚して夫の家の氏に変えることではじめて夫の戸籍に入れてもらうことができ、離婚した女性が「戸籍を汚す」といわれた社会意識（＝これは、個々の女性にとっては、「どんなことがあっても離婚してはならない」という意識の内面化となる）などに示される。著者は、「このような戸籍制度は、天皇制国家の狭隘な精神と同質である。天皇制と戸籍制度と家制度はまったく別のもののようにみえるが、相互に密接な関係をもって支え合っている」と指摘する。

さらにここで重要なことは、この「国体」によって軽視され抑圧された女性が、逆にその「国体」を支える最も強力な基盤とされたことである。この点については、次のように述べられる。

ジェンダーの視点から「国体」を分析すると、「国体」の頂点に立つ存在は、天皇である。そして、その天皇からもっとも遠く底辺にあって、「没我と献身、慈悲と忍辱」（略）によって天皇にまつろい、そして天皇制を補完する役割を担わされたのが、「日本の母」である。

そしてこの場合に、皇国史観に仏教的言説が重ねられる。すなわち、「『母』とは（略）『み国の御恩』につかえる皇国の母であり、軍国の母である。その母に要求されたのが、『仮令身をもろもろの苦毒の中におくとも、我が行精進して、忍んでつひに悔いじ』という『仏』への信仰であった」。これは真俗二諦論を女性に適応させた教化であり、「母」と「仏」が「国体」によって結合され、「聖戦」と美化した戦争に加担する論理として機能した。そしてその本質は、「『国体』のなかで、女性が『工場』として、つまり出産機能としての役割で認められるということ」であり、「その機能を『国体』は『母性』と捉える」（＝「お国に捧げる子の母たる自覚と信念」をもつ母）と著者は指摘する。

このような「日本の母」が戦争中にプロパガンダとして利用され、それに対して当の人々のみならず、知識人女性でさえも有効な批判をなし得なかったことを著者は重大な戦争責任として批判する。

戦後、（略）多くの「日本の母」は、戦争犠牲者として「日本遺族会」に吸収されていく。そして、その多くの母は、夫や息子がどのような戦争を戦ったかを知ることもなく、軍人恩給を受け取っている。一五年に及んだアジア・太平洋戦争中、軍靴で踏みにじったアジア諸国への加害の事実を自らの問題として考えるという戦争責任に及ぶこともなかっただろう。

そして、かつての「日本の母」に対する反省のないままに戦後日本の急速な経済成長の中で、新たな「日本の母」＝「企業戦士の母」が存在することになる。

本書はこのように、近代天皇制国家のイデオロギーが、仏教を根底に置きながらいかにして形成され、それがまたジェンダー・「性」をいかに利用してきたかを問う。現代日本社会のあり方と深くかかわる問題を、日本人自身に即して内在的に批判する書である。

（『アサート』二五六号、一九九九年三月）

2004

近現代における差別の背景解明への一歩

『アジアの身分制と差別』沖浦和光・寺木伸明・友永健三編著（二〇〇四年、解放出版社）

部落差別は、日本における身分（的）差別の一形態であり、前近代に存在した身分差別に淵源を発するものであるが、従来、身分（制）は、古代や中世・近世の、つまり前近代における社会の固有の産物であると考えられてきた。しかし、日本を含めて諸外国の歴史と現状をみると近現代の社会にも身分制や身分が存在したし、また存在していることが明らかである。／（略）／前近代の身分に関する研究は、相当の蓄積をもっていることはよく知られているが、近現代社会の身分制または身分の研究は、きわめて乏しいのが現状である。（「まえがき」）

このように指摘されると、現代社会の身分制・身分集団については、しばしば聞き及びはするが、本格的な研究がまだまだ不十分であったことを改めて認識する次第である。

本書は、部落差別問題から端を発して、その関心を国際的な比較社会的な視野へと広げていった部落解放・人権研究所「国際身分制研究会」の八年間にわたる調査研究事業の集大成である。その内容は、総論に続いて、第Ⅰ部「中国・朝鮮の賤民制」、第Ⅱ部「インド・ネパールのカースト制差別」、第Ⅲ部「日本の部落差別」、第Ⅳ部「現代と『身分』差別」で構成されている。

この目次からも理解されるように、本書の対象領域は多岐にわたっており、十分に問題を掘り下げ得なかった部分も散見される。しかし、現代の身分制に真正面から取り組んだことの意義は評価されるべきであろう。以下、主要な論点に触れよう。

総論「身分制成立史の比較研究」(沖浦和光)では、本研究会の背景と目的について次のように語られる。すなわち、①隋・唐時代の「良賤制」を下敷きにした古代ヤマト王朝の賤民制と、インドの不可触制によく似た近世の穢多・非人制については以前から類似性が指摘されてきた。そのような身分観念の発生の起源と歴史にまで立ち入って根本要因を探る。②九〇年代に入って、国連人種差別撤廃委員会と人権の保護と推進に関する小委員会で「職業と世系(門地 descent)に基づく差別」が新たに取り組むべきテーマとされた。しかし、これが国家レベルで問題となり法的措置が定められたのは、インドのカースト制と日本の部落差別だけである。しかもインドの側からの積極的な発言は期待できない状況があり、日本の研究者の果たすべき役割が大きい。③世界の産業経済市場でトップクラスの位置を占める日本で、なぜ今日まで「職業と世系に基づく差別」である部落差別が存在しているのかを、歴史・社会・文化・宗教等の学際的な研究によって解明する、とされる。

なお、ここでは歴史的に概観して、①北東アジアの中国文化圏と西南アジアのインド文化圏のそれぞれが、「良賤制」と「カースト制」という身分差別体系を創出したこと、②前者は北方系の騎馬民族の国家、朝鮮半島、ヤマト王朝やベトナムまで広がったこと、③後者は東南アジアの一部にまで広がったが、日本にも、密教の導入とともにその流れが入ってきたこと、が述べられている。そしてこれらとは別に、南方文化圏の先住民族に見られた三層（貴族—平民—奴隷）の身分制という第三の系列が存在することが示唆される。

さて、これに続く第Ⅰ部の「中国の被差別民」（好並隆司）では中国の賤民である「楽戸」が、また「近世朝鮮の『白丁』と『奴婢』」（梁永厚）では朝鮮の賤民の歴史的な経緯が扱われる。第Ⅱ部では、「インドのカースト制度と不可触民差別」（小谷汪之）でカースト制度の形成・変遷が概観される。特に不可触制差別カーストの解放に尽くしたガンディーについては、その運動とカースト制擁護姿勢との乖離、近代化批判の視点が指摘される（「ガンディーと被差別カーストの解放」加藤昌彦）。そして、われわれにはほとんど知られていないネパールのカースト制度についての報告も興味深い（「ネパールのアンタッチャブル」桐村彰郎）。

次に第Ⅲ部では、インドと日本の被差別民の比較史的考察が試みられている（「インドの『不可触民』差別と日本の部落差別」寺木伸明）。やや未展開の側面も見られるが、今後の視点として重要である。「キリシタン弾圧と部落差別」（柳父章）では、鎖国日本を文化構造として異文化との「境界」と見て、外部からのキリシタンをそこに位置づけるとともに、内部からもその境界に向かって被差別民をはじき出していたとし、キリシタンの子孫に至るまでの監視制度（「キリシタン類族」）の創設と、キリシタン以外の下層の人びと（移動民や被差別民等）への取り締まりの強化が連動していることを指摘する。また、「日本近世儒教における差別と解放」（三宅正彦）では、江戸時代の儒者、海保青陵と千秋有磯が、ともに儒教の有効部分を引用しつつ、前者は穢多身分への差別強化を、後者はそこからの解放という両極端を説いたことの考察がなされる。

第Ⅳ部は現代にかかわる差別の問題が扱われる。「部落差別における人種主義」(黒川みどり)は、被差別部落の人びとが「異種」であり「人種」が違うとみなされてきた歴史的事実を踏まえて、日本の近代化における「人種」理解に焦点を合わせる。それによれば、明治政府の「解放令」によって賤民身分はなくなり、「文明開化」的普遍価値が示されたが、「これまでは封建的身分制度のもとで自らより下位にあった人びとが、自分たちと同じ地位に浮上してくることに危機感をおぼえた民衆」は、身分に代わる恒久的な線引きの確認を求めた。それはこの時代の日本の人類学者の問題意識――「日本人」としての境界を求めて、アイヌや沖縄の人びとのみならず被差別部落の人びとをも区別していこうとする視点――とあいまって、「人種が違う」という見解を定着させていく。またこのことは、政府の部落改善政策の不備を覆い隠す点でも有効であったというわけである。この人種という見解は、後に「民族」という歴史的文化的集団としての位置づけに取って代わられていくが、しかしそれは「人種」概念の検討・批判の上の結果ではなく、現在においてもなお「家」「血族」の意識、結婚差別が根強く存在する根底には「人種主義」の壁があると指摘する。

最後の「国連と『身分差別』問題をめぐる動向」(友永健三)は、国連・人種差別撤廃委員会での「職業と世系に基づく差別」を中心に、現代における身分差別の諸原因――主要な生産関係からの疎外、日本社会の重層構造、近代化の原理、天皇制、グローバル化等々――を考察し、国際的に指摘されている差別問題を考える基本的視点を紹介する。その中では、①差別撤廃は人権確立の基礎である、②人種差別は道徳的にも科学的にも合理化されない、③人種差別は社会の平穏と世界の平和を脅かす、④差別は、差別される人だけでなく、差別する人の人間性をも傷つけることが指摘される。そして、人種差別撤廃条約に盛り込まれている基本方策が提示される。

以上のように本書は、近現代における身分制・身分集団についての多方面にわたる視点からの研究分析であり、なおさまざまなかたちで根強く残っており、新たに強まりさえしている差別に対して、その背景原因の解明への一歩を示したものであると言えよう。この一歩が今後さらに、ジェンダー学等の他領域の成果と結び付けられて、より深まっていくことを期待したい。

（季報『唯物論研究』九〇号、二〇〇四年一一月）

2017

今なお厳然と存在する部落差別

『入門　被差別部落の歴史』寺木伸明・黒川みどり（二〇一六年、解放出版社）

今日、いつの時代のことかと思うような差別が行われていることを見聞したりもします。しかし、総じて部落問題は見えにくくなっています。そうであるがゆえに、部落差別は解消しつつあり、そっとしておけばいい、何も知らせない方がいいという見解はずっと底流にあり、繰り返し頭をもたげてきます。しかしながら、近世社会には賤民身分が存在し、近代においては、「解放令」が発布されたにもかかわらず今日にいたるまで部落問題を存続させてきたという歴史的事実は消すことはできません。

だからこそ、中学・高校の歴史教科書にはこのことが掲載され、部落問題を直視することからは免れることはできない、と著者の一人（黒川）は指摘する。ならば、部落問題に向き合う努力が必要であり、本書はこのための手引きとなる。

本書は、「前近代編」（寺木）と「近現代編」（黒川）の二部に分かれており、それぞれの専門家が執筆している。

「前近代編」は、第一章「国家の成立と身分差別の発生・変遷」から、古代律令国家、中世社会を経て、近世社会——織豊政権、江戸前期・中期・末期——（第七章「近世社会の動揺・崩壊と被差別民衆」）までを扱い、それぞれの時代における被差別民衆——「賤民身分」（律令体制）、「穢多」「非人」身分（中世）、「皮多／長吏」身分（近世）等——の成立、身分制度、生業等について考察を進める。これらについてはその実態が十分に解明されていない点も多いが、著者は、諸説を紹介した上で、例えば近世部落の成立について、自説を次のように述べる。

筆者は、このように豊臣時代から江戸時代前期までに皮多／長吏が被差別身分として位置づけられた点が、系譜的には河原者・かわたにかなりつながっているとしても、中世において、程度の差はあれ、差別された職人身分であると推測されるところの河原者・かわたと質的にちがうところであると考え、身分差別としての部落差別あるいはそうした差別を受ける地域（被差別部落）は、この時期に成立したとみるのです。ただし、このことは、まだ十分検証されていない研究状況なので、これはあくまで私の仮説であることに留意していただきたいと思います。

また、江戸時代の身分制度についてはこうである。

従来、江戸時代の身分序列について「士農工商・えた・ひにん」という図式が使われていました。しかし、現在ではその図式は問題があるとして、小学校・中学校の教科書でも「士農工商」の部分は「百姓・町人」と表記されるようになってきています。筆者も、（略）「天皇―公家・武士―百姓・町人―被差別身分」と表記しました。

このように「士農工商」の図式の不備を指摘する。すなわち、この図式では「天皇・公家および漁師や杣人《そまびと》（林業従事者）など」がもれてしまう。その他、僧侶・神官・医者・学者なども存在した。そしてそれぞれの身分の内でも、複雑な身分制度が存在した――武士では、将軍のもとに旗本・御家人、大名のもとに家中・徒士《かち》・足軽、農民では本百姓・水呑・名子、町人では地主・家主・地借・店借《たながり》・奉公人の別があった――。「被差別民についても、（略）皮多／長吏・『非人』だけではなく、藤内・簓・茶筅・鉢屋・掃除・慶賀・猿曳・物吉などがいました。また、皮多／長吏がどこの地域でも『非人』より上位の身分であったわけでもありません。関西などでは、両者に上下関係がなかった場合が多かったのです」と述べ、「このように江戸時代の身分制度はなかなか複雑でありまして、その全容解明は今後の研究課題です」とする。

このような著者の記述の仕方は公平性を保つとともに、周囲に存在する他の諸問題にも関心を向けさせるという意味でも有効であると言えよう。

「近現代編」は、一八七一（明治四）年に出された「解放令」が「身分に基づく一切の境界を廃止すること」であり、それがその布告通りに実現していれば、今日、部落問題は存在していないはずであるのに、「何故に今日にいたるまで、そのことに因る差別が存在してきたのでしょうか」と問う。

そして「解放令」発布以来一四〇年以上を経て、「部落問題――むろんそのありようも大きく変化していますが――が存在しつづけてきた理由を、封建遺制のみに求めるのではなく、さらに近代社会のなかで存在しつづけるための理由づけが与えられ、境界の補強、ないしはひき直しが行われてきたと見るべきではないでしょうか」と、近代社会における問題として提起する。

女性差別の存在理由も、かつては封建的性格をもった「家」制度によって説明がされてきました。しかし、近年の研究は、それればかりではなく、むしろ近代に適合的な「近代家族」というあり方が男女の役割分業をつくりだし、それが今日にいたる女性差別を支えてきた側面があることを明らかにしてきました。同様に部落差別についても、現実に近代社会が部落差別を存続させてきたことを正面から見据える必要があるはずです。

このような問題意識に立ち、明治以降の部落問題を検討する。そこには、「解放令」をめぐる「四民平等」と地租改正の問題、自由民権運動との関わり、「大和同志会」、「帝国公道会」、「同愛会」の成立、米騒動においてつくられた「暴民」・「特種民」像、そして「全国水平社」の創立と社会主義への接近、戦時下での「同和運動」の消滅、戦後の「部落解放委員会」、「部落解放同盟」の運動と広がり、全同教の成立、「同対審答申」、「特別措置法」の成立と廃止等の流れが取り上げられている。

そして最後に、第一八章『市民社会』への包摂と排除」、第一九章「部落問題の〈いま〉を見つめて」において、被差別部落の「悲惨さ」や「みじめさ」、反対に「ゆたかさ」のみの強調に走るのではなく、「いかに等身大の被差別部落像を伝えていくことができるかは、問われつづける課題です」と指摘する。

また近年、「部落問題を他の人権問題とのかかわりのなかで考えるという〝開かれた〟視野」を持つことについては、「それ自体は重要なことにちがいありません。しかし、同時にそれは、部落問題の〝人権一般〟への解消として、かねてから部落問題を避けて通りたいと思ってきた人びとが部落問題を避けることの正当化のための方便になるとしたら、重大な問題をはらんでいるといわねばなりません」と警告を発し、「部落問題への向き合い方が問われている」、「部落問題を正面突破する道を断念していいのか」と批判する。

本書は、被差別民衆の問題を歴史に沿って概説し、現在もなお厳然と存在している部落差別に対してどのように立ち向かうかについての手がかりと資料を与えてくれる適切な入門書である。広く読まれることを期待する。

（『アサート』四七一号、二〇一七年二月）

1997

ヤクザの視点から見た日本人論

『ヤクザの文化人類学——ウラから見た日本』ヤコブ・ラズ
(高井宏子訳、一九九六年、岩波書店〔二〇〇二年、岩波現代文庫〕)

日本人とは何か、日本社会の本質とは何か、について数多くの日本人論・日本社会論が出されている。本書もそのうちの一冊といえよう。ただ本書のユニークさは、その手がかりとして、日本社会の中心から排除されて周縁を形成している集団とされるヤクザを取り上げたことにある。そしてそこにかえって日本社会の本質的特徴が逆照射されているとする。

著者によれば、ハイデガー同様、「他者とは所与の出会いにおいて暫定的に捉えられた自己の一形態」「自己の変形」であるとされる。「したがって他者であると規定し、その性質、つまりイメージをそれと指し示すとき、その規定の仕方は規定する本人の状況と深く関わっている」。それゆえ、この前提を本書の主題にあてはめるとき、著者の主張があらわれる。すなわち、

ヤクザは日本人の中心的自我の一つの変形であり、逆もまた真なりと言える。

私の考えでは、ヤクザは伝統的社会から排除され拒絶されてはいるが、多くの点で日本人の文化的な自己の一部であって、しかも周縁とは言い切れない一部である。二つの社会が似ているからこそ排除や拒絶が起こるのである。

このことを著者は、ヤクザにかかわるアイデンティティとその呈示の仕方を検討することで解明しようとする。ヤクザのイメージが、一方では、ヤクザ映画のヒーローや寅さん現象によってつくられる美学的放浪者であり、他方では、ヤクザジャーナリズム（実話誌）や極道文学によって宣伝される暴力的な集団というものであるように、ヤクザのアイデンティティとその呈示の仕方は、「排他性と包含性の二極間を往復して」いて、「どちらも一貫性に欠け恒常的でもない」とされる。すなわちヤクザの「自己の呈示とはあるアイデンティティがあってそれが呈示されるというだけでなく、呈示そのものがアイデンティティに含み込まれる」のである。したがって「ヤクザの歩き方、話し方、服装などの自己呈示は、『完結し確定したヤクザ』という自我を表してなどいない」ということなのである。

換言すれば、「生得的なヤクザ的人格などありえない。新参者はヤクザという人格を外見的な行動様式によって形作り、そしてそれを内在化するのである。つまりヤクザという人格は外見から始まって、内面へと広がっていくのであり、それゆえに後得的に獲得される人格と言える。その意味ではそれは人格というより、獲得された（外的な）行動様式である」ということである。

このときに重要な役割を果たすのが「ヤクザという烙印」であり、「逸脱」である。しかしこの

「烙印」と「逸脱」は、一般社会（中心社会）との関係を抜きにしてはあり得ず、「中心社会の貼るレッテルの多くは、他者を作らずにはいられない必要性に基づいており、またそこから生じる次の必要性――中心社会の成員はこれらの他者とは異なっていて、その行動や振る舞いは別だと証明する必要性――に基づいている」。つまり中心社会の裏返しとしての周縁は、まさしく中心社会そのものによって形づくられるのであり、しかもその周縁に位置する「ヤクザは、自らすすんでヤクザの烙印とイメージを自己のアイデンティティの中心にしている。一般の社会で用いられる言葉に劣らず強い言葉を使って自分たちをヤクザだと宣言する。実際カタギの人々が自己をカタギであると宣言するのと同じようにヤクザは自分がヤクザであると宣言する」。このような逆転したメカニズムの中に、ヤクザは自己の存在を正当化する理由づけを確立していくのである。この意味で「ヤクザは日本人の中心的自我の一つの変形」である、と著者は述べる。

このような中心／周縁関係は、日本社会において、地域社会が存在していたことによってその関係・境界がある程度明確なものとされてきたとされる。ところが一九八〇年代の中頃から、そして一九九二年の暴力団対策法の施行によって、前記の関係は決定的に変化した、と著者は見る。すなわちその結果は、ヤクザの活動が暴力化し、警察の対応が厳しさを増し、また社会の側がヤクザに対して向ける逸脱性や犯罪の観念が先鋭化したことなどである。ヤクザに対して「暴力団」という呼称を与えてひとからげにレッテルを貼ったことも、この一つの例といえよう。かくして昔風のヤクザは姿を消し、ヤクザは、ますます暴力化していく「新しい日本のギャング派」か、あるいは合法または非合法の「ビジネス派」か、の対照的な二つの方向に分かれてきている。

そして著者は、「ヤクザが日本社会でこのまま許容され続けるか否かは、最終的には、警察が決めることではなく高度の政治的判断によって決定されることである。組織犯罪を完全になくするためには膨大な資金とはるかに強力な法の制定が必要になる」と締めくくる。

以上のように著者は、ヤクザについてのフィールドワークを通じて、「『カタギ』とヤクザの間に、腐敗企業などに関するレベルよりはるかに深い類似性がある」ことを明らかにしようとした。この点でわれわれ一般の市民の眼から見たヤクザ像よりもはるかに多面的かつ現実的なヤクザ像を提供し、それが通常の世界を補うもう一つの世界であることをかなり鮮明に示したといえよう。

このことは日本人論としても特異な位置を占めるものであろう。また個々のケースにも興味深いものがある。しかしながら、本書において決定的に不十分な諸点も存在する。それはまず、ヤクザが「日本的」なものをあらわしているというとき、「日本的」という言葉の意味する内容そのものの不定義、曖昧さである。また用語の問題でいえば、ヤクザの意味する内容（博徒、テキヤ、極道、暴力団、遊び人、右翼等々の区別と関連の問題）の曖昧さであり、著者がいう「ヤクザは心の一つの状態であり、一つの役割である」ということを認めるにしても、日本社会でのこれらそれぞれの位置が異なり／重なっていることの解明が不可欠であろう。

次に、著者の知り合ったヤクザの親分個人への共感・思い入れは理解できるが、ヤクザは、例外的に一匹狼であってもヤクザという集団に属し、ましてや圧倒的多数は組織に属しているという事実が存在する。したがってヤクザ理解は、現代では組織の問題を抜きにしてはあり得ない。儀式・因習のかたちをとるとはいえ、ヤクザ組織は近代化せざるを得ず、組織暴力もこの視点からしか見ることができないのではないか。ギャング派にせよビジネス派にせよ事情はそれほど変わらないと思うが、本書においては組織への言及はない。
さらにはヤクザをも含むもっと大きな権力との問題が存在する。ヤクザと権力がウラの世界でつながっていることは社会周知の事柄である。ヤクザの活動資金の大きな部分を占めるこの世界との関連は、しかし本書の手に余ることかもしれない。ただ、本書の中で法の強化について引用されている大阪大学法学部の宮沢節夫教授（当時）の次の発言が象徴的である。

そのようなことを成し遂げるには、まず日本の中枢部の中でヤクザを道具として容認ないし助長してきた一派と対決することから始めなければならないだろう。

本書は、現代のヤクザというよりも、少し前の古風なヤクザを分析検討した書という方が適切かもしれない（著者自身も「あとがき」の中で、「その意味においては、本書で述べたことの多くがすでに過去の歴史となっている」としている）。しかし、「日本では、法の道徳〔厳密な法の世界――引用者〕と共同体の道徳〔社会的な共感の世界――同〕の間に、一種の裂け目があるのだ」という指摘は的を射たものであり、この裂け目を埋める「顔の広い人」・調停者という意味でのヤクザの役割は、残念ながら現代においてもなお大きいと言わねばならない。

（『アサート』二三三号、一九九七年四月）

1997

買売春と日本社会の構造

『買春する男たち』いのうえせつこ（一九九六年、新評論）

一九九〇年代に入って以降、セクシュアル・ハラスメントや「従軍慰安婦」問題等々、女性の人権にかかわる重大問題が次から次へと提起されるようになった。そしてその中で、問題は女性の側にではなく、むしろ男性の側にこそ存在するということが少しずつ明らかになってきた。

本書は、このような視点を前面に押し出し、いまだ明確に自覚されたとは言いがたい性の問題（性風俗、買売春等）における男性の役割とこれを支える社会の構造を追及する。

「売春」の歴史は、人類はじまって以来、いや、私有財産制が誕生した以降だ、等々と言われてきた。／（略）／「売春」のウラ側には、買う側の「買春」が存在していると思うのだが、なぜか「性」を売る側についてては語られても、買う側についての「買春」はほとんど話されてこなかった。／なぜだろう。

もともと著者は、七〇年代のウーマンリブ以来さまざまな女性運動にかかわってきて、その中で次のような感想を抱くようになったとする。

女性への差別反対！　女性の人権侵害は許さない！　家父長制打倒！　性別役割反対！　等々と叫ぶことの裏側に、なぜか、むなしい風が吹くのを、ここ十数年あまり感じてきた。そして、それはどうやら、女性の問題は女と男の問題であり、社会の問題は、また個人と社会との関係性の問題でもあることに気づき始めたからかもしれない。

本書では、それゆえ、「売春」はそれを買う側からの「買春」として位置づけられる。そのことは何よりも「買春」を文化、社会構造の視点からとらえることであり、この視点を抜きにしては「買春」の根絶はあり得ないからである。

本書で取り上げられている「買春」の歴史——奈良時代から近世の遊廓、「からゆきさん」、売春宿（娼楼）、「従軍慰安婦」から売春防止法の制定にいたる歴史——において、「女性とセックスを通して人間的な交流を持つというより、金銭を払って女性とのセックスを買うということの方が、男性の性を確かめることができた」という精神構造が指摘される。このことは、「男性の意識の中に、〝結納金〟で妻を買う意識と、女性の中にもある『食べさせてもらっているのだから』という意識が、現在にいたるまで買売春を存続させている」ということにつながるとされる。

これに続いて著者は、「だからこそ、〝性を売る〟ことへの無批判な思考が、若い女性や女子中高生の『小遣いをもらって、どこが悪いの』という居直りを生み、『金を払っているのだから』という性を買う側の買春意識をもつくり出しているのだろう」と現代社会の大人の意識のあり方を厳しく批判する。

このような状況は、風俗買春やテレクラ買春の実態を見ればより鮮明になる。「『自分の体だってお金になるのだ』とする少女たちの行動と、それを需要する『買春する男たち』との関係」こそ、現代の性のあり方を象徴するものであろう。そして、この意識の延長上に「買春ツアー」が存在し、「子ども買春」が存在する。本書の最後の方での、ある超有名企業の管理職へのインタビューが、赤裸々に「買春ツアー」の衝撃的な内容を語る。

「罪悪感はナイ！　ナイ。買春するのも仕事、オシゴトの内、と思っているのだから、そんなこと、〝アタリマエ〟のこと。／それにオンナを買いに行くのも、企業の連帯意識のうちでするわけだから、行かないヤツは連帯意識がないということになる」

「(前略)とくに、企業同士の接待買春旅行は仕事の延長上で行くわけだから、オ世話ニナリマス！　といった関係で、外国へ観光買春旅行に招待する。(略)／〝買春〟って、日本株式会社そのものだと僕は思うよ。社会構造がそうさせている。とくに、男にとっての性衝動は、時に外国での〝つまみぐい〟として、買春するというわけ」

ここには、歴史的社会的文化的に形成されてきた日本の男性の性意識と、それを支える社会の構造が端的に示されている。

同時に著者は、絶対に許すべからざるものとして「子ども買春」を取り上げる。「子ども買春」は、八〇年代初めにフィリピンやタイなどにヨーロッパやアメリカから「安い性」を求める買春ツアーの客が押し寄せてきたことから大きな社会問題になったが、八〇年代後半から日本人客が目立ちはじめている。日本国内で八七年に風俗界にエイズパニックが起こって、ソープランド等の「プロ買春」からテレクラなどの「素人買春」に移行していったのと時を同じくして、日本人客による「子ども買春」が増加したといわれている（またこれと関連するものとして、子どもを使ったポルノや美少女路線がある）。このようなペドファイル（小児性愛者、むしろ小児性虐待者と呼んだ方がふさわしい）がいかに子どもを傷つけ虐待しているかということについては、背筋の寒くなるような実態が存在するが、これの客に日本人男性が、また子どもポルノの制作に日本の出版社が関わっていることに怒りを覚えないわけにはいかない。

以上のように本書は、「買春」の構造が日本の社会構造との深い関係の中で支えられている事実を指摘する。それはまさしくわれわれの意識を規定する社会の構造であろう。ただ本書はそのアウトラインしか描いていない点でやや物足りない印象も残すが、「買春」を正面切って紹介した先駆的なものとしての価値はある。

そしてこれ以外にもこれから議論されるべき問題提起も多い。例えば、買売春・性欲とモラルや法律との関係の問題、「年商一〇兆円」といわれているセックス産業とセックス・ワークをどう見るかという問題、また障害者の人権と性欲のケアの問題等、解決を要する問題はあまりにも重いと言わねばならない。そのような問題を考えるきっかけとなる書であろう。

（『アサート』二三〇号、一九九七年一月）

2017

「なぜ?」を禁じる道徳教育の本音

『みんなの道徳解体新書』パオロ・マッツァリーノ(二〇一六年、ちくまプリマー新書)

本書は、「一九五七年」のある本からの引用で始まります。

《このごろの子どもたちは、自由をはきちがえていて、口先ばかりで実行がともなわない。また自由、自由とばかりいって、責任ということを考えない。これでは、放任の教育だ。》

そしてこう続きます。「いまから六〇年くらい前の〝このごろ〟に、自由をはき違えているとやり玉にあげられていたこどもたちは、二〇一六年現在、六〇代から七〇代になられています。前期・後期高齢者となった彼らはいま、現代のこどもたちを見て嘆きます。いまどきのこどもたちは自由と責任をはき違えている。わたしらのこども時代はもっとしつけがしっかりしていた。こどもたちから道徳心が失われてしまったのだ……」と。

かくして、「日本社会が悪くなったのは、戦後の民主主義的自由教育のせいで日本人の道徳心が低下・劣化したからだ！　根拠もないし論理も飛躍してるこんな主張を信じる人たちの希望がかない、義務教育の道徳授業が強化される運びとなりました」。

しかし、と本書は言います。よく考えてみれば、「道徳は、とても特殊な科目です」。というのも、「数学の先生は、数学が得意で数学をよく勉強した人です。（略）なにかが得意な人が得意でない人に教えて得意になってもらう。これが万国共通の、基本的な教育のしくみです」。ところが「学校で道徳を教える先生は、道徳に詳しいのでしょうか。こどものころから道徳が好きで好きでたまらなくて、道徳クラブに入って早朝や放課後に練習したのでしょうか」。あるいは、「日頃から道徳的なことを実践していて、それが上手な人なのでしょうか。電車の中でとてもスマートな身のこなしで老人に席を譲れるのでしょうか。いじめや差別を解決するエキスパートなのでしょうか。（略）／このどれにもあてはまらない人が、学校で道徳の授業をやっているのです」。「なんとも不思議なしくみではありませんか」。

「しかも道徳の授業では、実技は全然教えてくれません。『○○はいけません』『○○をしましょう』といった精神論、理想論のみを教えます」。「サッカーのコーチが実技を教えずに、『得点を入れましょう』『相手に得点されてはいけません』と理想論だけを教えていたら、『だから、それをどうやったらできるのかを具体的に教えろや！』って生徒がキレますよ」。

本書は、きわめて常識的な視点から、道徳教育のしくみを解剖し、その不自然さを批判します。極めつけは、「『なぜ？』を禁じる道徳教育」です。すべての学問は「なぜ？」という疑問に始まり、常識を疑うところに進歩と改革があります。「ところが道徳は、『なぜ』という質問を許可しませんし、先生やオトナはしくみを説明するのをいやがります。／それは、道徳が進歩と改革を目的としていないからです。すでに正解が決まっている善悪の基準をこどもたちに押しつけて、基準をブレさせないよう維持することが目的なので、道徳にとって進歩や改革は敵なんです」。「そういうわけで、道徳は必然的に、『〇〇しましょう』『〇〇してはいけません』という教えかたになるんです。『素直になりましょう』『オトナのいうことに逆らってはいけません』みたいな」。

こうした関心を持って本書は、各教科書会社の道徳副読本をオトナ目線で読んで「選りすぐった道徳エピソード」を紹介し、コメントします。その詳細な内容は本書を読んでいただければと思います。かなり笑わせる内容もありますが、考えさせられます。

ただ、本書の最後に紹介されている事柄については触れておかねばならないでしょう。それは、『なぜ人を殺してはいけないのか』に答えられないオトナたち」の問題です。この問題は、数年前、オトナたちが子どもに答えようとして、ちょっとしたブームになりました。その中で、ある政治家の回答に「そういう質問をするこどもは、どこかおかしいのだ。だから道徳教育で直さなきゃいけない」というのがありました。これについて本書は、こう言います。

出ちゃいましたね、道徳教育のドス黒い本性が。善悪の価値判断はオトナが決めること。こどもはなにも考えるな。オトナを尊敬して信じて、オトナの決めたことに素直に従えばそれでよい。オトナに逆らうようなこどもは異常者予備軍だから矯正しなければいけないのだ……／この政治家は卑怯です。なぜ人を殺してはいけないのかという質問に答えてません。うまく答えられないから、論点をずらしてごまかしたんです。逃げたんです。

実際に人を殺すことは不道徳ですが、なぜ殺してはいけないのかと考えることは、道徳的になんの問題もありません。

「人を殺してはいけない」ということについてオトナたちは、「そのしくみをきちんと考えずに道徳的な価値判断を最優先してしまいました」から、的外れな回答となってしまったと指摘します。そのうえで、この質問自体が成立しているのかどうか――現実の社会では人を殺すことを容認している部分があるのではないか（死刑、戦争、身近にはクルマの運転等）――ときわめて重要な問いかけをします（＊1）。

そして、「殺人のおもな理由は憎しみなのだから、殺人を減らしたいのなら、いかに他人を憎まないようにするかを教えるのがもっとも効果的です。／ゆえに道徳の授業で教えるべきは、いのちの大切さではなく、多様性の尊重です」と提言します。つまり、「その差異が他人に危害を加えないかぎりは、差異をできるだけ認めること」、「考えが自分と異なる相手を頭ごなしに否定・排除するのでなく、自由に議論できるようにすること。憎しみや殺人やいじめを減らすには、その方法しかありません」ということです。

このように本書は、現在行われつつある道徳教育に対しての疑問を、平易な日常生活者の視点から展開する中高生向けの本ではありますが、一読に値する書です。

註

（1）死刑廃止の議論が、実はクルマの運転での事故による犠牲と通底する問題を持つことを指摘したものに、小林和之『「おろかもの」の正義論』（二〇〇四年、ちくま新書）があります。こちらも興味深い書です。

（『アサート』四七七号、二〇一七年八月）

第三章

思想とは何かを考える

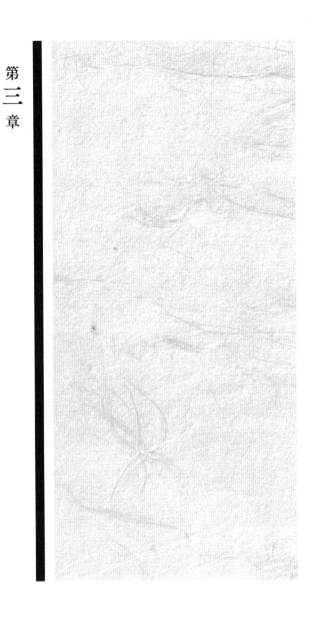

2002

「日本のアイデンティティー」の問題をめぐって

歴史認識や有事立法、憲法をめぐる問題をはじめ、その他めまぐるしく動く日本社会の構図の中で、絶えず出されてくるのが、「日本のアイデンティティー」の問題である。しかしこれが、右とか左とかで単純に割り切ることのできぬ、一筋縄でくくれぬ、というよりも何筋もの縄が絡みついていて、しかもそのそれぞれの色合いが違うという、複雑微妙な側面を含むものであることは否定できぬところであろう。

例えば、この問題に一石を投じた加藤典洋は、戦後日本社会が人格的に二つに分裂（改憲派と護憲派、保守と革新）しており、いわばジキル氏とハイド氏になってしまったとする。そして、「いまもたとえば、日本の護憲派、平和主義者は、戦争の死者を弔うという時、まず戦争で死んだ『無辜の死者』を先に立てる」。この中身は、肉親、原爆などの死者であり、二千万のアジアの死者であって、彼らを弔うことが第一とされる。これがジキル氏（正史）の姿勢である。ところがここでは「三百万の自国の死者、特に兵士として逝った死者たち」は、「侵略された国々の人民にとって悪辣な侵略者」とみなされるので、「いわば日陰者の位置」に置かれて見殺しにされる。この後者を『清い』存在（英霊）」として弔おうというのがハイド氏の企てとしての靖国問題であるとされる（加藤『敗戦後論』一九九七年、講談社〔二〇一五年、ちくま学芸文庫〕。以下、加藤の引用は同書初版による）。

加藤はこの分裂と「ねじれ」の感覚を指摘し、これの克服に向けて新しい死者への弔い方を探る。そしてここからの分裂を超えて「日本のアイデンティティー」へいたる道を、吉田満の『戦艦大和ノ最期』に記録された、臼淵磐大尉の発言に見出す。

この発言は、すでに最後の旅に出てしまった戦艦「大和」での青年士官たちの、自分たちが死ぬ目的についての議論の中でなされた。士官たちの認識では、戦略上無謀無意味な作戦による必敗論が勝を占めるが、これに対して臼淵大尉は次のように言う。吉田の文章から引こう。

痛烈ナル必敗論議ヲ傍ラニ、哨戒長臼淵大尉（略）、薄暮ノ洋上ニ眼鏡ヲ向ケシママ低ク囁ク如ク言ウ
「進歩ノナイ者ハ決シテ勝タナイ　負ケテ目ザメルコトガ最上ノ道ダ
日本ハ進歩トイウコトヲ軽ンジ過ギタ　私的ナ潔癖ヤ徳義ニコダワッテ、本当ノ進歩ヲ忘レテイタ　敗レテ目覚メル、ソレ以外ニドウシテ日本ガ救ワレルカ　今目覚メズシテイツ救ワレルカ　俺タチハソノ先導ニナルノダ　日本ノ新生ニサキガケテ散ル　マサニ本望ジャナイカ」
彼、臼淵大尉ノ持論ニシテ、マタ連日「ガンルーム」ニ沸騰セル死生談議ノ一応ノ結論ナリ敢テコレニ反駁ヲ加え得ル者ナシ

これについて加藤は、「ここにいるのは、どれほど自分たちが愚かしく、無意味な死を死ぬかを知りつつ、むしろそのことに意味を認めて、死んでいった一人の死者」であるとしてその意義を認め、これらの死者を「無意味であるがゆえに、その無意味さゆえに、深く追悼する」ことを提唱する。そしてこのことを通じてはじめて、われわれは、「二千万のアジアの他者たる死者」の哀悼への「踏み込み板（スタートライン）」に立つことができるとする。

すなわち「日本のアイデンティティー」は、「三百万の自国の死者」への哀悼を通じて、「二千万のアジアの死者」への哀悼を行うことで可能となるとされ、戦後日本社会の人格的分裂、「ねじれ」もまたこれによって克服されるとする。加藤は、「三百万の自国の死者」についての素朴な感情を表面に押し出すことで、こう主張した。

当然、これに対してはさまざまな批判がなされた。例えば、徐京植は次のように批判する。

これは危ういと思います。臼淵大尉は、全く無意味に天皇制国家、軍国主義日本の犠牲とされていくことにもがき苦しむように、このような議論を組み立てた、と私は思います。『きけ わだつみのこえ』の兵士たちと同じです。国家によって強制される死が避けられない以上、そこに何とかして意味付与したいというもがきです。／しかし臼淵大尉や『きけ わだつみのこえ』の兵士の死は、ついに、彼らを無意味な死へと追いやった天皇制国家を否定する方向へは向かわず、逆に「散華」の美学となって日本国家に回収されました。いま、国民主体をたて直す必要を力説する加藤典洋さんは、臼淵大尉を例に引いて自説を補強しようとしていますが、まさにその点に、国家へと回収されようとする彼自身の危うい傾きが露わになっています。(徐京植『分断を生きる――「在日」を超えて』一九九七年、影書房)

また高橋哲哉も、「一言でいってしまえばそれが、自国の死者への閉じられた哀悼共同体、自国の兵士の死者への閉じられた感謝の共同体として日本の『国民主体』を作り出し、結局は日本の戦争責任をあいまいにすることにつながる」として批判する(高橋哲哉『戦後責任論』一九九九年、講談社〔二〇〇五年、講談社学術文庫〕)。

このように加藤に対しては、戦争責任を問う立場からの批判がなされているが、他方、加藤が日本の侵略戦争を認め、「無意味な死を無意味なまま弔う」という立場をとることに対しては、右からも、「自虐的」だとする小林よしのりらの批判もある。

筆者の立場を言えば、ここで加藤の立場が国家の戦争責任のあいまいさにつながるという批判に賛意を示したいが、なお「三百万の自国の死者」を弔うという主張が繰り返し提起されてくる根源に横たわる心情の分析抜きには問題の解決は程遠いように思われる。

この点では、「日本のアイデンティティー」に関して、まさに前述の臼淵大尉の発言をめぐっての過去の論争を今一度ふり返ってみるのは意味があることと言えよう。

それは、『戦艦大和ノ最期』(一九七四年、北洋社〔一九九四年、講談社文芸文庫〕)の著者、吉田満が、「戦後日本に欠落したもの」(季刊『中央公論・経営問題』一九七八年春季号)と題する論文で、戦中の

「実体のない、形骸だけのアイデンティティー」の時代の反動で、戦後は何ものにも拘束されない『私』の自由な追求の時代」に移ったが、そのことによって、抹殺してはならないもの――「日本人のアイデンティティーそのもの」――まで抹殺してしまったのではないか、と問題提起したことに始まる。

これを契機として、吉田と鶴見俊輔の間で、『戦後』が失ったもの」(『諸君!』一九七八年八月号)という対談が行われる。この中で鶴見は、日本人の抑止力のなさに対する吉田の憂鬱に同意しつつも、吉田の言う「日本人のアイデンティティー」という言葉が、「ちょっと横すべりしてしまって、国家としての同一性という地点に早くもってゆきすぎているように思われる」と批判する。そして、「わたしは、個人のよって立つ民族の伝統というものがまずあって、その次に国家の問題が来ると思うんです。そしてその次に政府が来るわけですけれども、日本では国というと、いまの政府というふうに短絡して、いまの政府を無条件で支持するところまで行ってしまう」と、「日本のアイデンティティー」に層的な区別をして、「ブレーキなしの桃太郎主義」への抵抗策として、「自足の人」になることと、これを保証する環境としての「村」の論理(「明治以前からの日本の村の伝統」)の尊重をあげる。

これに対して粕谷一希は、「戦後史の争点について――鶴見俊輔氏への手紙」(『諸君!』一九七八年一〇月号)で、戦後のトータルな自己批判の中にあった視点の欠落を批判して、「戦争のために死んだ二百五十万の死者たちを祭ることが、その死の意味をもう少し掘り下げて考えてゆくことが、日本人の共同の行為としてあってよかったと思います」と述べる。そして、「この〝国のために死ぬ〝行為に、一定の道義的評価を与えなかったところに、戦後日本の出発点での過誤があったように思われます」と鶴見に疑問を呈するが、この粕谷の言い方が、加藤の発言ときわめて似ていることに今さらながら驚く次第である。

これを受けて鶴見は、「戦後の次の時代が見失ったもの——粕谷一希氏に答える」(『諸君!』一九七九年二月号)において、臼淵大尉の記録は、自分たちの無益な死を通して、国家批判を後世に委ねたものであるとして、「日本のアイデンティティー」の問題を次のように述べる。

この場合、日本民族の自己同一性が、そのまま、日本国家の自己同一性ではないということ(略)、それをつよく主張したいのです。さらに、日本民族の自己同一性は、そのまま現政府の自己同一性ではないということもはっきりおぼえておきたいことです。その区別の中に、日本国家批判、日本政府批判の根拠があります。

そしてここで鶴見は、国家批判・権力批判の礎を自分の中につくるものとして、「市民」あるいは「住民」(「自分と自分がここに住んでいる仲間」)という視点を提出して、この「現実性」を踏まえたアイデンティティーのあり方を探ろうとする。

これは、右に述べた「村の論理」に関連するものであるが、続く鶴見と司馬遼太郎との対談『敗戦体験』から遺すべきもの」(『諸君!』一九七九年七月号)においては、「日本が国家として、国民として寄りかかるに足る思想の共通の河床《かしょう》=岩床」を提示することであるとされる。鶴見はこれを、「初めにきわめて具体的なかたちをした、それでいてあまり醇化されていない、あらがねの状態の普遍命題を出す」という日本の伝統の再発見に求め、司馬の言う「神道という言葉ができる以前の、そしていまもわれわれがもっている〝神道〟」を「非国家神道」と名づける。この名称には異論があるにせよ、鶴見は、村に土着の伝統・習慣――「思想を重く見ないという思想」をもった「自足」のリアリズム――を、「岩床」に近いものとして提唱する。それゆえ、この日常生活に密着した地点から出発するアイデンティティーは、国家批判・権力批判の視点となるとともに、「革命」に対しても一定の距離を置き、「反革命」に対しては「反々革命」の視点になるとされる。

以上、「日本のアイデンティティー」の問題についての過去の論争の一部を紹介したが、そこにはいずれの立場に立とうが、どこかに割り切れない曖昧さが残される感は否定できない。鶴見の視点からすれば、「三百万の自国の死者」に対する弔いが、同時に国家批判・権力批判、その責任追及にも通じる道が開かれるのではなかろうかとも考えられる。しかし、この道を可能にする個人が存在するにせよ、大勢としては、この視点そのものがまた国家に回収されてしまう危険もなしとしない。いずれにせよ、論理と心情の双方において、具体的な事例に即して検討を続けていく中で、「日本のアイデンティティー」を見極め確定していく努力が要請されていると言えよう。

この意味で、ややエピソード的になるが、次の二つの事例は、現在のわれわれに残された課題のための参考となるかもしれない。

一つは、吉田の前掲書の中の、「大和」横転沈没直前の記述からである。

前檣《ぜんしょう》（帆柱――引用者）頂ニハタメク大軍艦旗、傾キテマサニ水ニ着カントス
見レバ少年兵一名、身ヲ挺シテソノ根元ニ攀《よ》ジノボル　沈ミユク巨艦ノ生命、軍艦旗ニ侍セン
トスルカ
カカル命令ノ発セラルルコト、有リ得ズ
サレバ彼、ミズカラコノ栄エアル任務ヲ選ビタルナリ　如何ニソノ死ノ誇ラカナリシヨ

もう一つは、「大和」と同様、不沈戦艦とされた「武蔵」の最後である。「武蔵」は、一九四四年一〇月にフィリピン沖にて撃沈されたが、その時、少年兵として乗り組んでいた渡辺清は、沈没寸前に艦上で見た状況を次のように記述している。

みんな先を競って飛びこんだが、なかには飛びこむ決心がつかなくて、血相かえてそこらを狂ったように飛び廻っているものもいた。泳げない兵隊たちだった。

艦尾のジブクレーンと旗竿のまわりにも、そういう泳ぎのできない兵隊たちが、途方にくれて一つところを意味もなくぐるぐると廻っていた。大抵まだ入団して日の浅い十五、六歳の少年兵だった。戦局が逼迫していたので、彼らは海兵団でも泳法はほとんど教えてもらえなかった。ただ短期の速成教育をうけただけで、そのまま艦に送りこまれてきたのだ。そのうちの三、四人が、肩をくっつけ合って斜めに傾いた旗竿にしがみついて叫んでいる。／「お母あーさん、お母あーさん……」（渡辺清『戦艦武蔵の最期』一九七一年、朝日選書）

これら両巨艦に乗り組んでいた少年兵たちのその後のゆくえについては知る術もない。マストにしがみつく彼らの姿を重ね合わせるとき、そこに、少年兵たちと著者たちのすべてを巻き込んだ、何とも表現し難い渦巻きのようなものを感じるのは、一人筆者のみであろうか。しかしまた、この渦巻きを地道に腑分けして、評価を確定させていくことが、「日本のアイデンティティー」の問題解明につながる道であるように思われる。

戦後、吉田は、日本銀行重役（監事）としての生活の中で、戦中の死の意味の問題を問い続ける視点を堅持し、日本社会を見つめた。また渡辺は、「わだつみ会」の運動の中で、戦争責任の問題を問い続けた。これら両者の生き方の評価もまた前記の腑分けの問題と密接に関係しているであろう。そして現在のわれわれも、われわれの時代において、なお彼らの提出した問いの射程内に入っている。

（季報『唯物論研究』八二号、二〇〇二年一一月）

2006

鶴見俊輔と「銭湯デモクラシー」

――九条擁護の視点をめぐって

一

『はなかみ通信』(滋賀県にある「はなかみ通信局」発行)という同人雑誌に、鶴見俊輔が毎号、詩を寄稿している。「其の十四通」(二〇〇五 文月)に次のような詩がある。

もうろく帖から

二〇〇五年一月四日。宝船と書いた紙片を/枕にして寝たところ、託宣あり。/支離滅裂の力を信ぜよ。/長屋の花見とならんで、それが社会運動の最小単位。

二〇〇二年一月二七日。人間はいてもいいが、/いるとしたら、理屈をつけて殺しあわないほうがいい。

一九九六年八月一五日。私のいるところには、/今の私しか立てない。この場所を、/見知らぬ誰かに譲って去るという決断をすることはできるが。

また、岩波ブックレット『憲法九条、未来をひらく』（二〇〇五年）で、鶴見はこう発言している。

「草加せんべい九条の会」ができて、草加せんべいを送ってもらいました。私も、同じように、自分ができることは何か、と考えています。いま、自分が耄碌《もうろく》の途中にあることを感じています。……耄碌して「南無阿弥陀仏」と言えなくなったら、「南無」とだけ唱えればそれでいい、と読んだことがあります。「戦争に反対し、平和を望む」と言えなくなったら、ただ平和のほうに視線を向けるというだけでも、したいと思っています。私の実行できる目標は、平和を目指して耄碌するということです。（「『耄碌』を盾に」）

「九条の会」で今なお精力的に活動を続けている鶴見の姿勢を端的に示している言葉である。そしてこれらの文の中に、鶴見を貫いている——と言えば、首尾一貫した純粋な論理構造を持つ思想をイメージさせることになってしまうので適切ではないかもしれぬが——特徴が見える。

鶴見は、右にあげた「支離滅裂の力」を信じ、「今の私しか立てない」、「平和を目指して耄碌する」状況のもととなった戦時中の体験を、別の岩波ブックレット『憲法九条、いまこそ旬』（二〇〇四年）で語っている。それは鶴見が戦時中に軍属としてジャカルタに配属されていた時に、海軍の水雷船隊がオーストラリアの商船を拿捕した、その捕虜の処置に対して下った命令であった。

それで、命令が下った。ひとつの部屋を分けているのですが、私の隣の部屋に、そこにもう一人軍属がいたのです。偶然そっちに命令が下ったのです。どういう命令かというと、日本の軍人に分ける薬さえ足りないのだから、病気になったものは毒薬を与えて殺せというのです。捕虜はポルトガル領ゴアに住む黒人だった。（略）／それを殺す役割は、部屋を分けて私の隣にいる軍属に当たったのです。彼は行って帰ってきて「じつに嫌なことだった」と言っていた。その黒人は病院に入れてくれると思って拝んでいる。薬は療養の薬だと思っているが、これが毒薬なのです。それで、埋めるところに行ったら、もう穴が掘ってある。そこに入れたけれども、死なないので、与えられたピストルで撃ったら、グーグーいっていた、それが耳に焼きついているというのです。（「私は殺した、だが、殺すことはよくない」）

命令が彼に下り、私に下らなかったのは偶然です。だけど、その偶然をありがたがって、それで自分は戦争中一人も人を殺さなかったといって喜んでいるわけにはいきません。ここに哲学的な問題があるのです。自分にもし命令が下ったら、自分はどうしたか。これは科学上の問題ではありませんよ、だけど、そういう哲学上の問題を避けることはできません。（同）

命令がもし私に下ったとすれば、その恐怖感に負けて、屈して、殺したかもしれない。それは実現しなかったのですから、それは問題はないとはいえるのですが、哲学というものはそういうものじゃないです。私が戦後、何年も何年もかかってようやく達した結論は、もし私が屈して殺したとしたら、「私は殺した、だが、殺すことはよくない」と一息で言えるような人間になりたい。(同)

非常に微妙な体験であり発言である。ここにあるのは建前によってあらかじめ整合的に構築された思想ではなく、状況によって動揺する自己を動揺として受け止め、そこから行動を考えていく思想である。鶴見は、「思想は信念と態度の複合」(8: 253)(＊1)であるとして「信念と結びついている態度」(同)の重要性を強調するが、そのような思想の形が、この「私は殺した、だが、殺すことはよくない」と一息で言えるようでありたいという鶴見の発言の背景にある。まさしく体験からする信念が、九条を擁護するという動機の大きな要素となっている。

そしてもう一つ。これも鶴見が以前から触れていたことであるが、この後者のブックレットや『日米交換船』(鶴見俊輔・加藤典洋・黒川創著、二〇〇六年、新潮社)等で述べられている事柄がある。それは戦争が始まり、日米相互の交換船に乗る際の体験である。

鶴見 交換船に乗る前、フォート・ミードという軍の要塞の収容所に入れられていたとき、ある日、アメリカの中央政府から役人が来て、呼び出された。「交換船が出ることになった。乗るか、乗らないか」。これはとても民主的だと思うんです。最後まで選択ができたんですよ。私はそのときにね、乗るって答えたんです。

黒川　即答したんですか。
鶴見　そうです。その根拠は、いくら考えてもよくわからない。私自身の決断なんだけどね。／決断の根拠はとってもぼんやりしているんです。私は、予測として、日本は必ず負けるという、必敗の確信をもっていた。アメリカからくず鉄買って軍艦つくったって、勝てるわけないでしょう。いつとはわからないけど、必ず負ける。しかし、いまになってよくよく考えたら、負けるとき、負ける側にいたいという、ぼんやりした考えなんです。／愛国心では絶対ない。
（『日米交換船』）

日本に帰ろうという決断をした。そのとき私にあったのは、ぼんやりした思想と見通しなんです。しかし、生きているとき、自分を支え、それによって決断することというのは、意外に、ぼんやりした考えのかたまりなんですね。八二年生きてくると、その感じはさらに強いです。そこから見るほかない。（同）

ここにも言われている、「ぼんやりした思想と見通し」も大きな要因となっているとされる。このこともまた、鶴見の思想が、いわゆる「科学的な認識」の積み重ね、組み合わせによる方法ではなく、「思想を成長としてつかむ方法」、「思想の生態的把握の方法」（9: 178）であることを示している。すなわち鶴見は、「私そのものからむかう道」、「私の複合をとおして社会改造の展望をつくる方法」（同）を目指す。そしてこれらから、鶴見の根拠としての「私的な根」が提出される。

二

右に述べた鶴見の思想の根拠の特徴は、現在問題になっている九条につながるものとしては、すでに六〇年安保の時期に提示されている。その基本的な視点は次にある。

この私の中の小さな私のさらに底にひそんでいる小さなものの中に、未来の社会のイメージがある。私が全体としてひずみをもっているとしても、分解してゆけば、ゆきつくはてに、みんなに通用する普遍的な価値がある。このような信頼が、私を、既成の社会、既成の歴史にたちむかわせる。国家にたいして頭をさげないということは、私が、国家以上に大きな国家連合とか、国際社会の権力をうしろにせおっているからでなく、私の中にたくみに底までくだってゆけば国家をも、世界国家をも批判し得る原理があるということへの信頼によっている。(9: 177)

このような原理——最も小さな私の中にひそむ可能性への信頼——は、ピタゴラスやユダヤの預言者や釈迦や老子荘子にあり、普遍宗教の成立の契機を含んでいる、と鶴見は言う。この視点から思想と認識との関係を捉え返すとき、そこに前述の「私そのものからむかう道」が見出される。すなわち、「私的な根の上に日本の現実の国家機構を批判する思想」=「私的な根から思想をとらえなおす」(9: 180) 政府批判の思想である。鶴見は、この思想の戦前・戦中の代表的な人物として、妹尾義郎、宮沢賢治、石原莞爾、牧口常三郎らをあげて、いずれも日蓮宗の流れから出てきたことに重要な意味を認めたいとする。

これまでに書いて来たことは単純な一つのことをさしている。思想の私的な根をとおして、国家機構の次々につくりだす既成事実にたいするのでなければ、国家が明白にまちがっていることをきめている場合にもそれをくつがえす行動計画はたてられないだろうということだ。(同)

この「国家をも見かえす私というとらえ方」(9: 182) は、鶴見によれば、「たとえ間違ったことをしても、私には彼ら国家指導者ほどの悪をなしえない」(9: 271) ――その違いは「使えるカネの規模」と「使える物理的暴力の規模」によるものであるが――、それゆえに「私たちのほうが倫理的に優位に立っている。そのことによって私たちは、自由に国家指導者を批判できる立場にいる」(9: 272) という自信を持つことで補強されるが、しかし実際の運動において「私」として国家権力に向かっていくときには、やはりこの「規模」の差が力を持ってくる。このことと「私的な根」からの抗議について、鶴見は、すわりこみ、断食の経験からこう語る。

国家をどのようにして批判できるか。それは抽象的な問題ですが、それは具体的には、現政府がきめてしまったことを、根本から批判する力をどのようにして私たちは自分の中につくることができるか、という問題に集中的にあらわれます。(9: 285)

自分を無力な状態にして、権力に対して抗議するのは、無駄なようにも思え、矛盾を含んでいるようにも思える。たしかにそうだ。他にもっと有効な抗議の仕方をさがさなくてはならない。／それにしても、他の有効な方法が、地位を利用することであったり、団体の力を利用することであったり、有名人を利用することであったりすると、批判する相手の国家権力はもっと金があり、大きな組織があり、もっと地位と名声をもっている人をかかえているので、こちら側の有効性をうわまわる有効性をいつも、むこうがもっており、抗議することは無駄というふうにも考えられる。／そうすると、やはり、自分を一個の粗大ゴミとして道路の上におくという抗議の形は、根本の抗議の形として、大切なものに見えてくる。そういう抗議を、はだかの自分としてなし得るという自覚が、権力への抗議のもとにあるほうがいい。それがあって、その他に（いくぶんでも）有効な他の抗議の方法をさがすというようでありたい。（9: 302–303）

このように鶴見は、その拠って立つ視点を確認する。

三

さて、鶴見の言う「私的な根」であるが、これはさらにその根を大人以前の「子どもの眼」に持つとともに、日本社会という枠を超えたところにつながっていることが注目されねばならない。つまり国家権力と対抗するための基盤は、最終的にはこの私の内にあるとされるが、それは抽象的な自己ではなく、内面的にも外面的にも広がりを持つものとされる。このことは、全体として近代社会批判、中央集権的国家権力批判への興味深い論点を提出する。そしてこれらすべてが、現代という時代に対する鶴見の思想の特徴づけとなる。

「子どもの眼」について、鶴見はこう語る。

自分の底におりていくと、一枚というよりも、何枚かの絵が折り重なっていると思います。古い古い記憶というのは、絵の柄になっているんですね。それが一枚の絵だからこそ、その後の自分の生きている、その時その時の脈絡の中において見る時に、別の新しい意味が、同じ絵の中から見えてくる。だからこそ自分の内部の絵というものが古びることがないわけです。(略)その絵をゆっくり見ると、奥行が出てきて、その後のどういう人生の体験でも結びつけてふくらんでいく(略)。底に生きている絵というのは、自分の連続性への基礎であって、しかし固定されるということはない。(10: 70)

この子どもの時の自分の眼を自分の中にどのように「精神のバネ」として持ち続けるか、それが一つの重要な思想的課題であるとされる。というのも、この眼を持つことによって——鶴見はある講演において、子供の眼の活動について示唆を与えられた作家として、中勘助と高史明をあげるが——「分裂して考える」(10: 78) こと＝「日本の文化全体を見かえす」(同) 視点が可能になるからである。換言すれば、「それは、自分を分割して、今自分のいるところを別の人間の視点から見るということなんです。／一九三一年に、日本人を中国人のほうから見たらどうなるか、ということが、非常に強いイマジネーションとしてわれわれの中にあれば、別の政策というものが出てきたでしょうね」(10: 79) ということである。

子どもの眼がわれわれの中に生き続ければ、われわれは大人になって、老人になっていくわけですから、自分の中に分割するカラクリができるということになります。考えることができるようになる。ただし機械にはなりにくくなりますよね。一致団結の姿がやっぱり機械の姿なんですね。だけどもわれわれは、現状にたいして不同意の自分というものをもっていなければならないし、自分の中に不協和音というものを抱いているような人間にならなければ、どうも困るんですね。(同)

この視点を自分の中に持ち続けることでわれわれは、絶えず効率化を目指して突進している近代社会に対する批判の眼を持つことができる、と鶴見は指摘する。

古今を通じてあやまらずというのは、どう考えてみても、ヨーロッパのキリスト教のにおいがしますね。アメリカが古今を通じてあやまらずという普遍的な原理、近代化の原理を押しつけてやったベトナム戦争と、日本が朝鮮ならびに中国にたいして、近代的な普遍原理を押しつけていった戦争のやり方とは、たいへん似てるわけですよ。われわれじしんがこの島でもっていたさまざまの信仰習慣は、狐とか狸とか、つまり山川草木さまざまなものにまつわるいろんなものの魂があるわけですよね。そういうふうなものは『古事記』の中にも『風土記』の中にも、ちらっちらっと姿を見せているけれども、それらは、今われわれがヨーロッパ近代文明というものにたいする批判の目を向けた時、また別の仕方の解釈を、われわれじしんの習慣の中に向けていくことを可能にすると思うんですね。そういう道は開かれている。この考え方は、われわれの子どもの時に受けたさまざまな伝承、自分の中にある子どもの眼を、生かす道を新しく探すものだと思うのです。(10: 93)

子どもの眼は、このように鶴見の視点の重要な礎とされる。

四

「私的な根」から考えることは、「子どもの眼」として自分を分割した視点から物事を見ることとなるが、これはまた明治以降の近代社会そのものへの批判的な眼となる。前節でも少し触れたが、鶴見は、明治国家が導入普及した近代的社会制度以前に、日本の庶民の間に定着していた習慣のあり方こそが本来の民主主義の原点であったことを強調する。

明治以前の日本人の作法では、守田志郎が『日本の村』で説いたように、おなじ村人に対してはだまして少しずつ有利にふるまったりはするが、相手を肉体ごと抹殺してしまうというような闘争はさけるのが普通だった。／ヨーロッパ諸国やアメリカ合州国のようにキリスト教の伝統のあるところでは、異端をさばくという観念上の権威によって肉体・人格ともに抹殺してしまうことがしばしばおこなわれた。島原の乱以後の鎖国時代の日本ではむしろ観念不信の故に相手をセンメツするところまではゆかないという流儀が普通になる。／その流儀がかわるのは、明治国家が国家主義の観念をひろく日本人の間にそそぎこみ、それにもとづいて外地に日本人を何度もおくりだして戦争と経済侵略をくりかえしてからである。(10: 370)

相手を徹底的に破滅に追い込まない流儀は、「過密状態に生きて来た日本人の作法」(同)、「密度がうみだした日本人の作法」(10: 371) とされる。そして鶴見は、このような流儀、作法こそ、ヨーロッパ風の民主主義とは対照的な「態度の民主主義」であるとして特徴づけ、それが典型的にあらわれる場である「銭湯」にちなんで、「銭湯民主主義」と名づける。すなわち「銭湯は日本の民主主義の原点とされる」。

だって銭湯といえば、皆お互いが裸でしょ？　完全に無防備なのに、見知らぬ人が入ってきても、殴り合わないし、殺し合いにもならない。ひたすら一緒に湯につかり、しばらくすると出てゆく。こういうルールが偉大な民主主義を育てる。「体験の中に根付いた憲法」だといってもよろしい。それを私は「銭湯デモクラシー」と呼んでいます。というのも、聖書は「はじめに言葉ありき」と説く。そこでは民主主義がまず言葉で語られます。それに対して銭湯デモク

ラシーは、けんかをしない、殺し合わない、いわば「態度の民主主義」にほかならない。（『朝日新聞』二〇〇六年一月六日夕刊）

銭湯では、お年寄も若者もいっしょくたに互いの裸をさらしますね。年を取ると、自分の体はどう変化していくのか、人生の喜怒哀楽を他人の裸から感じとるわけです。（略）湯船に入る前にはかかり湯をし、お湯やせっけんの泡が周りに飛び散らないよう気をつける。世間のちょっとしたマナーを守ることで成立する庶民の楽園だと思います。（同）

「私的な根」は、「子どもの眼」とともに、「銭湯デモクラシー」を通じて周囲と結びつく。そしてここでは戦争を忌避する力さえ生み出す。鶴見は、ベトナム戦争での米軍の脱走兵を銭湯に連れて行った体験から、そう結論づける。裸のままでくつろぐことによって生まれる人間の平等感、湯になじむことによって自分の内と外とが溶けて一体化していく感覚、「銭湯デモクラシー」による平和と世界の安定への発信と貢献が、鶴見の九条擁護の基底に脈打っている。鶴見は、「私的な根」の視点を徹底することによって、近代国家権力によって形成された社会以前に存在した庶民の慣習や作法が、戦争に反対し、国際平和へと向かう姿勢として堅持されなければならないとする。

五

以上、九条に関わる運動への鶴見の思想を考察してきた。そこではいわゆる反戦平和の運動とはやや異なり、思想を信念と態度との複合と見る、独自の「私的な根」からする運動が提唱された。このことは既成の運動に対して現象面では同調する側面を有するとはいえ、一定の距離を置く視点を保持していくことで、いわば運動に対して「分割して考える」眼を提供するという役割を果たすものであった。このことの意味を鶴見は、「呪文の効用」という文において、次のように言及している。

ふつうに論壇の基準でいえば低く評価されるのですが、反戦とか厭戦とかいうことを呪文のようにくり返している人がいるとしますね。私はその場合にもある程度の好感をもちます。呪文を破られないかぎり呪文としては相当なものだと思うからです。しかし呪文というのは、いったん破られたら怖いです。だからそのもろさも考えますけれども、そういう呪文をつづけて唱える立場には共感をもちますね。(8: 255)

鶴見は、運動にあたっての呪文＝スローガンの果たす大きな役割を認めつつも、その呪文一色に染まってしまうことの危険――それは呪文が崩壊してしまった後の危険でもあり、その呪文を押しつけてしまう危険でもある――を指摘する。

特に後者の点――呪文による拘束＝「もし」という想像力のない恐ろしさ――については、無政府主義者であった石川三四郎を例に引いて、教訓を語っている。

無政府主義は、お人よしの抱きやすい手ばなしのユートピア思想から始まる場合が多く、困難にゆきあたると、それをうらがえしにしたテロの思想に転化する場合がある。石川の無政府主義は、無政府主義のテロリズムに傾きやすい性格をためなおそうとする装置をみずからの中にもっている。

少年時代に石川の愛読者であった埴谷雄高は、政治の要点を、

やつは敵だ。／敵を倒せ。

という二行につきるとした。これを、テロリズム風にもじって、

やつは敵だ。／敵を殺せ。

と読みかえてみよう。このような衝動を、どの政治運動も、無政府主義をふくめて、もっている。運動がにつまってくると、もう一つのルフランがあらわれてくる。それは、

敵を殺さぬものは、殺せ！

という、叫びである。

やつは敵だ。／やつを殺せ。／やつを殺さぬものを殺せ。

ここで、政治運動は、その熱の頂点に達する。

こうして、敵と名ざされたものを殺すことに同調しないものは、粛清されて、政治運動は単一の色調のものとなり、複眼によって状況を見る能力は、その運動からは失われる。（略）

石川三四郎が、「社会美学としての無政府主義」によって説いた、さまざまの音調の和合は、「やつは敵だ。やつを殺せ。やつを殺さぬものは殺せ」という、政治運動につきものの高まり

と、どのように対してゆくかを、問題としてもっていた。政治のみに没頭する立場からは、この高まりに抵抗する道は見出せないだろう。政治の外からしか光はさしてこないように私には思える。(8: 190–191)

この視点は、運動が右のものであれ、左のものであれ、鶴見の確信するところである。他のところで鶴見は、これを「自分の好みを押しつけない人」(10: 64) として、「押しつけをしない人がよいという押しつけ」(同) を提唱する。そして政治権力に対する抵抗の可能性を見る。

個人が個人として天下をとる確率は小さい。個人はいつでも体制と対立する局面をもっている。そういうところで体制と押し負けないのは、好みははっきりしているが押しつけない、ある種の〝空間〟を持っている人でしょう。(同)

鶴見はこのように、ごく身近な皮膚の感覚としての「私的な根」を基礎に運動を進める。九条擁護の運動もまた、鶴見のこの視点を堅持して展開されている。こうした視点は過去の運動においては十分に評価されているとは言い難いが、しかし貴重な示唆ではある。

ところが他方では同時に、この「私的な根」には、ある種の「アイマイさ」ないし「危うさ」が残るのではないかという疑問が出て来ざるを得ない。それはかつて反戦、平和の視点として鶴見が提唱した「がきデカ民主主義」に通じるものであり、漫画『がきデカ』の主人公が主張する自分の権利・欲望の重要さが社会の権利への反抗になるという図式がここにも見えてくる。

例えば「『消費者主権』が平和守る」(『朝日新聞』京都版、二〇〇一年六月三〇日)において、鶴見はこう述べている。

いまの社会を語るとき、「消費者主権」の概念を指摘できます。以前、プロ野球のイチローがキャンプ地の宮古島で、「ホテルの近くにコンビニがあれば十分な環境です」と言ったことがあるでしょ。高級レストランで毎日うまい飯を食いたいと言わず、二四時間好きなときに食べたいものを選べるコンビニエンスストアを恋しがる。消費者主権のありようが巧みに表現されていた。いわゆる「ジコチュー」(自己中心)なのです。かつての高度成長から時間がたち、消費者個人の価値観が大きな影響を与えている。そんな時代になったということです。

この当時、日米ガイドライン関連法が成立し、九条の存在意義が崩されようとしていた。ところが、「いまは大義から平和を訴える言葉は聞こえません」。

それでも、いまの社会に希望をもてるのは、国民に消費者主権の考え方が浸透しているからなのです。消費者主権の立場から戦争と向き合ったらどういう答えが出るだろう。「自分は殺されたくない」。そのひとことにつきるのではないかな。

反戦、平和を語るとき大切なのは大儀ではなくまず、自分はどうするかを考えることだ。限りなく「ジコチュー」でありなさい、と言いたい。

しかし、かつての「がきデカ民主主義」における自分の権利・欲望の最優先を巧妙に逆手に取ったのが自民党政権であったように、この「消費者主権」「ジコチュー」も、その主観的な意図とは別に、国家権力に巧妙に取り込まれてしまうのではないかという危惧は残る。

だがそれにしても、「日本民族の自己同一性が、そのまま、日本国家の自己同一性ではないということ」(9: 284)、「さらに、日本民族の自己同一性は、そのまま現政府の自己同一性ではない」(同)という認識を持つ鶴見の視点は重要であり、それぞれの土地、庶民の行き方に根差した個人(自己)の内面性が九条の最終的な根拠として述べられる運動論には、なお議論の余地のある側面を含みつつも、教訓とされるべき事柄は多い。

この鶴見の視点をどう運動に生かしていくかが、今もなお課題とされている。

（季報『唯物論研究』九七号、二〇〇六年八月）

註

(1)『鶴見俊輔集』全一二巻（一九九一―一九九二年、筑摩書房）からの引用は、それぞれの（巻数：頁）を（8: 235）のように表記した。

2014

生活世界から考える二つの視点
――鶴見俊輔・内山節・中村桂子を手がかりにして

日常生活世界から出発しながら、現代社会を批判的に見る眼を求める場合、そこにはさまざまな次元が存在する。その中で、今なお現代社会を支配する主流である近代国民国家に対する生活世界からの批判は欠かすことができない。この意味で、第二次大戦以降近年までわが国の社会について広範な視点から発言を続けていた思想家、鶴見俊輔の「態度としての民主主義」は、この眼の在り方を考える有力な方法となっている。ここでは鶴見の「態度としての民主主義」の本質を探るとともに、鶴見と同様の視点からこれを支えているわが国の共同体について論じる内山節の共同体論を検討する。

そしてさらに、この生活世界論と密接な関連を持つ自然界・環境世界への姿勢と科学技術の問題を取り上げた生命誌研究家、中村桂子の視点を検討する。けだし中村の視点には、近年の科学技術の評価を通じて鶴見、内山の視点を補強する近代国民国家を超えた視点が存在するからであり、また逆に中村の視点にともすれば不十分に見える歴史的社会共同体の視点が、鶴見、内山の視点によって補強されるからである。もちろんこれら両者の視点が微妙に次元を異にしていることは言うまでもないが、これら両者をつなぐことのできる環——それはおそらく絶えず変化と同時に構造化を続ける環であるが——に迫ることができればと考えている。

一

さて、鶴見の拠って立つ視点が「私的な根の上に日本の現実の国家機構を批判する思想」(＊1)であることはよく知られている。これは次の文に端的に示されている。

世界政府ができたとしても、そこには、その権力行使への行きすぎの危険は残る。(略)強大な権力の行きすぎに対して、自分を守るものは、個人の内面性であり、自分たちのくらしている土地での自治の習慣である。それぞれの場所のしきたりを、一律の人工的規則に変えるところから、圧制が始まる。/個人の想像力と(略)それぞれの家と土地でのしきたりが、世界国家に対して自由を守るとりでとなる。(略)今の個別主権を持つ国家の行きすぎに対して、もっとはっきりとそれぞれの土地のしきたりを守って対抗してゆくことから再出発することが望ましい。(＊2)

これは一九九〇年代の言葉であるが、鶴見の基本的な視点となっている。現在では世界政府など考えるべくもないが、しかしそれぞれの地域に圧倒的な支配力(主権)を有する近代国民国家のやり方に対して抵抗していく根拠が「それぞれの土地でのしきたり」という言葉によって示されている。とりわけ民族・国家・政府を同一のものとして考えやすい傾向を持つ日本の状況では、この警告は鋭い。

私たちはこの島国にくらしてきて、民族・国家・現政府を同一のものとして考えがちであり、明治以来、この国は、その考え方を教育制度を通して強めてきたが、この三つを同じものと考えるならわしから離れて、自分と自分たちのくらしの中から、国の姿を新しくさがしたい。自分が新しくなれば、自分のまなざしの対象も新しくなる。現政府に対する自主的な服従も、現政府に対する自主的な批判もそこから育ってゆく。(＊3)

われわれはこの指摘に、日常生活世界に根を張り、いかなる権力とも闘っていく鶴見の視点を確認することができる。右からの政治的潮流がより強い現在、この点は押さえておく必要があるだろう。ここでは「政治制度としての民主主義」とは異なるわが国における「社会習慣としての民主主義」「態度としての民主主義」が前面に出される。

そして後者の民主主義は「日本のアイデンティティー」の問題にかかわり、「日本が国家として、国民として寄りかかるに足る思想の共通の河床《かしょう》＝岩床」(＊4)が背景に存在していることが指摘される。それを鶴見は「非国家神道」と呼び、明治政府によって作られた国家神道以前に存在していた、村の土着の伝統・習慣に近いものとする。例えば次のようにである。

非国家神道の一つの特色は、「思想？　フーン、そんなもの……」という、思想嫌いにあるんです。その思想を重く見ないという思想が岩床に近いんじゃないかな。たとえば、国体明徴とか目をつり上げないで、「人柄がいいなら、マルクス主義者でも何でもいいじゃないか」というようにして、助けてくれる人がいるでしょう。（略）あれが非国家神道だと思いますね。（＊5）

日本の村では違う宗教や思想をもっているからといって、肉体的に殲滅はしない。それが村の伝統なんですね。これは非国家神道にひじょうによく似ている。重大なのは人間であり、生きていくためには互いに闇討ちはしないという約束を暗黙のうちに交わす。それが非国家神道の源じゃないのかな。（＊6）

ここでは近代社会で是認されている堅固に構築された観念や思想に従う行動ではなく、日本の村での伝統的日常的な振る舞いに習慣化された態度こそが一つの民主主義であるという指摘がなされている。そしてこの態度が翻って近代社会を日常生活から批判する視点ともなる。

二

鶴見はこの「態度としての民主主義」＝「非国家神道」を「密度がうみだした日本人の作法」として、その端的な現れを「銭湯」に見る。

狭い三つの島に何百年もともに住んできた人間の同一集団がたがいに肩のふれるばかりの距離で、あまりきゅうくつと感じないで生きるこつを見いだしてきた。この習慣のつみかさねが、共同入浴の作法とか、茶の湯の作法をうみ、主語ぬきでわかりあう日本語の作法を生みだし、それはやがて連歌や俳句、生花などの芸術と言えるか言えないかのさかいめにある小芸術を生み出した。(*7)

鶴見の言う「限界芸術」の起源もここに求められるが、それはまた皆が裸で共同風呂に入るという行為によって一つの流儀となる。

風呂に入るというのは、村の共同風呂ではもちろんのこと、江戸のような大都会になると顔見知りでない人も入ってくることになろうが、それでも裸のままでたがいにゆずりあって湯に入るという作法がなりたった。(*8)

鶴見はこの伝統を「銭湯デモクラシー」と名づけるが、そこでは前に述べたように日本の思想の基盤となっているとされる、自分の思想・論理を押しつけない、多様性を容認するという特徴がある。これは鶴見の思想的背景となっているプラグマティズムに通じる立場であり、鶴見はこの姿勢を実際の運動においても実践する。例えば自衛隊のイラク派遣を受けて開始した運動「自衛官人権ホットライン」では、相談相手の話は聞くがある特定の方向への説得はしないというやり方を進めた。これについては賛否両論がある。しかし、少なくとも自らの姿勢を自分で判断するというやり方は、先の「私的な根」から出発する運動から出てくるものである。

そしてこの鶴見の姿勢と通底するものとして、内山節の思想がある。鶴見はこれを評価し、日本の仏教の見方の特徴と関連づけて、次のように述べる。

要するに、日本人には、氏神様に行ったり、お寺にお参りしたりと、いろいろ雑多な自分の習慣の中に仏教があるんじゃないか。あまりむごいことをしないとか、それだけのことなんだ。／その考え方は、(略) 内山節の書いた『共同体の基礎理論』に出ている。彼がずっと書いてきていることは、日本の中で山川草木悉皆成仏というふうに仏教を取り入れて、自然の中のさまざまなものに対する敬意の中に、仏教の教理を入れ込んでしまった。このことが日本の仏教の根本で、それが共同体を支えているという考え方だった。(＊9)

鶴見は、内山が自然という神々と仏との関係を「権現思想」――「みえない本質がみえるかたちとなって現れてくる」という仏教の考え方――として特徴づけていることを指摘する。内山の言葉を借りれば、「日本の自然信仰はこの権現思想を取り込んだ。自然の世界、つまりジネンの世界は自ずからのままに展開する世界であり、それは姿なき世界である。(略) このジネンの世界が姿を現したのが、自然であった。山も、滝も、岩も、ジネンの世界がみせた姿なのである。だからこの思想はすべてのものに精霊が宿るというより、ジネンの世界がさまざまなかたちで現れているからそこに手を合わせる」(*10)。つまり、そこでは同時にジネンがさまざまな神仏となって現れるのである。

三

内山によれば、「このような認識のもとで、日本には自然信仰であり、神仏信仰である独特の信仰的世界が発生していった。その中心にあったのは共同体の自然であった。(略)自然は自分たちが還る世界であり、ご先祖様が自然と一体化している世界だったからである」(*11)。

この内山の主張には、これまでの日本における「共同体論」への批判がある。

かつての共同体論にあった自然と人間を別のものとしてとらえ、自然に人間が支配されていると考えた共同体理解はなぜ生まれたのか。その理由はヨーロッパの共同体論の考え方をそのままもってきたところにあった。しかしそれでは日本の共同体はとらえることはできない。さらにいえばヨーロッパ的な合理的な理解の仕方では、日本の共同体はとらえられないのである。自然が含まれる以上、ある種の非合理性を内包しなければ、日本の共同体は成立しない。(*12)

つまり、これまでの共同体の理論では日本の共同体は評価できず、そこに含まれている非合理性——自然との一体性——を軸において見なければならないと強調する。

日本の共同体は自然と人間の共同体として、生の世界と死の世界を統合した共同体として、さらに自然信仰、神仏信仰と一体化された共同体として形成されていた。ここには進歩よりも永遠の循環を大事にする精神があり、合理的な理解よりも非合理な諒解に納得する精神があった。人々は共同体とともに生きる個人であり、共同体にこそ自分たちの生きる「小宇宙」があると感じていた。(＊13)

この「合理的な理解よりも非合理な諒解」による「小宇宙」こそが日本的共同体なのであり、教義、理論では展開できないものとして捉えなければならない、と内山は言う。そしてそれは現存の村の基底に、減少し解体されつつも慣習、つながりとしてなお残っている。内山はこれを梃子に新たな共同体の再生を試みる社会デザインの思想(「関係によるデザイン」)を提唱する。それは現代では忘れ去られてしまった自然との関係の修復を追求する。

ここまで鶴見および内山の主張するところを検討してきて、われわれは、日常生活世界から現代社会を批判する一つの視点を確認することができる。それは現代のこの時点からではなく、鶴見の言葉では基底にある「岩床」、内山の言葉では「古層」から、いわば生活者としての境界という時代を超えたものから現代社会を見返す視点である。そしてこの視点は、確かに一定程度の有効性と賛意を獲得することができるであろうことは疑いがない。内山の次の言葉はそれを示している。

自然と人間が結び、人間が共有世界をもって生きていた精神が、共同体の古層には存在している。それが共同体の基層であり、この基層を土台にして時代に応じた、地域に応じた共同体のかたちがつくられる。ゆえに共同体が壊されていくというとき、その意味は、自然と人間が結び人間たちが共有世界を守りながら生きる精神が壊されていくことを意味するのである。（略）共同体はその「かたち」に本質を求めるものではなく、その「精神」に本質をみいだす対象である。（＊14）

四

しかしながら前節の視点は、現在、政治の方向から具体的日常生活にまで大きな影響力を及ぼしている科学技術及び自然・環境世界との関係をどう考えるかという点では問題点を残している。すなわち、生活世界と歴史世界との関係であれば両者の主張は国家権力に対する生活世界からの根強い抵抗の視点とはなりうるし、自然と一体となった共同体の構想も首肯しうるが、圧倒的な力を有する巨大科学との関係ではまたこれとは異なる視点が必要となる。この意味で、科学者であると同時に、日常生活世界を踏まえて現代社会の中軸である科学を考察する姿勢を有する生命誌学者、中村桂子の主張は傾聴に値する。中村は自らの問題意識をこう語る。

科学技術が自然と向き合っていない。これが東日本大震災で明らかになった問題点です。「想定外」という言葉に多くの人がどこかイヤな感じを抱いたということを大事にしたいと思います。それは、理性では制御できない事柄が起きた時に、自分の側から考えるのでなく自然の大きさを感じとる姿勢だからです。長い間、自然の中で暮らしてきた人間として当然の姿勢です。「想定外」はそれを離れた言葉なのでイヤな感じがしたのです。科学者、科学技術者といえども人間なのですから、常にこの感覚を持ち続けなければならないのに、専門家になるとその中でしかものを考えなくなってしまうのです。（＊15）

中村は、この「人間は生きものであり、自然の中にある」という当然といえば当然の事柄から出発して、現代科学・科学技術の問題点に迫ろうとする。

生きものにとっては、眠ったり、食べたり、歩いたりといった「日常」が最も重要です。ですから、その日常のあり方を変革し、皆があたりまえに自然を感じられる社会を作ればよいのですが、ここまできた近代文明社会を一気に変換するのは難しいでしょう。／そこで、ここでの提案は、まずは一人一人が「自分は生きものである」という感覚を持つことから始め、その視点から近代文明を転換する切り口を見つけ、少しずつ生き方を変え、社会を変えていきませんかということです。一人一人の気持が変わらないまま、たとえばエネルギーだけを脱原発、自然再生エネルギーに転換と唱えても、今すぐの実現は難しいでしょう。しかもそれはあまり意味がありません。自然エネルギーを活用する「暮らし方」が大切なのであり、その基本が「生きものである」という感覚なのです。（＊16）

中村は、例えば食物の安全性について、賞味期限を越えてしまった食べ物でも、「まだ食べられるかどうか、自分の鼻で、舌で、手で確認」することをいう。すなわち科学・科学技術のおかげで、安全が保証された形で食物が手に入るのはありがたいことであるが、「科学という言葉」に任せて、印刷された数字に振り回されるのではなく、「科学による『保証』の限界」を知ることが大事であるという。

ネズミやイヌなど他の生きものに比べたら嗅覚などはかなり感度が悪くなっているとはいえ、私たちの五感はよいセンサーです。もちろん、上手に使っていないと鈍くなるので、感度を保つためにも日常その力を生かすことは大事です。科学を知ったうえで、機械だけに頼らず生きものとしての自分の感覚をも活用するのが、私の考えている「人間は生きものである」ことを基本に置く生き方です。（＊17）

このことが、科学的とされる現代社会の「他人任せ」の生き方に対する「自律的な生き方」であるとする。この科学任せに対する反省から中村は、近代科学観そのものの検討に入り、その特徴を「機械論的世界観」であるとして、デカルト、ガリレイに始まる世界の見方に対して疑問を呈し、さらにこれへの優劣づけを否定する。

一七世紀に始まった科学の世界観は機械論的であり、しかもそれこそが進んだ見方だと多くの人が思うようになり、この世界観に立脚した近代科学・科学技術が世界中を席巻しました。（略）／今、こうした科学や科学技術のあり方に疑問が出されてはいますが、（略）／しかし、科学が明らかにする事実を否定する必要はありません。そうではなく、気をつけなければならないのは、科学による理解が優れており、日常的感覚での世界の理解は遅れていると受け取ることです。この二つを縦に並べて優劣をつけることです。（＊18）

五

中村はこのことを大森荘蔵の哲学思想に則って展開する。少し横道に入ることになるが、大森自身の「世界観」に関する主張は次のようのものである。

元来世界観というものは単なる学問的認識ではない。学問的認識を含んでの全生活的なものである。自然をどう見るかにとどまらず、人間生活をどう見るか、そしてどう生活し行動するかを含んでワンセットになっているものである。（略）この全生活的世界観に根本的な変革をもたらしたのが近代科学であったと思われるのである。近代科学によって、特に人間観と自然観がガラリと変わり、それが人間生活のすべてに及んだのである。／まず死物的自然観が支配するところとなった。自然は死物的原子分子や電磁場以外の何ものでもない、と。（＊19）

すなわち、ガリレイの「自然は数学で書かれた」という言葉、デカルトの「機械論的非人間化」によって形成された自然観がそれである。

このガリレイとデカルトの見方こそ現代科学の基底にある物質観であり、われわれ自身の物質観なのである。この物質観、つまり「物」の死物観こそ現代文明の基本的特徴なのである。(＊20)

この「死物的自然観」を大森は「密画的世界観」と呼び、「ここで大切なのは、事の核心が（しばしばいわれるように）事態の数学化なのではなく、事態の細密描写であるということである。数量化や数学化は、単に細密描写の手段なのであってそれ自身が目的ではないのである」(＊21)と特徴づける。そしてこれとは異なるもう一つの自然観――「不透明による理解の限界」を「私に擬して」理解する方式――を「略画的世界観」と呼ぶ。すなわち「このように目的―因果の混合溶融として出来事を見るのが略画的世界観である。この見方は決して無知蒙昧でもなく誤謬でもない。現代においても人文・社会科学での説明の主流はこの目的―因果型であり、さらに近代科学の祖であるケプラーやニュートンもまたこの目的―因果型をとっていたのである。それは彼らが一六・七世紀のヨーロッパの思想的風土の中に生きていたためであろう」(＊22)とされる。

大森は、近代科学に基づく「密画的世界観」が「略画的世界観」を圧倒しているが、しかしこの通念・迷信こそが問題なのであり、これを今一度見直す必要があると主張する。そしてその方法が「日常描写と科学描写との重ね描《えが》き」(＊23)として提唱される。大森の言葉を借りれば、こうである。

物と自然は普通りに活きている。ただ現代科学はそれを死物言語で描写する。だがわれわれは安んじてそれに日常語での活物描写を「重ね描き」すればよいのである。ここで大切なのは、その日常言語による活物描写は、「自然」そのものの活写であって、われわれの「内心」の描写ではない、ということである。（略）陰うつや陽気は私の「心の状態」ではなく、空自身の、庭自身の性質なのである。（略）一言でいえば、空や庭は有情のものであり、誤解を恐れずにいえば、心的なものなのである。（＊24）

中村はこれに従って、「重要なことは、『科学的』だからといって、密画のほうが略画より『上』なわけでも、密画さえ描ければ自然の真の姿が描けるわけでもないということです。密画を描こうとする時に、略画的世界観を忘れないことが大事なのです」（＊25）と述べることで、生活世界と乖離した近代科学との接点を求めようとする。

密画的世界観と略画的世界観という言葉で表わされる世界を時間軸の中で並べるなら、前者は現代、後者は古代や中世となります。物活論、アニミズムと言われると、時代錯誤、逆行という言葉が浮かびそうになりますが、そうではない、今ここに生きている私も日常は略画的世界観の中にあるのは事実ですし、後者を否定した近現代が、どこかおかしいと感じるからこそ、「重ね描き」に基づく新たな科学を求めようとしているわけです。／重ね描きをすると「死ん

だ自然を今一度活性化できる」という言葉もわかります。(*26)

このように中村は、近代科学を生活世界から批判的に見て取り戻す視点を定める。

六

以上、不十分ながらも、現代社会を支配する主流である近代国民国家に対する生活世界からの批判として、鶴見と内山の視点——「態度としての民主主義」及び「合理的な理解よりも非合理な諒解による小宇宙」=日本的共同体の古層——と、日常生活世界を踏まえて現代社会の中軸である科学を批判的に考察する中村の視点を検討してきた。その中でこれらの視点のそれぞれが一定程度の有効性を持つことを確認した。

しかし同時にこれらの視点には微妙な次元の違いも存在し、それぞれに放った矢がすれ違いを生じていることも事実である。それは自然世界、歴史世界、生活世界のいずれの次元に軸足を置くかの違いであるが、またこれらの諸次元での世界が相互に密接な関連を持って織り込みながら立ち現れるからである。

鶴見、内山の視点では国家権力への抵抗に際して日常知を絶えず脅かしつつある巨大な科学知(情報ネットワーク、IT機器等々)に向かって行かねばならず、中村の視点では科学知から日常知に向かうには日常知のベースに日常実践があり、これに伴う生活世界の分節化、歴史世界の進展という状況をどう乗り越えるかが問われる。

もちろんそれぞれに一歩前に進むという試みは多少見られるものの、なお相互の距離と織り込み方は遠いと言わざるを得ない。生活世界から考えて行く際にはこれらを織り合うことのできる環——絶えず変化と同時に構造化を続ける環——と多元的な視点が不可欠となる。

註

(1) 『鶴見俊輔集9　方法としてのアナキズム』一九九一年、筑摩書房、一八〇頁。
(2) 同、四〇七頁。
(3) 同、四〇八—四〇九頁。
(4) 『鶴見俊輔座談　国境とは何だろうか』一九九六年、晶文社、八六—八七頁。
(5) 同、九七頁。
(6) 同、九七—九八頁。
(7) 『鶴見俊輔集10　日常生活の思想』一九九二年、筑摩書房、三七一頁。
(8) 同、三七〇頁。
(9) 鶴見『かくれ佛教』二〇一〇年、ダイヤモンド社、一七五頁。
(10) 内山節『共同体の基礎理論——自然と人間の基層から』二〇一〇年、農山漁村文化協会、一〇七—一〇八頁。
(11) 同、一〇八—一〇九頁。
(12) 同、五二頁。
(13) 同、一六頁。
(14) 同、三二頁。
(15) 中村桂子『科学者が人間であること』二〇一三年、岩波新書、四頁。

(16) 同、一二頁。
(17) 同、一四頁。
(18) 同、一〇六頁。
(19) 大森荘蔵『知の構築とその呪縛』一九九四年、ちくま学芸文庫、一三頁。
(20) 同、一三三頁。
(21) 同、八六頁。
(22) 同、三〇頁。
(23) 同、二三二頁。
(24) 同、二三七頁。
(25) 中村、前掲、一〇九頁。
(26) 同、一二八頁。

(季報『唯物論研究』一二六号、二〇一四年二月)

2013

「非国家神道」
——スピリチュアルが流れる一つの河床=岩床

「スピリチュアル」がブームである。「スピ・コン(スピリチュアル・コンベンション)」への参加者は驚くほど多く、巷にはスピリチュアル関係のサイトや書籍も多い。しかしこの語については、いつも「アイマイさ」と「つかみどころのなさ」が付きまとって仕方がない。学問的にはきちんとしたものもあろうが、この「アイマイさ」「つかみどころのなさ」をまとった「スピリチュアル」が圧倒的であると思われる。そこでこれに関するさまざまな要素を考えると、どうも現在のブームの背景には、近代日本社会の進んできた方向から反れる形での逃避の側面が存在し、それが一つの居場所となっていることは確かなようである。

そうするとその基盤に、日本社会に伝統的に通底しているものが問題となってくる。というのも、これだけやすやすと人びとを魅了しているブームには、やはりそれを引き受ける受け手の側の感覚があるからである。これを日本の「スピリチュアル」と呼ぶか「アイデンティティー」と呼ぶかはともかく、ここから近代日本社会を見返す視点を考察することは、現在の「スピリチュアル」ブームを解く一つのヒントを与えてくれるであろう。ここでは、近代日本社会を一貫して「外からのまなざし」で検討してきた鶴見俊輔と、日露戦争以後の日本国家の立場を批判的に見てきた司馬遼太郎を切り口として検討する。

さて、鶴見は自分の視点を「非国家神道」と名づける。これは一応「神道」と呼ばれるが、いわば明治政府によって作られた国家神道以前に存在していた、村に土着の伝統や習慣と考えてよいであろう。また別の箇所では、「国民として寄りかかるに足る思想の共通の河床＝岩床」ともされる。具体的にはそれは、司馬との対談で次のように語られる（以下、『鶴見俊輔座談　国境とは何だろうか』より）。「非国家神道の一つの特色は、『思想？　フーン、そんなもの……』という、思想嫌いにあるんです。その思想を重く見ないという思想が岩床に近いんじゃないかな」。そして、「日本の村では違う宗教や思想をもっているからといって、肉体的に殲滅はしない。それが村の伝統なんですね。（略）重大なのは人間であり、生きていくためには互いに闇討ちはしないという約束を暗黙のうちに交わす。それが非国家神道の源じゃないのかな」とされる。

わたしは、長いあいだ自分の立場というものがわからなかったんです。キリスト教でもなければマルクス主義でもない。それらとは「型」が違うんですね。最近になってようやく、自分の考えかたは、非国家神道と呼ぶべきものじゃないのか、と思うようになったんです。

この、いわゆる思想ではないところの「型」、これが日本の村の伝統とされる。それは形あるものとして置かれるのではなく、人と人とのつながりのなかに具体化されて出てくる。
これについて、司馬も以下のように同意を表明する。

わたしは、近畿地方の漁村へ、ここ十年ばかり、暇があれば行ってるんです。このあいだ行った淡路島の小さな村でも、八幡様が氏神として小山の上に祭ってある。漁村だから浜辺には、海の神である住吉さんと恵比寿様が祭ってある。それだけでは効き目が薄いとみえて、金比羅さんまで祭ってある。金比羅の思想がどうのこうのというのではなく、住吉よりも効き目が高そうだということにすぎないんです。(略)あくまでも人間が中心にいる。/(略)たとえば、山のなかを歩いていて、ちょっと気味わるく、何か皮膚感覚に来るなというところには、必ずといっていいほど祠がありますよね。

この両者の対話から見えてくるのは、日本的なスピリチュアルの伝統には、その裏付けとして、堅固に組み立てられた思想ではなく、人間の日常感覚、村の日常生活の意識が存在しているということである。両者の結論は、こうである。

鶴見 (前略)たとえば、神社の森をたいせつにしようということばのなかには、人間が自然と共存しながら、そのそばに家を建てさせてもらうという感覚がありますね。そのように、初めにきわめて具体的なかたちをした、それでいてあまり醇化されていない、あらがねの状態の普遍命題を出す、それが日本の伝統じゃないんですか。

司馬　わたしもそう思いますね。キリスト教について言いますと、神というフィクションを証明するために重厚な神学ができたのであり、やがてそれが哲学を生んだんですね。ところが日本の場合は、谷のちょっとしたところを、自分に祟るんじゃないかと思う人が清めることによって、宗教が生まれた。清めるだけでじゅうぶんに自足してしまう。

かくして現代にまで続くおおよその日本的な姿勢が提示される。そこには、日常性に伴う「アイマイさ」とともに、司馬の発言の最後に出てきた「自足」という言葉に象徴されるように、全体としての「とらえどころのなさ」が絶えず付随することになる。

さて、ここまで来て両者は微妙にそれぞれの方向を転じて行く。一方の鶴見はここから、近代国家権力に対する抵抗を、「私的な根」に拠って立つ運動に求める。それは次の言葉であらわされる。

強大な権力の行きすぎに対して、自分を守るものは、個人の内面性であり、自分たちのくらしている土地での自治の習慣である。（略）国家の行きすぎに対して、もっとはっきりとそれぞれの土地のしきたりを守って対抗してゆくことから再出発することが望ましい。（『鶴見俊輔集9　方法としてのアナキズム』）

他方の司馬は、より古代に「この国のかたち」を求める。

古神道というのは、真水のようにすっきりとして平明である。／教義などはなく、ただその一角を清らかにしておけば、すでにそこに神が在《おわ》す。／例として、滝原の宮がいちばんいい。／滝原は、あまり人に知られていない。伊勢（三重県）にある。伊勢神宮の西南西、直線にして三十キロほどの山中にあって、老杉の森にかこまれ、伊勢神宮をそっくり小型にしたような境域に鎮まっている。／場所はさほど広くない。／森の中の空閑地一面に、てのひらほどの白い河原石が敷きつめられている。一隅にしゃがむと、無数の白い石の上を、風がさざなみだって吹いてゆき、簡素この上ない。／（略）／滝原の宮には内宮の社殿を小さくしたような社殿もある。伊勢神宮と同様、この山中で、二十年ごとの式年遷宮もおこなわれている。／私が見た滝原における白い河原石が一面に敷かれた場所は、じつは遷宮のおわったあとの敷地なのである。しかし、なまじい社殿があるよりも、以前そこに社殿があり、かついずれは社殿が建てられる無のようなこの空閑地にこそ、古神道の神聖さが感じられる。（司馬『この国のかたち　五』）

この両者の言葉から何を汲みとるか。鶴見のその土地のしきたりでの抵抗か、それとも司馬の「無のような空閑地」に古神道の神聖さを求めるか。言えることは、日本的な「スピリチュアル」には、内容としてそのどちらをも入れることが可能であり、そしていずれの方向、あるいは他の方向を取ったとしても、「アイマイさ」と「つかみどころのなさ」がいつまでも付きまとってくるということである。これが現在ブームとなっている「スピリチュアル」が多種多様、雑多な形を取っている一つの理由であると考える。それゆえ、このブームに積極的な意味を見出すことも、また消極的な意味を見出すことも可能であるし、これがファナティックな方向に進む危険も見過ごすわけには行かない。しかし、ロゴスによって世界を探求する者としては、かつて「日本主義」に対して、戸坂潤が批判した言葉が当たっているように思われる。それはこう述べている。

だがそれにも拘らず、日本精神（之が日本の本質な筈だった）が何であるかは、合理的に科学的に、遂に説明されていない。それはその筈で、元来日本精神なるものは、或いは「日本」なるもの自身さえが、日本主義にとっては、説明されるべき対象ではなくて、却って夫《それ》によって何かを相当勝手に説明するための、方法乃至原理に他ならないからである。／処が、「日本」という宇宙に於ける地理的歴史的社会的な具体的一存在を勝手に持って来て、之が何か哲学の原理になれると考えることが、元来少し常識で考えて見ても変なことで、もしこれが「金星主義」や「水仙主義」とでも云ったような哲学（?）ならば、誰も初めから真面目に相手にはしなかっただろう。（戸坂『日本イデオロギー論』）

この文章の「日本主義」に「スピリチュアル」なる語を当てはめてみれば、少しはその問題がはっきりするようには思われるが。

（季報『唯物論研究』一二二号、二〇一三年二月）

2015

上山春平論

——不戦国家と「日本の深層文化」を中心に

一　はじめに

私が敗戦の報《しらせ》をきいたのはイ号三六三潜水艦内であった。上甲板には私たちの豪華な棺桶「回《かい》天《てん》」（人間魚雷）が五本搭載されていた。回天搭乗員は会敵するまでは全くひまである。私は食事とトランプと日に二回の訓練のあいまに、岩波文庫の『古事記』によみふけった。／スサノオとかオオクニヌシのような生命力にあふれ苦難にみちた「根の国」系の神々の物語が、私はたまらなく好きだった。この悲劇の神々の血はヤマトタケルにまっすぐうけつがれている（略）。「天皇はやく吾を死ねとや思ほすらむ」といって泣くなく東国遠征に向かうこの悲運の青年の姿は、えたいのしれぬ怒りにもえながら死地にむかう私たちの姿に他ならなかった。（略）／（略）しかし私は根っからのロマン派ではなかった。元来、ロマン的陶酔に水をさす合理主義

の要求を根強くもっていた。(6: 5–6)(＊1)

『上山春平著作集』(全一〇巻)の冒頭の言葉である。上山は「太平洋戦争」(この戦争の呼称についての上山の異議は後に紹介する)末期、人間魚雷「回天」の搭乗員として出撃し、発射寸前に辛うじて中止となったという体験を有している。この体験が戦後どのように底を流れていったのかについては、戦後日本についての防衛論に示されている。しかし上山は、右の文章でも述べているように、いかなる状況、どのような課題についても「合理主義の要求」を梃子に、多面的重層的に思索を進めていくという姿勢を堅持しており、問題提起もさまざまな分野(プラグマティズム、不戦国家・防衛問題、日本文化、天皇制等々)においてなされるが、冷静な分析と意見が特徴となっている。小論はこの上山の思想を紹介しつつその本質的特徴を探り、現代における位置づけと評価を試みる。なおその際、上山の思想の特徴を最もよく示すと考えられる代表的著作を手がかりにしていきたい。

◉——略　歴

上山春平(うえやましゅんぺい)
一九二一年　台湾に生まれる。
一九四三年　京都帝大文学部哲学科卒。海軍予備学生に採用。
一九四四年　人間魚雷回天搭乗員として訓練。回天特別攻撃隊として二度の出撃。
一九四五年　復員。大学院入学。

一九五四年　京大人文科学研究所助教授。六八年　同教授。八二年　同所長。
一九八五年　京都国立博物館長。
一九九二年　京都市立芸術大学学長。
一九九四年　文化功労者。
二〇一二年　死去。享年九一歳。

◉——主要著作

・『弁証法の系譜——マルクス主義とプラグマティズム』(一九六三年、未来社)
・『大東亜戦争の意味——現代史分析の視点』(一九六四年、中央公論社)
改題：『大東亜戦争の遺産』(一九七二年、中央公論社)
・『照葉樹林文化　日本文化の深層』(編著、一九六九年、中公新書)
・『神々の体系——深層文化の試掘』(一九七二年、中公新書)
・『歴史と価値』(一九七二年、岩波書店)
・『続・神々の体系——記紀神話の政治的背景』(一九七五年、中公新書)
・『埋もれた巨像——国家論の試み』(一九七七年、岩波書店)
・『空海』(一九八一年、朝日新聞社)
・『天皇制の深層』(一九八五年、朝日選書)
・『上山春平著作集』全一〇巻(一九九四—一九九六年、法蔵館)

二　プラグマティズムと弁証法

◉――『弁証法の系譜』（一九六三年）

略歴ならびに主要著作から理解されるように、上山の思想で最初に注目するべきはプラグマティズムであろう。戦後、大学に復帰した上山が最初に関心を示したのが、論理学の分野であった。当時の思想状況はいわゆる「正統派」マルクス主義が主流の時代であり、そこでは弁証法的唯物論・史的唯物論に関する激烈なイデオロギー論争がなされていた。しかし上山はこの状況下でイデオロギー論争に加わることなく、もっぱらその方法論的基礎をなす論理学の分野に取り組む。その視点は次のようなものである。

きわめて大ざっぱな言い方をすれば、形式論理学〔アリストテレスなど――引用者〕は、思想のシンボルとしての広義の言語の次元に視野を限定していると言えるでしょう。これにたいして、先験的論理学〔カントなど――同〕というのは、対象認識の成立根拠を問うことを主要な任務としていますので、言語の次元だけでなく、対象の次元ともかかわりをもたざるをえません。また、精神の発展にともなう思想の発展の解明をめざす弁証法論理学〔マルクス主義とプラグマティズム――同〕は、言語と対象の次元に加えて、認識主体の次元をとりこんだかっこうになっています。（6: 13–14）

つまり、「形式論理学は言語次元だけの一次元の論理学、先験的論理学は言語次元と対象次元をふくむ二次元の論理学、弁証法論理学は言語次元と対象次元と主体次元をふくむ三次元の論理学」(6: 14)と要約され、現在問題にされるべきは弁証法論理学であり、ここではマルクス主義とプラグマティズムという二つの方向からのアプローチがなされるべきであるとされる。しかし、このことは「マルクス主義とプラグマティズムという二つのイデオロギーの折衷を試みようとしたのではなく、マルクスとパースという二人の独創的な哲学者の思索の方法の共通のベースとして弁証法をとらえなおすことによって、ヘーゲルの弁証法にふくまれていた社会分析の方法と思想分析の方法との再統一の可能性を探究しようとした」(1: 271)とされる。

その際に取り上げられた素材は、前者では、「マルクスは論理学の分野をほとんど未開拓のまま残した」(1: 44)という事情から、「この分野の科学的基礎づけに明確な貢献をしている」(1: 45)とされるレーニン『哲学ノート』と毛沢東『実践論』であり、後者では、パースの『論文集』である。これら両者の論理学の対比は非常に興味深いが、その詳細は『弁証法の系譜』を見られたい。

ここでパースの探究の論理――これは後にデューイによって体系的に発展させられるが――に注目したことは当時としては慧眼であったが、その論理は次のように語られる。

パースの探究の論理は、発想(アブダクション)、演繹(ディダクション)、帰納(インダクション)という三つの過程の複合とされているわけですが、形式論理の対象としての演繹が言語次元のみにかかわるのにたいして、発想は言語次元と主体次元にかかわり、帰納は言語次元と対象次元にかかわる、といったかっこうになっています。したがって、発想と演繹と帰納の複合からなる探究の論理は、言語と対象と主体という三つの次元にかかわることになるのです。(6: 14)

このように上山は、プラグマティズムを帝国主義的イデオロギーとみなすマルクス主義が圧倒的な時代に、一定の距離を保ちながらもプラグマティズムに理解を示し、その意義を評価する。そして、こういう姿勢をその後のさまざまな問題においても保ち続けるというのが上山の特徴となっている。

三　「大東亜戦争」と「太平洋戦争」

◉――『大東亜戦争の遺産』(一九七二年〔初出『大東亜戦争の意味』一九六四年〕)

さて、論理の世界を右のように理解した上山は、次第に「論理の世界に後髪をひかれる思いを残しながら、目に見えぬ巨大な力にひきずりこまれるように」(6: 15)、国家の世界に入っていくことになる。そこには研究者としての諸事情があるが、上山は後に、「こうした成り行きを、(略)案外、哲学の常道を歩んでいたのではないか、と思いかえすようになってまいりました。それは、論理から国家へという問題意識の展開のケースが、西洋の哲学者たちには少なくないということに気づくようになったからです」(同)と総括する。すなわち、アリストテレスの『政治学』、カントの『永久平和論』『人倫の形而上学』、ヘーゲルの『法哲学』等々がそれである。上山は京大人文研において、フランス革命と明治維新の研究に従事するが、ここでかつての戦争体験が契機となり、「大東亜戦争」「不戦国家」をキーワードに国家のあり方や戦争についての独自の考察を行う。そこには現在のわれわれにとっても再度見直し考えるべき事柄がある。

上山はまず、「大戦の見方」について問題提起をする。

> 私たちは、はじめ、あの戦争を「大東亜戦争」とよんでいた。しかし、いつのころからか、占領軍のよび方をまねて、「太平洋戦争」とよぶならわしになってしまった。それにともなって、戦争にたいする評価にも変化が生じた。(5: 82)

つまり、「『皇国日本』が『ファシズム』になり、『鬼畜米英』が『民主主義』になり、『東亜新秩序建設』が『植民地侵略』におきかえられる過程で、過去の価値評価が逆転した」(同)のである。しかし上山は、実はそこに問題はなかったのか、と問う。その理由はこう述べられる。

> アメリカは太平洋で日本と戦ったのですからアメリカ側としてはそれでよい。しかし、日本の中国への侵略とか、その他アジア諸国への侵略の姿が見えにくくなる可能性がある。私たちとしては、たとえ汚辱にまみれた面があるとしても、「大東亜戦争」ということで考え続けていくというのがまっとうな道だと思う。(7: 562)

それは「一種の錯誤」であったし、しかも「二重の錯誤」であった。

その錯誤とは、一方において占領軍が「太平洋戦争《パシフィックウオー》」の名のもとに教育ないし宣伝した戦争解釈を無条件に受け入れ、他方において日本の政府や軍部が「大東亜戦争」の名のもとに教育ないし宣伝した戦争解釈を丸ごと拒否する考え方をさす。私が、タブー視されていた「大東亜戦争」という用語をあえて用いたのは、それをタブーとみなす心情のうちに、「太平洋戦争」史観を鵜のみにする反面、「大東亜戦争」史観には一顧だにあたえようとしないという二重の錯誤の根をみとめたからである。(5: 120)

私たちは、戦後、「大東亜戦争」史観の虚偽にめざめる機会をもちながら、残念なことに、「太平洋戦争」史観や「帝国主義戦争」史観の虚偽を新たに受け入れてしまった。そのばあい、それぞれの国家利益は普遍的価値尺度の根拠とはなりえないという認識と、ただし相対的価値尺度の根拠とはなることができるという認識を、ともに欠落することによって、新史観と旧史観の双方にたいして「二重の錯誤」に陥ったのである。(5: 121)

つまり、「大東亜戦争」史観はもとより、「太平洋戦争」史観といえども、普遍的価値尺度の根拠にはなりえない、しかし相対的価値尺度の根拠とはなることができる、ということから、これによって普遍的価値尺度であるかのごとき認識を持ってしまうという「二重の錯誤」となってしまった（＊2）。

こうした変化によって、「皇国日本」や「東亜新秩序建設」の楯の反面が明らかになったことは認識の前進であったが、先進資本主義国と後進資本主義国のナワバリ争いが「平和愛好国」と「好戦国」もしくはデモクラシーとファシズムのたたかいとして、善玉と悪玉のたたかいにすりかえられた点にごまかしがあった。（5: 82）

その結果、日本人の間では「いつの間にか『太平洋戦争』という名前をつけたアメリカ側の戦争の見方を受け入れ、あの『大東亜戦争』という名前でこちら側で戦った経験なり、自分自身の思いをきれいに振り捨ててしまい、だまされた戦争といったぐあいに、他人のせいにしてしまう」（7: 562–563）。同時に、「極東裁判での死刑という判決にほとんど無感覚になってしまう」（7: 563）、あるいは「あの裁判を何か人ごとのように扱ってきた」（同）。

上山はこのような日本人の心情を「さもしい気持ち」（同）という言葉で表す。つまり、「戦後の日本人の多くは、自分たちの側には全く分《ぶ》がないので、分のない側から分のある側〔アメリカ側――引用者〕へ立場を移して、あの戦争をとらえるならわしになってきた」（7: 564）、「そしてあの戦争をリードした人たちの裁判を人ごとのように考えてしまった」（同）というのがその中身である。このことによって日本人の間で加害者としての意識が遠のき、戦争に無理やり巻き込まれたとする被害者意識が主たる感情となってしまった、と上山は指摘する。この上山の指摘は、戦後日本人の心情に存在するある種の後ろめたさを言い当てている（＊3）。

◉――「憲法第九条」と「原爆ドーム」

戦争の遺産に関して上山は、その中心に「憲法第九条」と「原爆ドーム」を挙げる。

「憲法第九条」について上山は、「あの憲法が、大西洋憲章→連合国宣言→国連憲章→ポツダム宣言→連合国対日管理政策という一連の国際的協定を前提とし、しかも、日本の議会の決議と連合国の日本管理機構の承認とをへて作製された国際的文書である、という事実に注目したい」（5: 85）と述べ、当時発足したばかりの国際政治機構（国連）を前提に、「旧来の至高権を主張する主権国家の理念に根本的な訂正を加えた人類最初の国際国家の制度化の試みであった。第九条の『戦争放棄』の規定は、こうした新しい国家理念の論理的帰結にほかならない」（5: 86）ことを強調する。

しかしながらその後の状況は、このプランを推進したアメリカ自体が、これとはまったく矛盾するパワー・ポリティクスの政策（トルーマン宣言→マーシャル・プラン→NATO・SEATO・日米安保条約→日本に再軍備の強要→警察予備隊の発足という「冷戦」プラン）を展開することになる。これに対して日本国民はからくもそれを防いできたが、その要が第九条であった。次節で紹介するが、上山はこの憲法の特質を日本の防衛論の一つの礎石とする構想を進める。

また「原爆ドーム」に関しては、こう述べる。

一方に、原爆を投じた国民があり、他方に原爆を投じられた国民がある。（略）一方は加害者であり、他方は被害者であるように見える。／しかし、広島の原爆広場の記念碑に、「安らかに眠って下さい。過《あやま》ちは繰返しませぬから」という言葉を刻みつけたのは、加害者らしく見える人びとではなく、彼らをして戦争をひきおこさせ、彼らをして原爆を投じさせた罪を、自らに課した被害者のように見える人びとであったのだ。（5: 215–216）

これについて、上山は次のように主張する。

その碑文は、被害者のように見える人びとに加害者意識を定着することによって、あの原爆ドームを加害者にたいする憎しみのシンボルとみなす視点を、原理的に拒否している。（同）

加害者をアメリカ側に限定せず、また、日米両国の政府にも限定せず、被爆者をふくむすべての人類にまでおし拡げたところに、あの原爆ドームを、憎しみのシンボルとしてではなく、一つの厳粛な誓いのシンボルとして、つまり戦争という愚行を二度とくりかえさないという誓いのシンボルとして解するための条件が、はじめて確立されたのである。（同）

ここで上山は、「被害者のように見える人びと」が実は「加害者でもある人びと」であり得、「加害者らしく見える人びと」が実は「被害者でもある人びと」であり得ることを示唆することによって、「加害者」と「被害者」の間に存在していると思い込んでいた敵対性そのものを超えて、互いに理解しようと努める視点を出す。この相互理解への途をまずは被害者、敗戦国の側から歩み寄っていくことが戦争という愚行をなくしていく方向ではないのか、と問いかける。

この視点についてはさまざまな責任という議論があるであろうが、上山はさらに、「原爆ドームと新憲法というこの二つの記念碑は、その外見のむごたらしさと、それによって象徴される理念の崇高さとにおいて、十字架上のイエスの刑死像にたとえることができよう」(5: 214)として、イエスの処刑がすべての人類の罪深さに起因すると解されたように、「広島での原爆投下は、(略)すべての人類を戦争の渦中に投じる愚劣なふるまいの積み重ねに起因すると解することができる」(5: 215)と位置づける。すなわちキリスト教のシンボルとされているイエスの刑死像は、「イエスを殺した人間どもの愚劣さと、その愚劣な人間どもを愛するがゆえに殺されたイエスのこの世のものならぬ崇高さを対照的に示すことによって、イエスの愛に象徴される神の愛を信じ、人間の愚劣さを克服する可能性を信じるよすがとされてきた」(同)。上山は戦争廃絶への途をこのように語る。

◉——不戦国家の理念、日本防衛論

さて、戦争についての総括を経て、現実の国家の問題としての不戦国家、防衛の問題に入っていくが、ここで上山は、これらを考えるにあたって大きな枠組みとしての「日本文化の原型」の問題を取り上げ——これが後に「日本の深層文化」研究ということで展開されていく——、この特徴に合致した方策こそが、最も日本にふさわしいとする。

少し回り道になるが、日本文化について触れておくと、上山は、日本文化の特質として「縄文時代の高度な狩猟採集文化」——これは弥生時代に至るまで数千年の間、狩猟採集で定住し続けたという歴史的に見ても異常な高水準の文化とされる——を日本文化の原型と見て、「日本文化の中心に狩猟採集性あるいは自然性ともいうべきものが、デンとあぐらをかいているのではないか」(2:34)と述べて、日本文化の基底には外からの別の高度な文化が伝わってきたときにも押しひしがれないかたちで自然性が存続し続けてきたのではないかとする。

「自然性」とは、乾燥地帯大河流域で成立した文明性(大量穀作、人為的な都市文化を原型とする価値体系)を「ある種の〝充実〟としてとらえる立場からすれば」、「〝空虚〟としてとらえられる」(5:209)が、「こうした空虚性は吸引力として、つまり、外来文明にたいするあくなき受容の熱意を生みだした」(同)。しかしその際にこの自然性が「フィルター」の役割を果たすので、「外から受け入れた高度な文明を、自然性の原型に同化し還元する」(同)。このような「白紙還元能力」を持っているのが日本文化である。上山はこの「空虚性」「吸引型」の日本文化を「凹型文化」と名づけ、ここに他の文化にはまねのできない役割があるとする。

私は、日本文化の中核に、文明性の対極をなす自然性を認め、自然性を原理とする日本文化の受容的で消極的な特色(凹型文化)のうちに、文明性を原理とする自己主張的で積極的な諸文化(凸型文化)には期待しえない独自な役割を見いだすのである。(5:211)

すなわち、「文明の観点から見た空虚性（略）というものが日本の特徴で、それは一種の吸引力になっている。こういう空間が人類のなかに一つあるということは、人類の将来にとって救いになるのではないか。中身が詰まりすぎた文明性を持っていると、よその文明に対して理解の限度が出てくる。（略）日本はその意味で、世界のさまざまのものが理解しあえる条件が一ヵ所に濃縮されてある空間だといえる」(2: 65–66)。

ところが、「第二次大戦とそれにさきだつ国際危機の時代に、軍人たちとそれに同調する指導者たちは、日本精神とか大和魂《やまとだましい》とかいうことを声高に叫んだが、彼らのとらえた日本文化のイメージは、自然性もしくは空虚性を原型とする消極的な凹型文化としての日本文化の反対物であり、いわばその自己疎外形態にほかならなかったのではないか」(5: 213)。

彼らは西洋文化にたいする敵対意識を通して、対抗の必要上、相手から強烈な影響をうけとり、無意識のうちに相手の凸型文化の流儀に同化され、日本文化に対するイメージを、本来の姿の反対物に転化させてしまったのではないか。(5: 213–214)

いわばイソップの物語に出てくるカエルのように、牛に対して自分を大きく見せようとしてお腹を無理やり膨らまし続ける、ところが最後にはカエルのお腹は破裂してしまう。まさしく徹底的な敗戦である。

そこで上山は、日本の国家防衛論として「日本文化の凹型的特性に見合った徹底的に受動的な非武装の防衛体制」(5: 75) を提唱する。ただしこの場合の「非武装」とは無防備という意味ではなく、「高度に鋭敏な情報網を用意する非武装の安全保障体制」(5: 75–76) ——自然災害や公害への対処ができる非武装の航空機、船舶、車両、機械類、人員を必要とする、「仮想敵国は想定しない」(5: 254)、「国土の外では機能しえない、非侵略的組織」(同) であり、上山はこの「新たな防衛組織」(5: 252) こそが本来の日本文化の特質に基づいたものとする。

こうした非武装の受動的な防衛体制は、旧来の「力には力を」というマスラオぶりの体制とはちがって、たとえば「力には悲鳴を」といったまことに不甲斐ないタオヤメぶりの体制であるが、これを不甲斐ないなどと思うのは、旧来の観念にとらわれているからにすぎない。(5: 76)

人類の闘争の歴史、戦争の歴史をふりかえってみると、ゲンコツや棍棒のなぐりあいから原水爆のロケット攻撃にいたる使用エネルギーの増大の過程に誰でも気づくはずである。旧来の防衛体制は、つねに相手側の破壊エネルギーをうわまわるエネルギーの確保をめざして、兵器の改良と増大につとめてきた。これは従来の防衛の基本原理であり、「力には力を」の論理もこのエネルギー原理の一つの表現形態にほかならない。(同)

したがって、この原理に従う限り核武装は不可避になる。そこで、「現状のように、『力には力を』の論理にしたがいながら核武装はしないといった中途半端なごまかしはやめて、『力には悲鳴を』というタオヤメぶりの論理に徹してはどうか、と私は言いたい」(同)。

すなわち、「力には悲鳴を」というのは、「エネルギーにインフォーメイションをもって応ずるのをたてまえとする」(5: 77) 論理であり、「エネルギー原理にもとづく防衛思想からインフォーメイション原理にもとづく防衛思想への転換」(同) が日本にふさわしいとされ、提唱される(＊4)。

そしてこの提案を実現するにあたって、「明治以来のマスラオブリを使いはたしたすえにおしつけられたタオヤメブリの憲法」(5: 244) がまさに有効な条件になると期待しつつ防衛論を提唱する。

四 「日本の深層文化」研究

◉――『照葉樹林文化』(一九六九年)

さて、戦争への反省から不戦国家、日本の防衛問題を論じつつ上山は、前項の日本文化の特質に関する考察をさらに進めて、日本の深層文化の問題に取り組む。これには京大人文研で今西錦司の人類学の研究班に帰属したところが大きい。上山の関心が、古代や原始時代へ、ヨーロッパと日本から地球全体へと拡張していく。その視点から日本文化を見るとどうなるか。その探求の一つの成果が『照葉樹林文化』という構想である。

この問題を日本文化、特に縄文期にしぼって考えるというのは、これを「自然社会の日本的形態」(3: 10) と見て、「そこに今日の日本文化の最深層にひそむものを想定し、それをさぐりだそうとする」(同) からである。すなわち、「私たちが地面の中から縄文土器を掘りおこすという作業は、もともと象徴的な行為なのであって、それは日本文化の深層から縄文文化を掘りおこす作業のほんの一部にすぎない」(同) として、従来の考古学の枠を超える試みと位置づける。

「照葉樹林」とは温帯に成立する常緑広葉樹林 (シイ、カシなど表面が光って見える葉を持つ木からなり、元来は中国南西部から日本列島にかけて広く分布していた) の一つの型であり、上山は、植物学者中尾佐助の農耕文化のカテゴリーの分類――東南アジア起源の根栽農耕文化、アフリカ起源のサバンナ農耕文化、地中海周辺の冬雨地帯起源の地中海農耕文化の三分類 (参照: 中尾『栽培植物と農耕の起源』一九六六年、岩波新書) ――に沿って、日本の縄文文化を「照葉樹林文化」(右の分類の中での根栽農耕文化の変型)、すなわち「熱帯に成立した根栽農耕文化の温帯適応型」(3: 13)、「北方変形」(この言葉は中尾の発言。3: 151) としてとらえる。つまり、「縄文文化は、基本的に採集経済を基調とする文化であるが、その後半期に農耕文化へのさまざまの移行形態を示し、末期にあらわれた雑穀栽培を媒介として、やがて弥生時代の水稲農耕文化に転化してゆくのであろう」(3: 22) という問題提起である。「照葉樹林文化」論そのものについては、この後さまざまな批判が出されるが、日本から中国中〜西部を経てヒマラヤに至る照葉樹林帯を一つのユニットとみなし、そこに成立した文化を現在の国境を越えて考察したことは、ややもすれば日本の原始文化をそれだけで孤立したものとして考えてしまう傾向に別の方面からの光を当てたものとして注目されるべきであろう。

上山は、この考察の結果から、旧大陸の二つの農耕文化に中心――麦作文化の中心としての西アジアの「ファータイル・クレッセント (豊かな三日月地帯)」と、照葉樹林文化と稲作文化の中心としての雲南からアッサムにかけての地帯 (「東亜半月弧」) ――を想定し、「日本は『東亜半月弧』の系統に属し、中国とインドは両方のミックス」(6: 22) であるとして、この意義について次のように述べる。

このような日本文化の位置づけの仕方は、旧来の東洋と西洋の二分法によるものとか、和辻哲郎の『風土』におけるモンスーン・砂漠・牧場という三分法によるものとは、全く観点を異にしており、とりわけ農業社会段階における日本文化の位置づけの仕方として、少なからぬ発見的役割をはらんでいるのではないかと期待されます。(6: 22)

◉——『天皇制の深層』(一九八五年)

上山は、この日本文化の特質から、次に現在につながる問題として日本の国家の原形を探るが、ここでは八世紀初頭の律令国家の成立期に焦点を合わせる。その理由は、この時期に『古事記』、『日本書紀』が出現し、信頼度の比較的高い正史である『続日本紀』さらには国法体系である律令——「大宝律令」(七〇一年) の二〇年ほど後の改訂版「養老律令」の令の大部分と律の一部——が存在していること等である。これらの文献資料を駆使して上山は、律令国家なかでも天皇制成立の背景の解明を試みて、この時期、「八世紀初頭の日本に出現した律令とか正史 (『日本書紀』) とか都城 (平城京) といった巨大なモニュメント群の背後に、その制作主体として、日本最初の『立法者』を想定」(6: 23) する。それが藤原鎌足の息子の不比等であり、上山は、不比等こそ、この時代の政治の動き全体をシステム的に統一した仕掛け人 (国家のデザイナー) であるとする(＊5)。

上山によれば、日本国家の特色は、「八世紀に確立した律令的君主としての『天皇』を国家の頂点に位置づける一種の君主制を維持している点、そして、最大限に民主的な憲法のなかに、こうした古代的君主制の遺制を組みこんでいる（略）点」(4: xiii) にあるとされる。

そして天皇制は「中国律令制の日本的な変形」(6: 25) としてとらえることができるが、中国の律令制に対して重要なデザインの変更を施している。というのも、中国の場合には「上帝」(天上の人格神) の命令 (「天命」) によって王朝 (天子) の支配が正当化される、すなわち上帝の天命が革《あらた》まることによって王朝 (天子) の交代も正当化されるという「革命」(王朝の姓が易《か》わる「易姓革命」) 思想が存在する。ところがこれに対して、日本の天皇制では、「天子が『皇祖神』、天照大神の子孫ということになっており、天子は『皇祖神』の地上に現われた姿として、『現神《あきつみかみ》』もしくは『明神《あらみかみ》』と称せられ、したがって、『皇祖神』と天子との関係は、(略) タテマエとして、ほぼ自己同一に近い関係にある」(6: 30) とされる。したがって、「あちらの皇帝は、天上の神さまに責任をとらされるタテマエになっているのにたいして、こちらの天皇は、天上の神さまが地上に降臨された姿と解されることによって、天上の神さまにたいする責任から解放され、いわば無責任の状態におかれているというタテマエ」(4: 155) になっている。

このように、天皇制の特徴は「王朝不変革の原理」(6: 31) ——明治憲法の表現で言う「万世一系」の思想——であり、『記紀』の神代巻はこのことを示唆し、律令制では天皇について政治的役割と同時に、「祭祀者的な宗教的な役割が非常に高い」(4: 47)。

そして八世紀初頭の大国家プロジェクトを陰で指導して、この権威と権力のあり方をつくり上げ、藤原氏のヘゲモニーを確立していったのが不比等であるが、その傍証として上山は「神祇《じんぎ》革命」があったとする。これは神々の大規模な配置転換（祭祀施設の再編成）がこの時代に起こった。すなわち、「皇室ゆかりの三輪山の神を伊勢に移してアマテラスとよび、出雲の杵築の地にオホクニヌシとよばれる新たな神をまつって、これを大和の名族たちにゆかりの神々の祖神とみなし〔「大臣《おほおみ》」たちの葛城の神々などはオホクニヌシの子供にされる――引用者〕、こうして名族の神々の本拠を東西の遠隔の地に移した後に、律令国家のセンターである平城京まぢかの春日の地に藤原氏ゆかりの神々をのりこませる」（4: 130）、そしてこれによって「藤原ダイナスティ」が形成されたとする。

上山は、その後の体制を、「第一段階」八世紀初頭～十二世紀末（奈良朝～平安朝）、「第二段階」十二世紀末～十九世紀（鎌倉幕府～江戸幕府）、「第三段階」十九世紀以降（明治維新～現在）と区分し、「第一段階」と「第二段階」を「律令的天皇制」、「第三段階」を「立憲的天皇制」と呼ぶが、「ここで確認しておかねばならないのは、明治維新を転機として、律令的天皇制から立憲的天皇制への転換はあったのですが、律令君主として千年余りの伝統をもつ天皇が、世襲の君主として存続されたために、明治憲法と昭和憲法のいずれにもある天皇の規定、それと不可分の関係にある皇室典範、さらにこれらと切りはなすことのできない皇位継承儀礼や皇室祭祀等にかかわる不文の慣習法などが、律令制の伝統を今日に持ちこしている、という事実であります」（6: 40）として、現在とのつながりを強調する。

五　思想の位置づけと今日的意義

以上、上山の思想を概観してきた。その多岐にわたる知的関心は驚くに値するが、上山の思想を位置づける場合、その関心の出所が単に理論的にのみ関わる視点とは異なっているところが特徴的である。例えば、文化を扱うような場合であればこう語られる。

いつもこちらの文化的な持ち味を相対化していくような、一つのブレーキがかかるわけですね。だから、たとえば日本の文化のなかからつむぎ出されたものに、求心的に入っていくという力より、むしろそれを破りながらそれを相対化していくという方向が、いつもぼくには働くんです。(6: 61)

すなわちこの視点から、世界を「永遠の相」の下にとらえるのではなく、それではとらえきれないさまざまな「歴史性と地域性という観点」(6: 62)、「知的な世界と感情の世界とをつなぐ働き」(同)の探求が「深層文化論」となっていった。この従来の歴史学や考古学や人文地理学の枠を超えていこうとした生態的な文化という視点は評価されるべきであろうし、その視点を「孤立した日本列島」に限ることなく、東アジアにまで広げようとしたことも同様であろう。

これは日本文化や国家をとらえるうえでの一種の新しいインターナショナリズムであると思われ

るが、しかし同時に上山の姿勢は、ある種、戦前のナショナリズムの再来として誤解されてきた。特に「大東亜戦争」という言葉の使用がそれである。上山は、「あの戦争の名前について、太平洋戦争などと言うときは、あれはもともとアメリカ人が作った名前で、一つのイデオロギーが背景にあったわけですよ。それを受け入れることになる、ということを拒否したまでで、大東亜戦争を肯定したつもりはない」(6: 69) と語る(*6)。

実は、この姿勢そのものに上山が自らに課した限度がうかがわれる。上山は歴史について大胆な説を主張し、それが現代とつながっていると主張するわりには、その現代社会について沈黙し、政治・社会・市民運動とは距離を置こうとした。右の大東亜戦争の誤解についても、「あの論文を素直にちゃんと読んでくれた人なら、そんなまちがいはおこるはずがないと思うんです。ですから一切弁明しないつもりなんです」(同) と済ませてしまう。また約二〇年間属していた思想の科学研究会の退会 (一九七一年) に際しても、「六〇年安保のころから、思想の科学研究会の主要なメンバーが、さまざまな市民運動に深くコミットするようになり、その点で、できるかぎり政治の渦中にはまきこまれたくない、という私の願望と会の大勢とのあいだにズレが生じるようになり」(6: 72) ということで退会している。

上山は政治との関係について、こう語る。

思想と政治のかかわりについて、私は、政治にかかわるということは、修羅の世界の論理にまともに支配される結果に陥らざるをえない、と考えており、少なくとも人間の生き方にかんする思想は、たしかに修羅の世界の体験なしには育たないが、同時に修羅の世界からの離脱なしには真に自由な展望を開きえないのではないか、と考えている。(同)

それゆえ上山は、修羅の世界からの離脱に価値を置く仏教的視点に惹かれるのであるが、しかしなお問題は残っているし、そのことを上山自身も自覚している。

関心を実践的な側にかたむけながら、しかも政治的実践の世界からはできるかぎり離脱したいという思いを貫こうとすることは、矛盾をはらんでいるように見える。とくに、実践的な関心が国家論に向かうということは、その矛盾をはげしくするにちがいない。あくまでも政治的実践の渦中にまきこまれることを拒否しながら、はたして国家論のような実践的テーマを追求しつづけることができるのかどうか。それが今後の私に課せられた一つの大きな難問だといえよう。(6: 74)

かくて上山は、旧来の学問・地域・歴史の枠を超えようとして、また戦後社会の左右それぞれの思想に存在する一面的思考の克服を目指してさまざまな領域に石を投じて波紋を生じさせるが、自らはアカデミズムの世界にとどまり続けた。

註

（1）上山の著作からの引用は、以下それぞれの番号で、（番号：頁）を（6: 5–6）のように示した。
①『弁証法の系譜』（一九六三年、未来社）。＝『上山春平著作集　第一巻』所収。
②『日本文化の構造』（梅棹忠夫・多田道太郎編、一九七二年、講談社現代新書）。
③『照葉樹林文化』（編著、一九六九年、中公新書）。＝『上山春平著作集　第六巻』所収。
④『天皇制の深層』（一九八五年、朝日選書）。＝『上山春平著作集　第六巻』所収。
⑤『憲法第九条――大東亜戦争の遺産』（たけもとのぶひろ編、二〇一三年、明月堂書店）。
＝『上山春平著作集　第三巻』所収『大東亜戦争の遺産』ほかを再編集。
⑥『上山春平著作集　第一巻　哲学の方法』（一九九六年、法蔵館）。
⑦『上山春平著作集　第三巻　革命と戦争』（一九九五年、法蔵館）。

（2）この点について上山は、国家利益に結合する価値尺度の相対性、可変性を指摘して、「たとえば、第二次大戦中のアメリカにとって善玉を意味した『平和愛好国』の一部〔ソ連など――引用者〕が、今日のアメリカにとって悪玉を意味する『全体主義国』とされ、逆にかつての悪玉としての『好戦国』〔ドイツなど――同〕が今日の善玉としての『自由諸国』のカテゴリーに入れられていること」（5: 130）をあげ、またソ連にとってはその逆であることを指摘する。したがって、特定の国家利益を基準とする価値尺度は相対的であり、逆に、それぞれの国家利益が対等の資格で尊重されねばならないとすれば、国家利益に結びつく価値尺度も対等の権利を認められねばならないとする。

（3）上山は、自説と近い時期に出た、林房雄の『大東亜戦争肯定論』（雑誌初出一九六三年）と同一視されることに対して、その立場の違いを強調する。その第一は、林が明治以降の日本の膨張政策を植民地解放の過程とし、戦後アジアの宗主国からの独立の事実を「大東亜戦争の目的の達成」と見るのに対して、上山はこれをその「目的の挫折の結果」と見ることであり、林の論理は、白人によるアジア支配は植民地化であるが、アジア人によるアジア支配は植民地解放であるという馬鹿げた前提をしない限り不可能であると批判する。第二に林は、「解放戦争である大東亜戦争を侵略戦争だと信じこむこと」によって「日本民族の誇りを失うな」と強弁するのであるが、これに対して上山は、「私は大東亜戦争を解放戦争ではなく侵略戦争であると考える立場から、錯誤のうえにたつ誇りよりは、過ちを過ちとして認める誠意と、過去の過ちから学んで新しい生き方を見いだす勇気とを、むしろ尊重したい」(5: 135) と述べて、明確に戦後の平和主義を肯定する。

(4) これに関連して、上山は、戦後五、六年経ってイギリスの人間魚雷の映画を見た時、自分自身の人間魚雷の部隊での体験と比較して、「日本人というのは、案外に、根は女性的な国民なのではあるまいか」(5: 240) という感想を持つ。

まず、それは人間魚雷作戦のスタイルの差にあらわれていた。いずれの場合にも攻撃目標の近くにまで潜水艦に載せて運ぶのであるが、「イギリスのばあい、搭乗員はアクアラングを着装して水中に露出した座席にまたがり、首から上を水面上に出して、時速三ノットというノロノロしたスピードで夜陰に乗じてひそかに目標に近づき、至近距離で潜航して目標の艦底に時限爆発装置をしかけた魚雷の頭部を固着させ、その頭部を切りはなして、ノロノロと母艦に引き上げる。/ところが、日本のばあいは、まず第一に、搭乗員が母艦に帰ることはまったく考えられていない。死を決して一路敵艦に猛進し、魚雷もろとも海底のもくずと消えるのである」(5: 242)。

「イギリスのばあいは、港の入口などに防潜網などがはってあれば、搭乗員は魚雷をいったん停止させて座席をはなれ、ロープなどで防潜網をまくり上げたりしながら前進するのであるが、日本のばあい、搭乗員は外界からまったく遮断された魚雷の筒内に着座したまま、二〇ノット前後の高速で突っ走り、防潜網などは、魚雷の頭部に着装したノコギリでガリガリと引きかいて前進する仕掛けになっている。/(略)/一見、壮烈ではあるが、映画で見たかぎりでは、イギリスのばあいのほうが、はるかに沈着な判断と不屈の闘志を必要とするように思われた」(5: 242–243)。

そして結論的には次のように述べる。

「彼我の人間魚雷作戦のスタイルを、私自身の経験と映画にあらわれたかぎりでのイギリスのばあいとで比較してみたかぎりでは、あちらが、個々の隊員の沈着な自主的判断力と不屈の冒険精神をよりどころとしているのにたいして、こちらは、いわばヒステリー状態の女性〔原文ママ〕が刃ものを握りかざして真一文字に相手に襲いかかるスタイルになっている」(5: 241–242)。

冷静な観察眼であり、これが上山の防衛論に生かされている。

なお、日本文化の女性的原理について、上山は他の箇所でも何回か指摘している。またこれについては、本書後掲の拙論「『誇り高く、美しい国』とは、戦争への途ではないのか?」でも触れているので、参照していただきたい。

(5)　この仕組みについては、『神々の体系』(一九七二年、中公新書＝『著作集　第五巻』所収)、『続・神々の体系』(一九七五年、中公新書＝同)、『埋もれた巨像』(一九七七年、岩波哲学叢書＝『著作集　第四巻』所収)、『天皇制の深層』(一九八五年、朝日選書＝『著作集　第六巻』所収)等で繰り返し述べられている。

(6)　上山は、これを「常識人としての声が体験にひっかけてナマででてくる」(6: 68) 議論であるとする。すなわち、「大東亜戦争という名前で戦った戦いの汚ならしさも、これはやむをえないと認める部分も、あの名前にひっつけたままで、あの戦争を論ずべきで、太平洋戦争というアメリカ人がつけてくれて、しかもアメリカ人が解釈のシステムを与えてくれたようなもので考えていたら、すべっちまいますよ、と言いたかったのだ」(6: 69) と主張し、しかも「左翼と自称する人」がそれに簡単にのりすぎているとして、「いわゆるマルクス理論と太平洋戦争理論を、好都合なもんだから手間を省いて全く便宜的に癒着させてしまっている」(同) として短絡的一面的思考を批判する。

(季報『唯物論研究』一三一号、二〇一五年五月)

「誇り高く、美しい国」とは、戦争への途ではないのか？

――櫻井よしこの言説を検証する

この国は一体誰のものか。紛れもなく日本国民のものである。／（略）／この国は紛れもなく、この国に生まれ、暮らし、この国で生を全《まっと》うした人々の国家でありながら、余りにも長い間、迷走してきた。日本国民の想いとは別に、他国の要求に屈して本来の日本とは異なる姿を形成してきた。そのような方向へと日本をいざなうべく決定的な影響を及ぼしてきたのが占領当時のＧＨＱ（連合国軍総司令部）である。近年の中国も同様である。就中《なかんずく》、日本国の首相の資格に介入することさえ憚《はばか》らない中国の振る舞いは異常である。国際社会の良識と常識、或いはルールからも大きく逸《そ》れたその種の言動に、日本の政財官界のみならず、メディアさえも影響され今日に至る。植民地まがいのこの屈服と従属はどこから生まれてくるのか。（3：1）（＊1）

私たちの国、日本は、なぜ、もっと賢くなれないのか。なぜ、信念を持ち、その信念を曲げない強さを発揮出来ないのか。なぜ、誇り高く、美しく振る舞うことが出来ないのか。そう問う

とき、どうしても元凶としての現行憲法に想いが至る。(3: 3)

これは、ニッポン・イデオロギーの旗手の一人として論陣を張るジャーナリスト、櫻井よしこの主張である。櫻井は「クリスチャン・サイエンス・モニター」東京支局員、日本テレビ「きょうの出来事」キャスター等を務めたジャーナリストとして知られており、現在は国家基本問題研究所理事長として言論活動を継続中である。小論では、右の引用に見られるような櫻井のタカ派的主張とその背後にある思想に宿る危険性を一つひとつ検証していく。

一

櫻井の主張は、尖閣諸島、竹島、北方領土といった問題で最も先鋭に示される。例えばこうである。

尖閣諸島問題で日本に問われているのは、主権の基盤である国土を守る気迫ではないか。最終的に武力をもって戦ってでも守り通す気概は日本にあるのか。/領土問題は主権問題でありその余の問題とは決定的に性質が異る。国土を守るか取られるかの瀬戸際に立ついまこそ、日本は領土防衛の究極の気迫と力を現実の形にすべきである。(7: 167)

これまで尖閣、竹島、北方領土のすべてで日本外交は惨憺たる敗北を重ねてきた。決然たる国家意思で向き合わなければならない主権問題を、双方の主張を足して2で割って落とし所を探すような外交に終始してきたからに他ならない。主権問題は商取引きではない。にも拘らず最初から妥協点を探ることしかしなかったのが日本外交だ。（同）

では、このような事態はなぜ生じたのか。

答えは明らかである。自国の防衛を他国に依存し、自らは出来得る限り軍備を退けてきた戦後体制のツケが噴出し始めたのだ。／国際関係の基本は軍事力にあるという平易かつ明白な原理も、アジア・太平洋に高まる緊張も見ようとせず、特にこの一〇年間、日本だけがひたすら軍事力を削減してきた結果である。（7: 152）

櫻井は特に、中国に対する姿勢で日本政府の外交政策を弱腰と批判する。というのも、櫻井によれば、中国は本質的に外交手段として戦争を用いるからである。「中国が戦争を目的達成のための有効な手段のひとつと位置づけ、いつでも戦争を仕掛ける準備を整えていることを忘れてはならないだろう。（略）だが中国は最初から、軍事力の行使を、外交や政治折衝と同列に置き、その中から、必要に応じて最も効果的な手段を選び出すのであり、中国共産党のこの悪しき伝統は習近平体制においても顕著である」（7: 9）からとされる。

中国以外の国々、特にアメリカもまた右のような「悪しき伝統」政策を取ってきたことには触れないままに、尖閣諸島問題では、立てるべき方策をこう提言する。

こうして見ると、尖閣防衛の最前線が官邸、政治の意思であることが明確である。政治が断固たる意思を持たなければ、最悪の場合、わが国は海保にしても海自にしても、中国の侵略を遠巻きにしてなす術もないという屈辱に甘んじなければならないということだ。／こうした複雑、不合理で消極的な規定〔海警行動や防衛出動の法的制限——引用者〕を明確で簡潔な、普通の国の合理的な規定に急ぎ変更しなければならない。(7: 17)(*2)

櫻井のこの姿勢は、北朝鮮に対しては、「北朝鮮問題の打開には圧力以外ありえない！」とする発言となる。平沼赳夫との対談ではこうである。

北朝鮮に対しては、いまや圧力しかないと思います。対話を通して解決できれば一番良い事ではあるし、これは万人が同意するところだと思います。しかし、それが行き詰っているのは明らかなわけですから、圧力しかないのです。普通の国であるならば、圧力をかけるということは武力を背景に話し合うものです。／しかし日本は武力が無いというより使ってはいけないことになっています。それでも私は、「いざとなったら日本の自衛隊が北朝鮮に日本人を助けに行く」ということを議論すべきだと思っています。議論すること自体が、北朝鮮に対する圧力になります。(5: 181–182)

これに対して平沼も、「私も櫻井さんと同じく、制裁・圧力をかけ続けることがもっと必要だと思っています」(同) と応じる。

ところが、このような「普通の国」=「戦争の出来る国」にし、国家としての強い姿勢を示すためには、戦後の日本国家の行動を抑えてきた足枷を外す必要がある。すなわち「元凶としての憲法」、なかんずく、憲法九条の問題である。

二

櫻井は、「もう一度、この国の姿をしっかり見つめなおすことが必要だと思う時、考えるべき第一の課題として、この国の土台である憲法が思い浮かぶのです」(2: 225) と述べ、「守るべきことがわからなくなった日本の、精神的漂流状態」(同) の原因を現行憲法であるとする。

戦後五十年あまり、少なくとも当初は、必ずしも自ら選び取ったわけではない価値観で国家を運営してきて、結果として今の日本の姿があります。(2: 235)

アメリカは、日本に与えた憲法の平和主義が「虚構」の上に成り立っていることをとうの昔に認めています。一方、日本は、世界の現実を見ようとせず、その虚構の中に今もなおとどまっています。/虚構を土台にした憲法の下で保たれている日本の平和が、いかに弱々しい平和であることとか。その中に住む私たちがいかに活力に乏しい存在になってしまったことか。そんな私たちが集団となってつくる日本という国が、いかに魅力に欠ける国となってしまったことか。そのことに気づかないまま、「平和憲法」と称して後生大事に守ってきたのです。(2: 38–39)

また、こうも言う。

平和を目指せばこそ、その平和に辿りつき、それを守る手立てとしての力を持たなければならない。自由を欲すればこそ、個人の自由を担保してくれる国家の自立を皆で支えなければならない。重ねていう。そのためにこそ、九条第二項の破棄が必要なのだ。／(略)／静謐《せいひつ》かつ熱い愛国の情を以て、九条第二項を決然と破り捨てるところから、日本国の再生が始まる。(3: 133–134)

そして九条の改正は、日本一国の問題にとどまらず、中国を警戒するアジア諸国からも求められているとまで言って憚らない。

日本が九条を改正して、集団的自衛権の行使を可能にして、独立国として自力で国家国民を守ると決意することは、日本一国の利益を優先する利己的な決断では、決してない。日本人にその自覚は乏しくとも、日本は紛れもなくアジアの大国である。大国に相応の役割が求められるのは、時代、地域を問わず普遍的な原理原則である。そうした意味で、アジア諸国が日本に送り続けている熱い視線に日本人は気づいているだろうか。(3: 111)

この文章のすぐ前には、「仮に台湾が台湾住民の意に反して中国の支配下に入れば」、「海洋国家・日本の生命線であるシーレーンが中国の手に落ち」、「日本は喉元に武器を突きつけられる」(同) というくだりがあり、また他の場所では、「日本は自衛隊を他の多くの普通の国の軍隊と同じようなまっとうな軍隊にして、マレーシア、シンガポール、タイなどのASEAN諸国と軍事交流をするべきなんです。それは彼らの望むことであり、中国に対しては、勝手なことをさせないというポーズになります」(5: 77) と発言しているが、要するに櫻井にとっては、国際問題とは領土問題であり、その解決に軍事力以外のものを認めようとはしない。しかし絶えず武器をちらつかせて問題に対する姿勢は、逆に戦争を招く恐れを高めているとしか言いようがない。

ところが、憲法改正問題ではいつもそうであるが、櫻井は他の改正論者と同じく、「押しつけられた」憲法をそのまま運用してきた日本政府とそれを受け入れてきた国民への批判はあっても、いくら敗戦直後であったとはいえ、憲法を「押しつけた」側の責任についてはタブーとして触れることがない。(＊3)

三

櫻井はこのように九条の改正を主張し、日本が「普通の国」となることを求める。そしてその

「普通の国」とは、次のようなものである。

まともな国家とは、国民の生命財産、領土領海を自力で守ることができなければなりません。国民の利益、つまり国益を自力で守ることが必要なわけです。その時必要なのは、もちろん戦後培った経済力も大切ですが、何よりも外交と軍事です。この二つがそろっていなければ、まともな国家とは言えません。軍事力のバックアップのない外交は〝口ばかり〟になり、外交のない軍事力は単なる〝暴力〟にすぎず、どちらが欠けても、諸外国はまともに国家として相手にしてくれません。／では、現在の日本はどうかと言えば、その両方がないんです。あるのはお金だけです。(5: 70)

したがって、「国家の役割は日本民族の生き残りを担保することにあり」(5: 190)、そのためには「確固たる国家観を持つこと」、「日本らしさを保ちながら、民族として生き残っていくこと」(同)が何よりも必要とされる。そこで政治家の役割は、自立した、強力な国家を目指し、アジアにおける大国としての地位を確固たるものにしていくことにあるとされる。

しかしその場合、現行の日米安保条約を結んでいるアメリカとの関係はどうなるのか。櫻井はここで一方では、憲法改正についてはアメリカですら当然視しているものの、「イニシアチブを再びアメリカに渡し、日本が安易に追随していくことは、繰り返してはならない」(2: 235–236)、「国防の分野でも力を蓄え、かりそめにも米国の被保護国などと呼ばれる状況から脱することだ。日米同盟を片務条約から対等な双務条約に変え、誇りある日本として、世界によりよく貢献するのだ」(6: 136) と謳う。

ところが他方で、アメリカとの関係では、「中国の脅威が眼前に突きつけられているいま、日米同盟の弱体化は日本の孤立を招く」(6: 26)、集団的自衛権の行使は「米国に対しては戦略パートナーとしての信頼につながる」(6: 269)、あるいは「日米同盟を緊密に保ち、日本の戦略的外交を推進し」(7: 18) として、アメリカとの関係を密にする方針を出している。

また、別の箇所では次のように述べる。

本来なら日米同盟の下で米軍の強固な前方展開が中国への牽制となる。だが、そのような安全保障の後ろ盾としての米国に頼り続けることの危うさを認識し、日米同盟を最大限大事にしながらも、日本の覚悟と決断が必要な局面に、私たちは差しかかっている。(7: 14)

櫻井の主張には、ことアメリカとの関係に近づくと歯切れが悪く、曖昧なままやり過ごすところがあるが、これらの主張を見れば、日本の自立や独自性を言いながら、アメリカとは切れることなくその世界戦略のアジアにおける一端を強力に担うのが日本の役割だと理解せざるを得ない。そのことは現実の安保条約でアメリカ軍に奉仕している日本の実態(思いやり予算、基地に関わる諸問題、なかんずく「日米地位協定」がもたらしている日本の外交権すら否定されている構造)については口をつぐんだままであることとも連動している(*4)。

四

さて、櫻井が繰り返し言う日本文明、日本の価値観とは、本来どのようなものであるのか。櫻井が説く日本の姿は、現代のわれわれには及びもつかない、古色蒼然たる時代錯誤《アナクロニズム》の典型ともいえるものである。その中心には皇室が置かれる。

この国の成り立ちってなんですかって聞かれるんですけども、例えば、皇室の淵源は、日本最初の天皇である神武天皇に遡ることができます。そうすると、リベラルな人たちは「神武天皇は存在したのか」と聞きます。一二七年生きたことになっていますからね。「こんな長生きをしたわけはない。作り話だ」というわけです。『日本書紀』や『古事記』に登場する神武天皇の事跡は、神話的ですし、一部は史実ではないかもしれません。（略）だからと言って、嘘と捉えるのは、間違いだろうと思います。それは、このような物語を作った民族の心、その時代の人々の心がそこにあると思うからです。（5: 201）

つまり、「そこに夢を見たり託したり、願いをこめたりするのが、その民族が持っていた価値観であり、それが神話になる。それを象徴するのが皇室です」（5: 202）。そして、「皇室は神話そのものを生きてこられた方々です。神話を構成する価値観を守ってこられた方たちが、皇室の皆様方だと思います」（5: 195）というわけである。ここには、日本の歴史に対するまともな理解の片鱗すらないことが見て取れ、驚きを禁じ得ないが、しかしこのことは櫻井にとっては、むしろわれわれが現在の基準で論議するべき事柄ではないという居直りの論理となる。

紀元前六六〇年の即位とされる神武天皇も含めて、これらすべて、神話である。神話に端を発する万世一系、男子継承の皇室は、日本民族生成の物語なのだ。物語は理屈を超越する。理屈での説明が難しい側面があるのは、むしろ自然なことなのだ。（4: 158）

だから、「現代の価値基準で論評したり、批判するのは当たらない」（4: 159）のであって、「大事なのは、幾百世代もの先人たちが、それを是としたことである。それは各々の時代に生きた日本人の価値判断であり、心の積み重ねだからだ」（同）と、この居直り論理を強める。

紀元前七世紀から今日まで、二六六五年の長い間、幾百世代もの日本人は、それらの物語をそのまま民族生成の物語として受けとめてきた。「万世一系」も「男系天皇制」も、そうしたものの基礎として受けいれてきた。歴史を通して存続してきた皇室は日本人の心の積み重ねが形となったものであり、日本人の価値観の表現、日本の精神文明の支柱のひとつなのだ。（6: 113–114）

これ以上何をか言わんや、というところであるが、櫻井は大真面目にこのように論じる。天皇制の成立やその後の権力闘争や紆余曲折の誰でもが周知の日本史の経過を、すべて民族の心、日本人の心という、つかみどころのない概念でベタ塗りし、それを象徴するものを皇室とする。しかも「天皇は、日本国の象徴であり日本国民統合の象徴」であるとする憲法の規定に類似したところまで持ってくる。そこで次に批判するべきは「この地位は、主権の存する日本国民の総意に基く」という規定であるが、さすがに「主権の存する」国民には表立って反対できず、その代わりに「天皇と皇室の身分は憲法で規定されてはいるが、実際には私たちの暮らす次元を〝超越した存在〟なのだ」(3: 78)ということで、「日本国民の総意に基く」根拠として、先ほどの途方もない物語を麗々しく持ち出してくるのである。そしてこれを日本人の祖先の心の形、日本文明の中心軸、日本の歴史観として憚らない。

五

さて、このような伝統を持ち続けてきた日本ではあるが、現在、その「日本人から日本人らしさがなくなってきた」(3: 31)。その中身はと言えば、櫻井は「日本的なるものを規定するのは容易ではない」(同)としながら、節度と慎ましさ、品格、正しく身を保ち、私益よりも公益を優先させる、年長者を敬う、自然の恵みに感謝する等々、およそ通常の日常生活でのルールを挙げる。

しかし、現代の日本人、否、戦後の日本人はこうした価値観を旧《ふる》いものとして捨て去ってきた。国のかたちの根本である現行憲法にも、こうした価値観への言及は全くない。あるのは、日本人が幾十世紀にもわたって育て、日本人の生き方や死に方に刻み込んできた日本の価値観、私はそれを日本文明と呼ぶのだが、その日本文明の全否定のみである。（3: 31–32）

日本の悲劇は、歴史の大きな節目節目で、前進し、新しいものを吸収しようとする余り、旧きよきものを残す努力を十分にしてこなかったことである。（3: 206）

櫻井はこのように嘆き、思い返せば「明治という時代も江戸時代までの日本を否定して始まった。明治維新によって生まれた新政府は一八七二年（明治五年）の学制頒布、一八七九年（明治一二年）の教育令による義務教育の導入によって、教育の主体を家庭から国家へと移した」（3: 206–207）。これは「無論、善意からであり」（3: 207）、「同時に、押し寄せる海外列強に対抗できる国づくりに備えるためだった」（同）とし、そして失われた日本人らしさを確保するために、「だからこそ明治政府は『教育勅語』によって、親、兄弟、友人、国家などとのつながり、孝行や信義や忠義などの大切さを担保しようとした」（同）とされる。

「ところが第二次大戦の敗戦により、日本の歴史や文化は、またもや、否定されることになる。今度は完膚《かんぷ》なきまでの否定だ。明治以降の日本のみならず、江戸時代までの日本も、まったくの無価値なものとして、完全に否定された」（同）と言い切る。

かくして日本文明の状況は惨憺たる有り様となってしまったと、櫻井は日本の現状を総括する。

明治時代、日本人は明治憲法と皇室典範と教育勅語をセットにして日本の伝統を守ろうとしました。では、戦後の日本国憲法は何とセットになっていたでしょうか。日米安保条約です。これではアメリカの価値観が日本を支配する一方で、日本的な価値観が残る余地はありませんでした。この時点で日本の伝統や文化が断絶されたと言っても過言ではないと思います。(2:213)

しかしながら前述したように、日本を取り巻く情勢に対抗していくためにはアメリカとの緊密な同盟が不可欠であるとするのも櫻井である。そこで日本文明の断絶に嘆きつつ、世界情勢に対していくには、現行憲法の改正以外に道はないとする。何ともデコボコの論理であるが、要するに現行憲法をすべての悪の根源にして、何が何でも憲法改正に持っていこうとするゴリ押し論理である。

六

この歴史観から櫻井は、これまでの時代、特に太平洋戦争に至る時代を振り返るが、そこでは日本が諸外国との関係でやむなく戦争に進まざるを得なかったという「他者によって動かされた」、「被害者としての日本」の歴史が語られる。

大きな変化が、とても速いスピードで起きました。背後には日本国が危ないという意識がありました。明治政府は、最初から黒船の脅威にさらされて出発した政府です。脅威を強く感じていたからこそ、日本国が沈まないために、一刻も早く新しい体制をつくらなければならないという危機感があったのです。それゆえ帝国憲法をつくり、不平等条約から早く脱出することが大きな命題でした。でなければ清国のように、欧米列強に領土を割譲され、国が国でありえないような状況に陥ってしまいます。そのような事態への恐れが高じて、外国に攻め込まれる前に攻め進んでしまったのが朝鮮半島の植民地支配でした。(2: 212–213)

何とも自分勝手な論理である。これが高じて太平洋戦争へと突き進んでいくのであるが、これもまた日本の責任ではないと強弁する。つまり、「朝鮮半島の背後に中国の脅威を見、さらにその背後にロシアの脅威を見たからこそ、私たちの父祖は、後に侵略戦争と呼ばれる戦いに踏み込んだのではないか」(1: 119)と。日本は、平和を目指していたが、不本意ながら戦争を始めたということである。しかしながら、その戦争がなぜ、「後に侵略戦争と呼ばれる戦い」となってしまったのかは明らかにしていない。語るに落ちるとはこのことを指すのであろう。ところが、櫻井はさらに強気に侵略戦争を擁護する。

日本の歩みを満州事変のはるか以前、日本が開国し世界とまみえることになった時点からとらえてはじめて、日本が直面した歴史の全体像が見えてくる。日清、日露戦争に勝った日本を、米国がどれほど警戒したか。日露戦争でのロシアの敗北から学んだ米国はパナマ運河の完成を急がせ、自国の海軍力の統合性を保つ体制を作った。それがやがて日本を叩《たた》く力となった。警戒すべき日本に有力な同盟国をもたせてはならないとして、米国は中国と心を通じ、ワシントン海軍軍縮会議で日英同盟の破棄に成功した。／孤立を迫られたその時点から、一九四一年一一月のハルノート、そして第二次世界大戦開戦までの道は、日本がどのようにもがいても変えることはできなかったであろう。もがきつつ日本は、間違いも犯しただろう。私たちはそうした間違いを見つめながらも、日本が歴史の必然としてくぐり抜けざるを得なかった大潮流を見なければならない。その大潮流は諸国のエゴと疑心と謀略とによって形成されたものだ。(6: 106)

再度、確認したい。戦争は一国だけが、或る日突然、一方的に思いついて開始するものではない。昭和一〇年代、多くの不穏な動きがあったとはいえ、日本国がいかに戦争を回避しようとしたか。反対に、いかに米国と中国が日本に悪意を抱き、挑発し、戦争へと追い込もうとしたか。日本人が学ばなければならない常識として、少なくともその両方の事実関係をおさえることだ。そのとき、はじめて歴史の全体像が見える。(3: 129–130)

これは、「多くの不穏な動き」には目をつぶり、日本の善意と米国・中国の悪意を軸に、自己に都合のよい事実のみを根拠に主張する櫻井のやり方が、「歴史の全体像」を見るのを妨げていることを示す典型的な文章である。このような「言い訳」が櫻井の主張の特徴を示している(＊5)。

七

以上、櫻井の主張の背景にある論理の展開を見てきたが、その論理がシンプルで発言の威勢がいいだけに、一定の支持があることは否定できないであろう。櫻井の発想の基本は、「万世一系」の皇室から発する「理想国家」日本という、歴史の論理を超えた幻想であり、これを真っ向から否定した産物である現行の憲法を改正して、「本来のあるべき姿」、「強く、美しく、そして逞しい日本」に改造するべきだというのがその主張である。しかしながら現実の政治情勢はそう単純ではないだけに、いろいろと小細工を弄し、アメリカとの密接な関係の維持等々も主張するわけである。その内容は限りなく危険なものであり、日本を戦争に積極的に巻き込む恐れがあることが、これまでの検討から理解されるであろう。

ところが、櫻井の論調に見られる一見強い姿勢には、「他者によって動かされた」「被害者としての日本」という影、「言い訳」の論理が付きまとっている。いわば戦争への「巻き込まれ型」の論理であることが指摘されなければならない。そして日本における戦争体験の記録や文学においては、この「巻き込まれ型」がほとんどであるということも同時に指摘されなければならない。これについて最近、赤坂真理と内田樹が対談の中で語っている。

内田　(前略) 吉田満の『戦艦大和ノ最期』は敗戦直後にわずか一日で書き上げられたそうです。だから、まことに生々しいドキュメントです。でも、これも典型的な『巻き込まれ型』戦争体験なんです。彼らが戦争を始めたわけじゃない、でも、戦って死ぬ義務だけはある。そういう圧倒的に非対称的な立場からの戦争体験なんです。(＊6)

赤坂　(前略) 実際のあの戦争には主体がなくて、メカニズムとして動いていたものがなだれのようになっていった、というふうに先生はお考えになりますか?

内田　極東軍事裁判の時、A級戦犯たちはみんなそういっているわけですね。自分は企画立案をしていないし、そもそも開戦に反対であったと、ほぼ全員が証言する。

赤坂　嘘だ！　と叫びたいけれど、そう言いましたよね。

内田　日独伊三国同盟にも反対し、満州事変にも反対して、全部に反対したんだけれども戦争が始まってしまいましたと言うわけ。(＊7)

この「巻き込まれ型」論理の責任回避と、櫻井の「言い訳」論理は近い。赤坂は、百田尚樹の『永遠の0』を取り上げて、「特攻隊員をめぐる話も、特攻隊員が祖国や家族を守るために勇敢に散る、男らしい話と思われがちですが、話型として見るなら、完璧に女性的です。どこからか特攻命令が降ってきて、運命に抗えずはかなく散る私、という」(＊8)と指摘する。櫻井の強い論調に通じるところである。

さらに櫻井の言説に付きまとう、中国に対する徹底的な嫌悪の根拠も検討する必要があるだろう。櫻井は認めることはないであろうが、中国に対する古い歴史的関係から生じている潜在的なコンプレックスの存在を、今一度確かめてみる必要があるのではないかと思われる。これも赤坂の文章から見てみよう。赤坂が高校時代にアメリカ東海岸で経験したことである。

ある上級生の少年が、私にこう訊いた。(略)
「どう書くの／君の名前を／チャイニーズ・キャラクターで？」／何を言われたのかがわからなかった。(略)
そして次の瞬間、静かに雷に撃たれたみたいだった。(略)／〈チャイニーズ・キャラクターって、「漢字」のことか！〉(略)
なんということか、漢字が中国の文字だということを、私は認識していなかった！(略)／しかししかし、言われてみれば、「漢」と書いてあるのだ。／明々白々に、書いてあるのだ。／漢民族の「漢」と‼／そして、日本で男のことを「漢」とも言う。／そうか、そのときどきのドミナントな文明を「男」と見立て、自らを「女」の地位にしてやってきた文明なのだ、日本は！／昔は中国で、今はアメリカだ。
それを思ったとき、なぜだか強烈な「恥」を感じた。／(略)／しかしそのとき私は、父祖たちの鬱屈が、体で理解できた気がした。／なんとか「男」になろうとした明治国家の焦りと、昭和二十年の敗戦の、大きすぎるその挫折。(＊9)

櫻井の述べる日本近代化の経過との見事な類似がここにある。

八

櫻井は、「日本の文明、価値観」を強調して、それが失われてしまった現在に国家としての「品格」と「日本人らしさ」の回復を叫び、戦争のできる「普通の国」を目指す。そしてその中心に皇室を据える。当然のことながら、靖国神社はその象徴的な地位を与えられて、疑問さえ出されない。しかし外交問題での櫻井の強硬な主張には、危ういところが多々あることを忘れてはならない。註5で触れた『日本海軍四〇〇時間の証言』の「文庫版のためのあとがき」では、防衛大学校卒業生として初めて海上幕僚長、統合幕僚会議議長となる佐久間一からの話が出されている。

> 懇談の席で、佐久間さんは、こう切り出した。／「尖閣諸島問題を報じる最近の記事には、本当に腹が立って仕方がないんですよ。〝海上自衛隊と中国海軍もし戦わば〟という類の記事です。本当に無責任だと思いませんか。前の戦争の直前にも、〝日米もし戦わば〟といった記事が盛んに雑誌に掲載された。そうやって世論を煽《あお》り、結果、国の進路を誤らせたんです」／確かにこの頃〔二〇一二年、政府が尖閣諸島を国有化して、日中の緊張が高まっていた時期――引用者〕、特に雑誌メディアを中心に、佐久間さんが指摘するような記事が盛んに掲載されていた。（＊10）

櫻井は現在、これと同様のことをなしているのではないか。日本の平和への途を誤らせるのは誰か。答は明らかであろう。

最後に、「強く、逞しく、美しい日本」を言うならば、いまだ終了していない幾多の戦後処理があることも確認しておくべきであろう。

例えば、いまだに東南アジア、南方諸島、シベリア等に残されたままの一一三万柱に上るといわれる遺骨の収集（沖縄にさえ多数の遺骨が眠っている）問題（＊11）。また、純粋な気持ちばかりが強調されている特攻について、その正確な実態の把握（兵員構成の内容、特に職業軍人の比率との比較や特攻隊・予科練内部での学歴差別、戦争末期に不時着機が急増した事実と搭乗員のその後の処遇の解明等）の問題（＊12）、さらには特攻作戦を計画実行した指導部の責任問題（＊13）。輸送船問題では、損失（撃沈された輸送船――日本の商船隊〔百総トン以上〕の二五六八隻、八四三万総トン余、保有船舶の八八％が海底に沈められ、船員は総数六万人余が戦死――）の実態と、これとは別にアメリカ軍警戒の最前線に動員され、太平洋上で撃沈された多数の漁船（機帆船約三四〇〇隻と推定されるがいまだに不明のままである）の実態の解明の問題（＊14）等々である。

「従軍慰安婦」の問題では櫻井は、軍の関与の証拠がない、と鬼の首を取ったかのごとく発言しているが、これで「従軍慰安婦」の問題が消失してしまったわけではなく、旧日本軍の占領地であった各地域での慰安婦の実態さえ解明されていないという現実がある。

さらに櫻井は、首相は靖国神社を堂々と参拝すべきだと主張し、「日本人の心」を強調するが、例えば、戦艦大和の沈没後、諏訪之瀬島（トカラ諸島の一つ）に次々と流れ着くおびただしい兵士の遺体や遺品を、アメリカ軍機の機銃掃射を避けて総出で命がけで収集し、「ぐらしか（かわいそうに）、ぐらしか」と焼いた島の人々の行動のほうが、より「日本人の心の形」を表してはいないだろうか(*15)。
おそらく櫻井は、常に用いる言い方で、「それも大事だと思いますが……」と矛先をかわすかもしれないが、これらの問題を真剣に考え、具体的に取り組むことこそ、「英霊」に応える「日本人としての真の道」ではないだろうか。

註

(1) 櫻井よしこの著作からの引用は、以下それぞれの番号で、(番号:頁)を(3: 103)のように示した。
①『櫻井よしこが取材する――一九九一―一九九四』(一九九四年、ダイヤモンド社)。
②『憲法とはなにか』(二〇〇〇年、小学館)。
③『気高く、強く、美しくあれ――日本の復活は憲法改正からはじまる』(二〇〇六年、小学館)。
④『この国を、なぜ、愛せないのか――論戦二〇〇六』(二〇〇六年、ダイヤモンド社)。
⑤『リベラルが日本を潰す　保守新生』(平沼赳夫との共著、二〇一〇年、宝島社)。
⑥『宰相の資格』(二〇一一年、産経新聞出版)。
⑦『日本の決断』(二〇一三年、新潮社)。

(2) なお付記すれば、櫻井はこの立場から、例えば沖縄の普天間基地の問題については、「大所高所」に立って次のように述べる。
「沖縄県は普天間の移設を、沖縄県の負担軽減と基地受け入れの見返りの視点からのみ論ずる。日本国としては、沖縄県の負担軽減に留意しながらも、日米同盟の維持、とりわけ米軍の再編に最大の注意を払いながら、いかにして中国をはじめとする周辺核保有諸国の脅威に備えていくかを考えなければならない。/沖縄県の拒否反応に対してはまず、彼らに正面から、国の安全保障と沖縄県の地政学上の重要性を説くことが必要だ」と(4: 100)。

しかし、まさしく沖縄の拒否反応はこの日米同盟の維持の負担から起こっているのではないのか。櫻井は「留意しながらも」、「最大の注意を払いながら」、「考えなければならない」とするが、それ以上の具体策を何ら提示しない。特に現地で最も負担を強いられている沖縄県民に対して、この見解で説得にあたれると考えているのか、これまでの歴史的経過を踏まえた視点が望まれる。

(3) これに関連して、「護憲派ではなく立憲派」の立場から憲法問題を論じる伊藤真(司法試験塾「伊藤塾」塾長)はこう述べている。

「憲法に限らず、法案というものは、誰が案を出したのかは重要ではありません。それを審議、議決したのが誰なのかが重要なのです。たとえば、今、国会が作っている法律の大多数は内閣提出法案です。(略)／法案を作ったのが役人だからといって、この法案が無効だという人は誰一人としていません。審議、議決さえすれば、それは国会が作った法律になります。憲法も同じことです。誰が案を出してきたのかは本質的なことでなく、それを審議し議決したのが日本国民である以上、日本の国民が作った憲法です。押しつけ憲法でもマッカーサーが作った憲法でもありません。制定後六〇年間、国民が憲法として受け入れてきた事実は、さらにこの憲法の正当性を根拠づけるものです。／そもそも当時、押しつけ憲法という概念はありませんでした。押しつけ憲法という言葉がはじめて出てきたのは、一九五四年の自由党の憲法調査会のときです。そこで、明治憲法の体制を維持したかった松本烝治が感情的に押しつけられたと発言し、それが押しつけ憲法という決まり言葉として政治的に利用されてきただけのことです」(伊藤真『憲法の力』二〇〇七年、集英社新書、一六一―一六二頁)。

また、実際に現行憲法が制定された第九〇回帝国議会衆議院本会議、帝国憲法改正案委員会議(一九四六年)の議事速記録を忠実に再現した労作『検証・憲法第九条の誕生――「押し付け」ではなく、自ら平和条項を豊富化した論議の全過程』(岩田行雄編著、二〇〇四年、自費出版)は、九条制定に向けられた国会の熱意と状況をよく伝えている。

(4) 「日米地位協定」の問題に関しては、前泊博盛編著『本当は憲法より大切な「日米地位協定入門」』(二〇一三年、創元社）に詳しい。本書は、戦後体制（サンフランシスコ体制）の三層構造の重要性は、《講和条約＞安保条約＞地位協定》の順ではなく、《地位協定＞安保条約＞講和条約》の順にある、「日米地位協定」は「日本における、米軍の強大な権益についてのとり決め」であるとして、その構造を解明している。ぜひ一読されたい。また、このような状況を生んだ一九四〇年代後半の対日政策の大転換については、孫崎享『戦後史の正体』（二〇一二年、創元社）が大いに参考になる。

（5）この点に関連して、敗戦後に海軍軍令部（陸軍の参謀本部に当たる）の元参謀たちが集まって開かれた「海軍研究会」の録音テープが存在している。そこでは、櫻井の言う「日本国がいかに戦争を回避しようとしたか」という点について以下の記録が残されている（一九八五年八月二〇日　第六十八回反省会）。

「あなたは戦争になると必ず負けるということを、富岡（定俊作戦）課長、あるいは（福留繁）一部長を経て、永野総長〔軍令部長――引用者〕を動かすだけの働きをどの程度おやりになったのか」（発言者不明）

「そこまでやる必要を感じなかった。（略）実際、課長は部長に話をされたと思うんですね。（略）だから我々としてはね、それ以上に、総長にまで話をしとけというまでには……」（三代元大佐）

「そうでしょうね、三代さん。いい考えだったんでしょうけども、恐らくそうだったんでしょう。残念でしたね」（発言者不明）

そして、「最後のやりとりに、会場は爆笑となる」（NHKスペシャル取材班『日本海軍四〇〇時間の証言――軍令部・参謀たちが語った敗戦』二〇一四年、新潮文庫、一五八頁）。

海軍の最高司令部において行われていたこのようなやりとりのどこに、戦争回避の事実を見ることができるのか。「海軍あって国家なし」とされるセクト的官僚構造が無責任にも戦争に国家と国民を引きずっていった事実を、櫻井はどう見るのか。

なお、このやりとりのすぐ後に、取材班のメンバーは、「この戦争で、三百十万人の日本人が亡くなり、植民地や諸外国の犠牲者は一千万人を超えているとされる。その当事者たちが、なぜ笑えるのだろうか」（同、一五九頁）という感想を寄せているが、至極当然の意見であろう。

(6) 赤坂真理・内田樹「街場の『戦後』論——東京裁判・憲法・安保闘争」、『文學界』二〇一四年一〇月号、一四八頁。
(7) 同、一四九—一五〇頁。
(8) 同、一四八頁。なおこれに続けて赤坂は、「その命令がまぎれもなく味方から来た、ということや、命令者の責任、大日本帝国軍が命令で自爆攻撃をさせた世界で唯一の正規軍だということは、語られません」と批判の矢を向ける。
(9) 赤坂真理『愛と暴力の戦後とその後』二〇一四年、講談社現代新書、五七—五八頁。
(10) 前出『日本海軍四〇〇時間の証言』、四九八—四九九頁。
(11) 「ガダルカナルから旧日本兵遺骨帰国…海自艦到着」(『読売新聞』二〇一四年一〇月二四日)は、「海外で戦没した約二四〇万人のうち、一一三万柱が未帰還とされており、政府は来年の終戦七〇年を前に遺骨収集を加速させる」と報じている。
(12) この問題については、日高恒太朗『不時着』(二〇〇四年、新人物往来社〔二〇〇六年、文春文庫〕)に詳しい。
(13) 前出『日本海軍四〇〇時間の証言』、第三章、第四章を参照されたい。
(14) 戦時中の輸送船乗組員の証言集『海なお深く——太平洋戦争　船員の体験手記』(全日本海員組合編、二〇〇四年、中央公論事業出版〔二〇一七年、成山堂書店〕)はこの状況を克明に伝えている。
(15) 鬼内仙次『島の墓標——私の「戦艦大和」』(一九九七年、創元社)は、この事実を精細に跡づける。作家の浅田次郎は、「本書は大所高所から戦いを歴史として俯瞰する記述はない。徹頭徹尾、愚かしい戦いに殉じた輝かしい人間たちの生と死を描く」と評している。

(季報『唯物論研究』一三〇号、二〇一五年二月)

2015

敗戦・戦後七〇年とわれわれの視点の枠

本書第一章に収録した『マーシャル諸島　終わりなき核被害を生きる』（竹峰誠一郎著、二〇一五年、新泉社）の書評（「日本人が不可視化した〈戦後〉」）において、筆者は次の言葉を引用した。

「戦後」七〇年間、日本は「被爆国」と名乗りながら、米国の核実験が実施されたマーシャル諸島で住民がどうなっているのか、かつて「南洋群島」として統治下に置いた地に、想像力の射程が十分伸びなかったのはなぜだったのでしょうか。「ビキニ事件」と言いながら、現地住民の存在が忘れられる、あるいは軽視されていることは今なおあります。

つまり、第五福竜丸事件が被爆国日本の新たな被曝事件として大々的に報道されながらも、その視点がわが国の問題に限定されてきたという事実、さらにはわが国においても第五福竜丸の問題に限定され、その当時周辺にいた数多くの漁船については調査すらなされず、一切が封じ込められてきたという事実である。

敗戦後七〇年、沖縄問題や基地問題や福島原発事故問題の扱いを見ても、この狭い視点がえんえんと続いてきたことが確認される。それは左翼を含めてわが国全体に覆いかぶさっている。立場の左右を問わず、国際主義を謳いつつ、それが言葉以上のものとなっていない原因の一つがここにある。

われわれはこれとよく似た状況を、実は第二次世界大戦前にも見出すことができる。二〇世紀が終わるにあたって石堂清倫は、日本の社会運動について、こう語っている。


一九二二年にコミンテルンがアジア諸国の社会主義者を召集した極東民族大会の席上で、「日本の労働者には母乳とともに飲み込んできた愛国心があり、その排外主義がアジア民衆の団結を妨げている」と警告しています。／外からみれば誰の目にも排外心と映ずる日本の偏狭な愛国主義は、日本人は体感としてはわかっていないと外部の人が感じています。（石堂清倫『二〇世紀の意味』二〇〇一年、平凡社）

石堂はこれを、日本の社会運動の歴史的な大きな負債と見る。そしてこれゆえに日本人は、侵略戦争をやめさせる力も、天皇の責任を問うこともできず、保守化時代の今日でも「国家主義者、民族主義者が時を得て、現代版愛国心を鼓吹している」と断ずる。つまり「二十世紀中にわれわれは、国民的決済をとげていません」と。

この悪しき伝統が、いまなおわれわれ自身を縛り、わが国の運動の視野を狭めている、と石堂の指摘は続く。

わが国の共産主義運動は、アジア諸国の労働運動と、戦前戦後をつうじて協力体制をつくることはありませんでした。建前として国際主義をとる以上、反資本の運動を国際化するべきですが、戦前の日本の労働運動は、「インド以下的な賃金」に憤激しながら、インドの労働者と提携したことなどありません。そして、戦後の総評は、「ヨーロッパ並みの賃金」を唱えましたが、そういう前に、朝鮮やインドネシア、インドシナ、フィリピンなどの労働運動と共通の目標を掲げ共通の運動をつくることをしなかったのです。いまでも、共通の綱領をもち、共通の資本と戦うという国際連帯の運動はありません。（同）

そして、「各国の多様な社会主義運動を、いかにして共同の行動に向けるかという共通の知恵がない」と現実の変革を訴える。

しかしながら現実には、排外主義がいかんともしがたく見えるほどに成長している面がある。石堂は、「敗戦の時が、そうした日本の排外主義を突き崩す一つのチャンスだった」とする。しかし、「敗戦によって排外的な国民精神を諸国民と共生できるものに改革する歴史的な条件の一つは、天皇制を根本的に変革することでしたが、それは制度の変更である以上に、われわれの国民精神の知的な、また道義的な改革を包含するべきものでした。しかし国民のかなりの部分は、伝統的因襲的な思想をそのまま残していた観があります」。

そしてこの上に、「日本に来ていたアメリカ軍部は、そのような保守的な伝統を自己の帝国主義的支配を拡大する道具として利用する方針をとった」。その結果、「二十世紀を送る段階で、『日の丸』と『君が代』の問題が法制化されたのは、日本国民の現実の到達点を示す事件でした」と総括する（一九九九年、国旗国歌法施行）。

われわれは一五年以上も前に書かれたこの指摘を、今日なおそのまま認めざるを得ない。しかし、こうした状況を異常とも感じずに過ごしてきた時代が終わりつつあるようにも感じる。

「戦後レジーム」について、これを右から崩そうとする大きな波がうねりを増す中、これに抗してその意義を表裏二面からきちんと捉え、見直そうとする議論が出てきた。例をあげれば、赤坂真理『東京プリズン』、白井聡『永続敗戦論』、孫崎享『戦後史の正体』、前泊博盛編著『本当は憲法より大切な「日米地位協定入門」』、矢部宏治『日本はなぜ、「基地」と「原発」を止められないのか』、そして松島泰勝『琉球独立論』等々が提起した問題である。議論はまだ途上であるが、そこにはこれまでわれわれがあまりにも当然のことと考えてきたわが国の状況についての前提の見直しが鋭く指摘されており、同時に戦後史の再検討の問題が実はわれわれ自身の視点の枠そのものの見直しであると迫っている。そのことは右記の石堂の問題提起に通じるものがある。この問題は今後真剣に議論されていくべきであるが、その際に石堂の言う「母乳とともに飲み込んできた愛国心」、「その排外主義」をいかに自覚的に克服していくかが問われる。

かつて上山春平は「太平洋戦争」という呼び方に疑問を呈して、次のように述べた。この名称は

「一方において占領軍が『太平洋戦争』の名のもとに教育ないし宣伝した戦争解釈を無条件に受け入れ、他方において日本の政府や軍部が『大東亜戦争』の名のもとに教育ないし宣伝した戦争解釈を丸ごと拒否する」という考え方を定着させた。しかしこの見方を受け入れることで、「大東亜戦争」という名前で戦った日本人の経験や思いをきれいに振り捨ててしまい、だまされた戦争に無理やり巻き込まれたとする被害者意識を主たる感情にしてしまった。そして、中国をはじめとするアジア諸国への侵略の姿を見えにくくした、と。そこで上山は、「私たちとしては、たとえ汚辱にまみれた面があるとしても、『大東亜戦争』ということで考え続けていくというのがまっとうな道だと思う」と主張した（『憲法第九条――大東亜戦争の遺産』たけもとのぶひろ編、二〇一三年、明月堂書店）。

しかし、今から見れば至極当然のこの主張が、同時期に出た林房雄の『大東亜戦争肯定論』（雑誌初出一九六三年）と同一視され、大きな誤解を招いたという事実がある。林の論は、現在の一部の偏狭な民族主義者の主張と同様に、明治以降の日本の膨張政策を植民地解放の過程とみなすもので、大東亜戦争を侵略戦争と信じ込まされることで日本民族の誇りを失うな、と主張するものであるが、これが多くの支持を得、林に対する批判が左からの形式主義的なものにとどまり、上山の主張が広く受け止められるものとならなかった底には、われわれ自身の視点の枠の問題があったように思う。

現在、「戦後レジーム」をどう考えていくかという問題が真正面から出てきているとき、われわれの視点の枠自体をいかに変革していくのかが問われている。石堂が指摘した「内なる排外主義」は、「草の根保守主義」とともにまだまだ根強い。

これに対する地道で粘り強い闘いには、例えば鶴見良行の『ナマコの眼』や『海道の社会史』のような視点を取り入れることが必要ではないだろうか。鶴見は、島嶼東南アジアについての文字通り地道な研究から、西欧の植民地主義が覆いつくせなかった地域の「海」に、近代社会の大地を見返す眼があるとして、南スラウェシ（セレベス）、マルク（モルッカ）、南ミンダナオの三つの地域の交易路を「マカッサル海道」と名づけ、ここから歴史を見てみることを試みた。それは現存の国家、国境を取り外して見る視点である。鶴見は語る。

私は、歴史学という学問が、いつも国家という単位で計られることを不思議に思っていた。島嶼東南アジアでは、さまざまな異邦人の交流としてしか歴史は描けない。（略）住民を世界の一部として考えていく、国境で区切らない。そうでないと、東南アジアのことはわからない。／私はそのように考えて、マカッサル海道という問題をたててみた。（略）いってみればこれは国際主義、インターナショナリズムであるが、それはアメリカ国人と日本国人とが仲よくするだけのことではない。国境に区切られずに生きている人びとがいる以上、国境に区切られない土地があるわけだ。だからそれを対象とする私たちはそのことをみずからのスタイルとして自覚していなければならない。／（略）／国境を見すえながらもそれを超えて見ないと、対象は見えてこない。そのようなインターナショナリズムを、私たちの認識のスタイルとして育てていかなければいけないのではないか。（『鶴見良行著作集8　海の道』二〇〇〇年、みすず書房）

国家や国境は、それほど大事な仕組ではない。そんなふうに自由に生きている人びとがすぐ眼

の前にいる。その存在に気づくことは、国家過剰の私たちにとって有効な解毒剤になる。(同)
日本について言えば、「私たちの日本では、単一民族論の迷信が強く、権力の集中と統合の度合いが高いので、島嶼東南アジアにおける〝田舎の自主性〟が見落されてしまう」と近代国家の盲点を突く。
これらの言葉は、まさしく「国家に中毒している」われわれに別の角度から見る視点を与える。これを今後のわれわれの認識と思想、言論にどう生かしていくか。課題は多いが手がかりはある。

(季報『唯物論研究』一三三号、二〇一五年一一月)

2015

追悼　鶴見俊輔

戦後の日本社会（という言い方自体が次第に歴史になっていくが）に対して、一貫して民主主義の最前線から発言を続けてきた思想家、鶴見俊輔（一九二二―二〇一五）に心より哀悼の意を表したいと思う。現今の、民主主義ばかりか法治主義さえも踏みにじる傲慢な政治家が跋扈している状況において、鶴見が提起してきた諸議論は今なお有効である。

鶴見のなしてきたさまざまな仕事は、その時代的制約を含めて今後正当に評価されるであろうし、また評価されねばならない。ここでは鶴見の過去の文章を年代順に読み返すことによって、その視点の確かさと鋭さをもう一度見きわめたい。

◉――ニセものとほんものについて（一九六八年八月）

「私は戦後を、ニセの民主主義の時代だと思うが、しかし、だからといって、それを全体として捨てるべきだとは思わない。ニセものは死ねと、ほんものとしての立場から批判する思想を、私は、政治思想としては、信じることができない。それは精神の怠惰の一種、辛抱の不足の一種だと思う。／しかし、自分をほんものと規定しないかぎり、ニセものをニセものとして見て批判する運動には共感をもつ。自分を幻想なきものと規定しないかぎり、民主主義をふくめて戦後のさまざまの幻想を批判する運動に共感をもつ。戦争中の軍国主義と超国家主義のにない手がそのまま戦後の平和主義と民主主義のにない手であるような日本の現代が、ニセものでないはずはない。」（「二十四年目の『八月十五日』」、『鶴見俊輔集9』所収。以下同）

「戦後日本の民主主義に失望することはない。この民主主義が、実は軍国主義によってになわれてきたこと、今も部分的にその状態が続いていることを直視して、これと正面から対立することを自分に課して生きてゆけばいい。（略）戦後日本の民主主義のニセもの性を照し出す実にさまざまの光源から、私たちは光をかりてくる必要がある。在日朝鮮人の問題、沖縄の問題、占領軍からも政府からも見捨てられてきた原爆被災者の問題、十五年戦争の事実をかくそうとする教科書検定制度の問題。それらの問題からとって来た光によって、私たちは日本政府のとなえる民主主義のニセもの性をはっきりさせるとともに、私たちの戦後民主主義のニセもの性をあわせて照し出し、そのニセもの性とともに生きる決意を新たにしたい。」（同）

◉――国家と個人について（一九七八年六月）

「国家指導者は、つねに自分たちが決めた政策がまったく誤りがないかのように説明する、一つの流儀をつくっていること。その流儀のうえに官僚制がベルトコンベアのように乗っているので官僚制度をとおしてつねに前後に矛盾なく政府の判断の正しさを説明できるようになっている。官僚のほうが速く上手にしゃべるから、いかにも私たちのほうが劣位にあるかのような感じをもつけれども、そういうことはない。これは初歩の論理学の認識の原則からいっても、間違いがないかのように主張する流儀をもつ人間は、あやういところにいます。」(「国家と私」)

◉——新しいファシズムについて(一九八〇年八月)

「戦前・戦中に軍国主義をになったさまざまの習慣がもどってこなければ、日本のファシズムの復活はないだろうなどと考えてはいられない。/集団へのもたれかかりが、新しいファシズムのもとにある。集団のうねりに身をまかせて生命の充実感をあじわうという傾向である。その集団が、会社大から国家大になるにつれて、危険も大きくなってゆく。」(「ダルマに眼は入るか」)

◉——「くらし」から考える(一九九一年一月)

この他、引用したい言葉は山ほどある。鶴見は、「生活実感」から社会を見るという視点を堅持した。戦争についても、同じ体験から別々の考え方が出ること、それらの意見を極端に対決させることなく「生活」「くらし」の中で生かし、「くらしをおびやかす社会にたいしてゆずらない気力をもって生きる」ことに共鳴した。その拠って立つ場は「自分たちのくらしている土地での自治の習慣」であり、「国家の行きすぎに対して、もっとはっきりとそれぞれの土地のしきたりを守って対抗してゆくこと」が提唱される。

「私たちはこの島国にくらしてきて、民族・国家・現政府を同一のものとして考えがちであり、明治以来、この国は、その考え方を教育制度を通して強めてきたが、この三つを同じものと考えるならわしから離れて、自分と自分たちのくらしの中から、国の姿を新しくさがしたい。自分が新しくなれば、自分のまなざしの対象も新しくなる。現政府に対する自主的な服従も、現政府に対する自主的な批判もそこから育ってゆく。」(「人間と国」)

鶴見の半世紀以上にわたる思いが現在どこまで実現しているのかの検証が、われわれの運動に問いかけられている。鶴見の思想の総括はその後となる。暫時黙禱、落涙。

(季報『唯物論研究』一三二号、二〇一五年八月)

おわりに

本書でみられた日本的社会思考の主流をなしている狭苦しい枠組みを打ち壊す手立ての一つは、思考の視点を変えてみることであろう。

思えば、一九九一年のソ連邦崩壊とともに社会主義という「教科書」が消失してしまってから、構えずに、自分の視点で身の丈で考えるということを会得したのは、京都の「自衛官人権ホットライン」の集まりでの鶴見俊輔との直接の関わりであった。自分の主義主張を押しつけない、「私的な眼」の立場によって権力に抵抗するという姿勢からは学ぶべきものは多かった。

また筆者が長年愛読しているミステリー小説においては、社会批判・権力批判・警察批判の視点は、特に北欧の作品に強く出ている。これは問題になった事件とともにその背景にある社会問題（移民・難民問題、純血民族主義、人身売買、マイノリティ、麻薬の蔓延、家庭内暴力、幼児への性的虐待、反ナチ運動等）を描くという一九七〇年代以来の伝統があるからである。しかし同時に、そこでは、そのような社会問題を持ち出して社会・権力・警察への批判をしても、思想・表現・出版の自由が保障されているという点に気がつけば、民族、国家、政府への一面的な忠誠を強制する主張がいかに時代錯誤な遅れた思考であるかが理解されるであろう。過去の歴史をみても、独裁政権や政治統制の強い国ではミステリー小説は根づかなかったということがわかる。さらにヨーロッパで成立しているEUという地域共同体によって、近代国家はいまだ有力ではあるもののあくまで一つの枠として存在している、とする認識が定着している。それゆえ、国旗なり国歌にはそれなりの敬意が払われるが、決定的な問題になることはまずないというのが筆者の管見の限りでの印象である。

しかし国旗という点で言えば、本書で紹介した書籍には次のようなエピソードが載っている（古市憲寿『誰も戦争を教えられない』）。この本の著者が、ノルウェー人と靖国神社の遊就館に行った時のことである。「たまたまノルウェー人と一緒に見学へ行ったのだが、寄せ書きがされた日の丸を見て絶句していた。国旗に文字を書くなんて不敬にも程があるじゃないか、と」。このエピソードを知るまで筆者は、〝神聖〟な国旗に「武運長久」や「必勝」などと寄せ書きをする行為自体には、特段の疑問を持ったことはなかった。しかし言われてみれば、真剣な思いとはいえ国旗に文字を書くなどということは、他のどの国でもあり得ないことではないだろうか。この点についての日本社会の精神構造の解明が待たれるところであるが、もしこれを日本のナショナリズムの特質というのであれば、ナショナリズムの国際的水準からみても相当に特異性があると言わなければならない。

この一例のように、われわれ自身が縛られている思考の枠は、ごく身近にどこにでも存在している。例えば歴史認識をめぐっては、本書でも取り上げたように、日本では八月一五日を「終戦記念日」とすることを当然視しているが、国際的には、日本が正式に降伏したのは降伏文書に調印した九月二日と認識されている。また、対米開戦（真珠湾攻撃、一九四一年）の日を一二月八日と記憶している人は多いが、対中「十五年戦争」の発端となった柳条湖事件（満州事変、一九三一年）の日を九月一八日と言える人はほとんどいないであろう。他方、中国政府はこの日を「国恥記念日」と定め、日本による侵略の記憶を広く国民に共有している。

これらの例のように、知らず知らずのうちにナショナリズムに閉ざされた私たちの思考の狭い枠組みに気づき、それを乗り越えていくための日常不断の努力が問われている。その意味では、本書では紹介しなかったが、例えば、こうの史代『この世界の片隅に』（全三巻、二〇〇八―二〇〇九年、双葉社）は日常生活から戦争の意味を深く考えさせる漫画作品である（また、同著者による『夕凪の街桜の国』〔二〇〇四年、双葉社〕は広島の原爆を扱った名作である）。本書もこのような方向づけのための一助となることを願ってやまない。

＊

本書に収録した論文、エッセイ、書評の初出は、季報『唯物論研究』、『アサート』（〝R〟名で寄稿）、『大阪哲学学校通信』の三誌である。いずれもこれまでそのつど締め切りに追われながら書き続けてきたもので、それぞれに思い出深い。本書に収めるにあたっては、それらの中から、戦争・戦後史・戦後思想に関するもの、日本社会の構造に関するもの、日本思想に関するものを精選した。このほかに、グローバリゼーション、ジェンダー、差別、教育、近年では福島原発事故などに関する書評も数多く執筆している。関心のある方は、それぞれの媒体のウェブサイトをご覧いただけると幸いである。

・季報『唯物論研究』………https://kiho-yuiken.jimdo.com（論文等の題名のみ掲載）
・『アサート』……………http://www.assert.jp
・『大阪哲学学校通信』……https://oisp.jimdo.com

最後になりましたが、本書が成立するにあたり、季報『唯物論研究』編集部のみなさん、『アサート』編集部のみなさん、「大阪哲学学校」の世話人のみなさんからは、現代社会の見方について絶えず知的刺激と励ましを与えられました。ありがとうございました。これからもよろしく！
また、本書の出版にあたって編集の労を取っていただいた新泉社の安喜健人さんの熱意と努力に敬服する次第です。心より感謝の意を表します。

二〇一八年一一月

木村倫幸

著者紹介

木村倫幸（きむら・つねゆき）

1946年，三重県に生まれる．
大阪大学大学院文学研究科修士課程（倫理学専攻）修了．
現在，奈良工業高等専門学校名誉教授．
主な著書に，『鶴見俊輔ノススメ――プラグマティズムと民主主義』
（2005年，新泉社）など．

日本人と〈戦後〉――書評論集・戦後思想をとらえ直す

2018年12月25日　初版第1刷発行

著　者＝木村倫幸
発行所＝株式会社 新 泉 社
東京都文京区本郷2－5－12
振替・00170－4－160936番　TEL 03(3815)1662　FAX 03(3815)1422
印刷・製本　萩原印刷

ISBN 978-4-7877-1820-4　C0010